조선 천재 열전

조선 천재 열전

초판 1쇄 인쇄 2021년 11월 19일
초판 1쇄 발행 2021년 11월 26일

지은이 신정일
펴낸이 정해종
디자인 유혜현

펴낸곳 ㈜파람북
출판등록 2018년 4월 30일 제2018-000126호
주소 서울특별시 마포구 토정로 222 한국출판콘텐츠센터 303호
전자우편 info@parambook.co.kr **인스타그램** @param.book
페이스북 www.facebook.com/parambook/ **네이버 포스트** m.post.naver.com/parambook
대표전화 (편집) 02-2038-2633 (마케팅) 070-4353-0561

ISBN 979-11-90052-86-3 03910
책값은 뒤표지에 있습니다.

조선의 르네상스를 꿈꾸며
인문적 세계를 설계한 개혁가들

조선천재열전

신정일 지음

파람북

시대를 앞서간 우리 역사 속 천재들

누군가는 말했다. "노장(老將)은 죽지 않고 잠시 사라져 갈 뿐이다." 그 말처럼 역사 속에 족적을 남긴 사람들은 죽지 않고 잠시 우리들의 시선 속에서 사라졌다가, 어느 순간 다시 나타난다. 사람들을 항상 긴장시키기 도 하고, 우러러보게 만드는 사람이 바로 천재(天才)다.

천재, 그 천재들은 인류의 역사가 시작되고서부터 어느 시대에나 있 었고, 그들이 세상을 조금씩 진보시켜왔다. 한국의 역사 속에서도 밤하 늘의 별처럼 수없이 명멸(明滅)했던 천재들이 있었다. 그들이 남긴 글이 나 행적들은 긍정적이든 부정적이든 우리 역사를 발전시킨 원동력이 되 었다. 또한 사람들의 사표(師表)가 되기도 하고, 시금석(試金石)이 되기 도 했다. 그들은 날 때부터 보통 사람들과는 다른 행동을 보였다고 알려 졌다.

매월당 김시습은 태어나면서부터 천품이 남달리 특이하여 태어난 지 8개월 만에 스스로 글을 알았다. 이웃에 살고 있던 최치운이라는 사람이 그것을 보고 기이하게 여겨, "배우면 곧 익힌다"라는 의미에서 이름을 '시 습(時習)'이라고 지어주었다.

조선 후기의 문예 부흥 시대를 열었으며, 『홍재전서(弘齋全書)』라는 시문집을 남긴 정조의 일화도 재미있다. 정조는 백일도 지나기 전에 글자 를 보면 혼자 방실방실 웃었다고 하며, 돌상에서는 맨 처음에 붓과 먹을 집고 책 읽는 흉내를 냈다.

하지만 현대적 개념에서 천재의 대명사로 불리는 아인슈타인은 여덟 살 때까지 열등생이었다. 초등학교 1학년 때 그의 담임선생은 "이 아이에게는 어떠한 지적능력도 기대할 수 없다"라는 기록을 남겼다.

일찍 나타나기도 하고 늦게 나타나기도 하며, 세상에 이로움을 주기도 하고 해로움을 주기도 하는 천재. 옛사람들은 천재를 이렇게 평했을까?

프랑스의 작가이자 영화감독 장 콕토는 천재를 두고 '불타는 서정의 순간'이라고 표현했다. 프랑스 시인 생 종 페르스는 천재를 '순수한 벼락 같은 것'이라고 했으며, 미국 작가 프로스트는 천재를 갑작스러운 계시처럼 나타나는 '예기치 않은 것'이라고 했다.

어느 순간 인류의 기다림에 부응하는 것처럼 나타나는 천재도 있다. 하지만 그 자신의 노력에 의해서 천재로 승화된 경우도 많다. 그래서 괴테는 "할 수 있거나 꿈꿀 수 있는 모든 일을 시작하자. 대담함에는 천재성이 있고, 그 안에는 힘과 마법이 있다"라고 말하며, "천재는 노력에 의해서 만들어진다"라고 덧붙였다. 프랑스 작가 뮈세 또한 "인내가 없는 참된 천재는 없다"라고 했다. 프랑스 시인 폴 발레리는 「매력」이라는 글에서 "천재! 오, 긴 인내여"라고 표현했다.

조선 후기 실학자 성호 이익은 우리 역사 속에서도 수없이 나타났던 천재를 다음과 같이 평하고 있다.

사람이 숙달했다고 해서 반드시 훌륭하게 되는 것은 아니다. 내가 남의 집 자제 중에 어릴 때 이미 빛나는 진취가 있었다가도, 급기야 장성해서 다른 사람보다 기필코 뛰어남이 있는 것은 아니더라는 말을 듣고서, 세속의 지도와 교양이 그 방법을 잃었기 때문이라 생각했는데, 오랫동안 증험한 결과 어려서 총명하고 영리했던 수재가 차츰 장성해서는 도로 그 빛나던 재질이 줄어드는 것을 보았으니, 이 때문에 원대한 그릇이 드문 것이다. (중략) 우리나라에선 김시습, 이산해 두어 사람이 있을 뿐, 다른 이는 듣지 못했다. 과연 숙달한 지혜 그대로 나아간다면, 아마 못 할 것이 없을 것 같은데, 공명과 사업이 반드시 이런 사람들에게 나오는 것은 아니었다.

이익의 『성호사설(星湖僿說)』 '신동(神童)' 조에 실린 글이다. 어려서는 천재였지만 나이가 들어서는 범재(凡才)도 못 된 사람들이 많았다는 것을 알 수 있다.

예로부터 머리가 좋은 사람이 나타나면 천재라고 불렸다. 그 천재가 그 고장을 빛낼 것이며, 고장의 희망이라고 자랑스럽게 이야기했다. 그러나 천재라고 불린 인물들은 어느새 사람들의 기대를 저버리고 자기 가문과 자신을 위한 사명에 충실한 보통의 수재가 되고 말았다. 이상의 소설 『날개』의 서두에 나오는 글처럼 '박재(薄才)가 된 천재'가 되고 마는 것이다.

자기 한 몸 잘 건사하고, 자기 가문이나 당파의 안위를 위해 노력하는 천재도 있긴 하다. 그러나 진정한 천재는 그런 사람이 아니다. 역사의 한 장을 장식하고, 시대와 개인의 본질과 한계를 돌파한 인물이 진짜 천재다. 한 분야에서 새로운 것을 창조해내고 역사적 소명을 다한 사람이야말로 진정한 한 시대의 천재라고 할 수 있다.

진정한 천재란 자본주의 사회에서 말하는 인재(人才) 개념의 천재가 아니다. 당대를 넘어서 사회 질서의 해체와 구축을 꾀한 사람들을 진정한

조선 천재 열전

천재라고 부를 수 있다. 우리는 이들에게서 체화된 도덕성과 윤리의식, 민중을 중시하는 심성과 태도, 그리고 미래 지향적 사유와 대안 제시 같은 운동성을 발견할 수 있다.

이러한 천재들 가운데 자신의 천재성과 세계관을 당대에 구현한 행복한 천재가 있기도 하다. 그러나 조선 사람 모두가 놀랄 재능의 소유자였지만 세상과의 불화 때문에 시대의 질곡을 온몸으로 껴안은 채 살다가 간 비운의 천재도 있다. 그들은 깊은 절망과 좌절에도 굴하지 않고 새로움을 추구하여, 시대를 뛰어넘어 우리에게 새로운 길을 제시했다. 때문에 우리는 그들을 '시대를 뛰어넘는 천재'라고 부른다.

이 시대에 천재란 무엇이고, 천재의 소명은 무엇인가? 이를 짚어보기 위해 쓴 이 책은 우리 역사 속에 수없이 나타났다가 사라져간 천재들의 삶을 추적하면서, 천재이기 이전에 한 인간으로 어떻게 사는 것이 가장 바르게 사는 것인가를 적극적으로 되짚는 텍스트가 될 것이다. 또한 이 책은 기존의 단순한 나열식 위인전이 아니라, 한국 역사 속 천재들의 진솔한 삶의 궤적을 따라가면서 새로운 시대의 천재상을 도출해내는 또 다른 역사 기획물이다. 이를 통해 역사를 바라보는 시각을 확장하는 기회를 제공할 것이다. 그리고 한국사의 인물을 새로운 시각으로 보여주면서, 대중 교양과 청소년 교육에 적절한 자료로 자리매김할 수 있을 것이다.

이 책에 수록된 대부분의 천재들은 숙명적으로 고독한 운명과 가난으로 인하여 대부분 가시밭길의 연속인 삶을 살다가 갔다. 천재의 일생은 비단 우리나라만이 아니라 동서고금을 통틀어 대부분 불행했다. 헤르만 헤세는 「괴테와 베티나」라는 글에서 "천재는 모든 사람에게 '인류의 꽃'이라는 인정을 받으면서도 도처에서 고난과 혼란을 불러일으킨다. 그래서 천재는 항상 고립된 상태로 생활하고 고독한 운명을 지닌다"라고 말했다. 그러나 지금은 영재라는 평가만 받으면 정부나 대학에서 특별 교육 프로그램을 만들어 집중 육성하는 시대가 되었다. 세상의 모든 사물은 변화한다는 말은 진리일지 모른다.

미국의 시인이자 사상가 에머슨은 "자기 자신의 사상을 믿고 자기가 볼 때 진실하다고 여기는 것을 믿으며, 자기의 마음으로 모든 사람의 진실을 믿는 사람이 천재"라고 말했다.

이 책에 수록된 이이는 조선 역사상 가장 뛰어난 학자로 활약했으며, 황현은 초야에 묻혀 조선 후기의 역사를 그물코처럼 촘촘히 기록했던 조선의 마지막 선비이자 천재였다. 김시습, 정철은 한 시대를 풍미했던 문장가였고, 신경준은 조선 지리학을 확립한 천재였으며, 김정희는 실사구시를 통해 추사체를 완성한 예술가였다. 그러나 역사 속 천재들은 몇몇을 제외하고는 그 시대에 인정을 받거나, 세속적 의미에서 행복한 삶을 산 것은 아니었다. 그래서 쇼펜하우어의 말은 울림이 있다.

대개 천재란 어떤 시대에도 고립무원의 영웅들이어서, 구름이나 안개와 같은 적에 대해서 단신으로 필사의 분투를 계속하는 사람이다. (중략) 그들과 같은 높은 특성을 가진 일을 판단할 수 있는 소수자의 소리가 때가 지나서 차츰 일치할 때까지는, 그는 인정을 받지 못하는 것이다. 고통의 일이 행운을 만날 수도 있다. 그것은 동시대 문화의 일반적 진보나 그 시대의 정신에 일치되어 있기 때문이다.

그렇다. 역사 속에서 한 획을 그은 천재는 저마다 다른 방식으로 살면서, 세상을 긍정적으로 변화시키면서 명멸해갔다. 천재, 자신의 운명을 스스로 개척해나갔던 수많은 천재들. 세상을 바람직한 형태로 진보시키려고 노력하다가 불행한 삶을 자초했던 이 땅의 천재들에게 이 책을 바친다.

온전한 고을 전주에서 신정일 쓰나

차례

정철, 뜨거운 얼음 같은 천재 시인

이산해, 이익이 경탄한 천재 문장가

김시습

어긋난 세상일에 번민한 비운의 천재 문사

(1435~1493)

1. 김시습과 김일손이 만나 무오사화가 시작되다

탁영(濯纓) 김일손이 계허(契許, 깊은 마음으로 사귐)하여 망년(忘年)으로 사귀었다. 이때에 와서 선생이 중흥사(中興寺)에 있다는 말을 탁영이 듣고 남추강(南秋江, 생육신 중 한 명인 남효온)과 함께 술을 마시고 찾아갔다. 사람을 피하여 셋이 올라 밤이 새도록 웃으며 이야기하다가 마침내 백운대로 올라가서 도봉산에 이르기까지 돌아다니다가 5일 만에야 헤어졌다.

_『탁영집』

김시습은 무오사화 때 비운의 죽임을 당한 김일손과 깊이 사귀었다. 어느 날, 김시습이 중흥사에 있다는 소식을 전해 들은 김일손이 남효온과 함께 술을 가지고 찾아갔다. 사람을 피해 셋이서 만난 그들은 밤새도록 웃으며 이야기하다가 마침내 함께 백운대로 올라가 도봉산에 이르기까지 산행을 했다. 그리고 닷새를 지난 후에야 헤어졌다.

그렇게 보내던 중에 김시습이 김종직이 지은 「조의제문(弔義帝文)」을 사초에 올리도록 김일손에게 권고했다고 하는데, 이 내용이 『탁영집(濯纓集)』에 실려 있다. 그것이 사실이라면 조선 전기 가장 뛰어난 문장가로 꼽히던 김일손이 무오사화로 죽임을 당하게 된 원인이 그때 김시습과 함께한 기행에서 비롯된 셈일지도 모른다. 그런 의미에서 혁명이나 큰 거사도 몇 사람이 술 한 잔 마시면서 주고받은 말에서부터 비롯되며, 인생에서 어떤 사람을 만나고 사느냐에 따라 인생의 길이 결정된다는 것을 미루어 짐작할 수 있다.

　조선 시대 생육신의 한 사람으로 아웃사이더 중의 아웃사이더라는 평가를 받는 김시습의 자는 열경(悅卿)이다. 호는 매월당(梅月堂), 동봉(東峰), 청한자(淸寒子) 등이며, 시호는 청간(淸簡), 승명은 설잠(雪岑), 본관은 강릉이다.

　그가 지은 「상유양양진정서(上柳養陽陳情書)」를 비롯해 『매월당집(梅月堂集)』에 실린 윤춘년의 전기와 이이의 전기, 이자의 서문, 그리고 『장릉지(莊陵誌)』, 『해동명신록(海東名臣錄)』, 『미수기언(眉叟記言)』 등의 자료에 의하면, 그의 선대는 신라 알지왕의 후예인 원성왕의 동생 김주원의 후손이고, 그의 비조(鼻祖)는 고려 때 시중을 지낸 연(淵), 태현이라고 한다. 증조부 윤주는 안주 목사를 지냈고, 할아버지 경간은 오위부장을 지냈으며, 아버지 일성은 음보로 충순위를 지냈다. 그의 어머니는 울진의 선사 장 씨로 서울 성균관 부근에서 태어났다.

　『매월당집』 부록 제1권 「유적수보(遺蹟搜補)」에는 "세상에 전해오기를 매월당이 태어날 때 성균관 사람들이 모두 공자가 반궁리 김일성의 집에서 나오는 꿈을 꾸고, 이튿날 그 집에 가 물어보니 아이가 태어났다고 했다"라고 적혀 있다.

　김시습은 나면서부터 생지지질(生知之質)이 있었다고 할 정도로 천품이 남달리 특이해 태어난 지 8개월 만에 스스로 글을 알았다. 이웃에 살고 있던 조선 전기의 문신 최치운이 그것을 보고 기이하게 여겨 "배우면 곧 익힌다"라고 하여 이름을 '시습(時習)'이라고 지어주었다. 김시습은 말을 느릿느릿하게 했지만, 정신은 민첩하여 입으로는 비록 읽지 못하면서도 그 뜻은 모두 알았다.

세 살 때 일화다. 그의 외조부가 글귀를 뽑아 가르치기를, "꽃이 난간 앞에서 웃으나 소리는 들리지 않는다"라고 하자, 곧 병풍에 그린 꽃을 더듬거리며 빙그레 웃었다. 또 가르치기를, "새가 수풀에서 우나 눈물은 보기 어렵도다"라고 하자, 병풍에 그린 새를 가리키며 빙그레 웃었는데, 그것은 말로는 표현하지 못하지만 뜻은 제대로 알고 있었다는 의미다.

김시습은 세 살 때 시를 지을 줄 알았다고 한다. 어느 날, 김시습이 할아버지에게 물었다. "시는 어떻게 짓습니까?" 할아버지가 "일곱 글자를 이어놓은 것을 시라고 한다"라고 대답하자, "그러면 일곱 자의 첫 글자를 불러보십시오"라고 말했다. 할아버지가 봄 춘(春) 자를 부르니, 곧 시를 짓기를 "봄비가 새 휘장 밖으로 내리니 기운이 열리도다"라고 하자, 그것을 지켜본 사람들이 모두 탄복했다.

다섯 살에 길에서 어떤 할머니를 만났는데, 그 할머니가 주는 두부를 받은 김시습이 곧 시를 읊었다. "품질이 맷돌 속에서 나왔는데, 원광이 해가 동쪽에서 솟는 것과 같도다. 삶은 용, 구운 봉황에는 미치지 못하나 머리털이 없고 이 빠진 늙은이에게 가장 적합하구나." 다섯 살이 되면서 이계전(이색의 손자이자 사육신의 한 사람인 이개의 아버지)의 문하에서 『중용』과 『대학』을 배웠다. 사람들이 모두 그를 신동이라고 했다.

온 장안에 시습이라는 아이가 뛰어난 재주를 가졌다는 소문이 자자하자, 그 당시 정승인 허조가 그의 집에 찾아가 시험해보았다. "네가 글을 잘 짓는다고 하니 나하고 내기 한번 해볼까? 내가 이미 늙었으니 늙을 노(老) 자를 넣어 시 한 수를 지어보렴." 김시습은 조금도 주저하지 않고 그 자리에서 "늙은 나무라도 꽃이 피니 마음만은 늙지 않았음이라"라고 시를 읊었다. 이에 문경공은 무릎을 치고 감탄하면서 "이것이 이른바 기동(奇童)이다"라 했고, 이러한 소문은 급기야 대궐에까지 전해졌다.

조선 천재 열전

그러한 사실을 전해 들은 세종은 지신사 박이창을 시켜 김시습을 승정원으로 불러와 사실인지 아닌지 확인하도록 했다. 김시습을 무릎에 앉힌 박이창이 이름 석 자를 넣어 시를 지으라고 하자, 어린 김시습은 주저하지 않고 시 한 구를 읊었다. "올 때 포대기에 쌓여 온 김시습(來時襁褓 金時習)." 그 말을 받아 박이창이 읊었다. "동자의 공부는 백학이 푸른 하늘 끝에서 춤추는 것 같구나." 시습은 그 말을 받아서 "성주(聖主)의 덕은 황룡의 푸른 바다 가운데를 뒤집는 형국이로다"라고 했다. 박이창이 다시 벽에 걸린 그림을 가리키며 시를 지어보라고 하자, "작은 정자 저 배 안에는 누가 살고 있을지"라고 했다.

박이창이 곧 대궐로 들어가 아뢰니, 세종은 다음과 같은 전교를 내렸다. "내가 친히 그 아이를 불러보고 싶으나 일반 백성들이 해괴하게 여길까 두려워 그러니, 그 가정에 권하여 잘 감추어 교양을 쌓도록 하고, 그의 성취되기를 기다려 장차 크게 쓰리라." 그리고 비단 50필을 내려주면서 혼자 힘으로 가져가게 했다. 세종은 김시습이 그 비단을 어떻게 가져가는지 보고자 한 것이다. 모든 사람이 궁금하게 여기며 바라보는데, 김시습은 비단의 끝과 끝을 이어 묶어 허리에 잡아매고 궁중 문을 나서는 것이었다. 그때부터 그의 명성이 전국에 알려지게 되어, 사람들은 그의 이름을 '시습'이라 부르지 않고 '신동 김오세(神童 金五世)'라고 불렀다.

김시습은 열세 살까지 이계전과 성균관 대사성 김반 그리고 별동의 윤상 등으로부터 사서삼경을 비롯한 각종 사서와 제자백가를 배우고 익혔다. 그의 아버지 김일성은 음보로 보잘것없는 벼슬을 하고 있었는데, 아내가 죽자 본향인 강릉에 장사를 지낸 후 그곳에 머물러버렸다. 외조모는 외가의 농장 곁에 있는 어머니 무덤 옆에서 여막을 짓고 삼년상을 치르는 김시습을 아들처럼 길렀다.

　김시습은 그의 부모가 죽었을 때 무덤 자리를 가려 편안히 장사를 지내고자 했지만, 풍수에 구애받지 않았다. 김시습이 보았던 편안한 곳은 다섯 가지 조건에 부합해야 했다. 첫째, 흙의 두께를 가렸고, 둘째로 물의 깊이를 가렸고, 셋째로 소나무나 가래나무가 살 만한가, 넷째로 세상이 바뀌어도 갈아서 밭으로 만들 수 없으며, 다섯째로 집에서 가까워 성묘나 시제를 지내기에 편리한가, 이 다섯 가지 조건이 갖추어진 뒤에 장사를 지내는 것이 군자가 행할 바라고 보았다. 그는 "비록 시체라도 구천에 편안하게 거처하게 함은, 역시 인자하고 사랑하는 깊은 뜻을 잊어버리지 못해서다"라고 하면서 부모를 좋은 곳에 장사 지내고자 함은 복을 받기 위해서가 아니라 부모를 사랑하는 마음이 우선해야 한다는 점을 강조했다.

　그러나 삼년상이 끝나기도 전에 그를 돌봐주던 외조모가 죽고, 아버지는 병이 들어 계모를 맞아들였다. 윤춘년이 지은 『매월당선생전(梅月堂先生傳)』에 의하면, 이 무렵 그는 훈련원도정으로 있던 남효례의 딸과 혼인한 후 삼각산 중흥사로 들어가 공부를 계속했다.

2. 단종 폐위 사건을 접하고 세상과 등지다

김시습의 운명을 결정짓는 사건이 일어난 해는 그의 나이 21세가 되던 1455년(단종 3년)이었다. 그때의 상황이 「행적」에는 다음과 같이 실려 있다.

을해년(1455년)에 삼각산에서 글을 읽고 있었는데, 서울에 다녀온 사람이 전하는 말 중에 세조가 단종에게 임금의 자리를 빼앗았다는 소식이 있었다. 그 말을 들은 김시습은 문을 굳게 닫고서 나오지 않은 지 3일 만에 크게 통곡하면서 책을 불태워버리고 거짓으로 미친 체하며 더러운 뒷간에 빠졌다가 도망하여 머리를 깎고, 스스로를 설잠(雪岑)이라고 불렀다.

그 당시 김시습은 조정에서 벼슬을 살았던 신하가 아니었기 때문에 굳이 절개를 지킬 필요가 없었다. 그러므로 그가 일부러 미친 척했을 것으로 추정하는 글들이 여러 편 남아 있다.

친구 김열경이 거짓 미친 척한 것에 대해서는 그 광경을 아직 자세히 알지 못하네. 다만 중정(中正)을 중시하는 관점에서 논한다면 어떻다 평해야 할지 알지 못하겠네. 그러나 그가 초연하게 세상 바깥으로 나가, 깨끗해서 속세의 더러움이 없는 점은 남보다 구층이나 높을 것이네.

김시습의 친구였던 송간이 김시습의 친구이자 자신의 육촌 동생이었던 송정원에게 보낸 편지 일부분이다. 그 편지를 받은 송경원은 다음과 같은 답신을 보냈다.

친구 김열경이 양광(佯狂, 거짓으로 미친 척을 하는 짓)을 두고 "깨끗해서 속세의 더러움이 없다"라고 말씀하신 것은 지극히 온당한 평이라 하겠습니다. 그 친구의 타고난 품성이 남달리 뛰어났기에 오늘날 절조를 지키는 것이 이렇게 남보다 지나치다고 하겠지요. 기자 같은 성인도 거짓 미친 체한 적이 있으니, '광(狂)'이라는 한 글자는 천고에 좋은 주제라고 하겠습니다.

은나라의 왕족이었던 기자는 주왕이 포악한 행동을 하자 머리를 풀어 헤치고 거짓으로 미친 척을 하면서 노예 같은 행동을 했다고 하는데, 김시습이 지은 「기자찬」에서 그의 행적을 엿볼 수 있다.

주가 옥으로 술잔을 만들자, 기자는 몹시도 근심했고, 주왕이 음란하고 방탕해지자, 기자는 죽기로 간했다. 주가 듣지 않고 그를 가두어버리자, 어떤 사람은 버리고 가라고 말했으나, 기자는 "만일 버리고 간다면 임금이 죄악을 드러내어 나만 잘났다고 하는 것이 된다"라고 대답했다. 그러고는 머리를 산발한 뒤 미친 척을 하며, 노예가 되어 숨어 살면서 거문고를 타며 슬퍼했으니 그 마음을 누구에게 말할 것인가?
천년 뒤에 알아주는 이 있다면 내 뜻이 반드시 밝혀지리라. 당나라 유종원이 그 비문을 지었으니, 그 글은 믿을 만하다. 세대가 비록 멀지만, 오직 그대만은 잘 헤아렸도다.

김시습은 산사를 떠나 전국 각지를 방랑하기 위해 중의 행객으로 송도로 향했다고 하는데, 확실하지는 않다. 김시습이 법명으로 삼은 설잠(雪岑)은 설악산을 뜻하기도 하고, 설산(雪山), 곧 산의 최고봉인 히말라야를 뜻하기도 한다. 또한 『열반경(涅槃經)』에서 말한 '부처가 과거 세상에 보살의 도를 수행하던 곳'을 뜻하기도 한다. 김시습은 삼각산을 떠나면서 시 한 편을 지었다.

이제부터 내가 명승지를 찾아가려 한다면
만 리 길 저 강호를 멋대로 달려가리라.

김시습은 그가 쓴 시처럼 어느 한 곳에 구애받지 않고 일정한 방향이나 목표도 없이 세상의 부귀를 뜬구름처럼 여기며 이리저리 떠돌았다. 그때 유람했던 곳이 관서 지방이었다. 그는 지금의 개성인 송도를 기점으로 관서 지방을 4년에 걸쳐 유람하며 당시에 지은 글을 모아 24세인 1458년(세조 4년)에 시문집인 『유관서록(遊關西錄)』을 지었는데, 이 책에 그때의 상황이 다음과 같이 실려 있다.

내 어려서부터 질탕하여 명리를 기뻐하지 않으며, 생업을 돌보지 아니하고, 다만 청빈하게 뜻을 지킴으로써 회포를 삼아, 평소에 산수에 방랑하면서 좋은 경치를 만나는 대로 시를 읊고 구경도 하고자 했다. 일찍이 거자(去者)가 되었을 때 친구들이 들러서 지필로 다시 과거 볼 것을 힘쓰도록 권했으나 오히려 마음에 관심을 두지 아니하였더니, 어느 날 갑자기 감개한 일(세조의 왕위 찬탈을 가리킴)을 만나게 됨에 내 이르기를, '남아가 이 세상에 나서 도를 행할 만한데도 몸만을 깨끗이 하여 인륜을 어지럽게 함이 부

끄러운 것이요, 만약 행할 수 없다면 홀로 그 몸만을 착하게 함이 옳다.'

매우 명석했던 김시습은 사서육경은 어려서 스승에게 배웠고, 제자백가 같은 것은 가르침을 기다리지 않고 모조리 읽지 않은 것이 없었다. 한번 기억하면 일생 동안 잊지 않았으므로 평상시에 글을 읽은 일이 없었고, 그래서 책을 가지고 다니는 일이 없었다. 그는 고금의 문적을 꿰뚫지 않은 것이 없었으며, 또한 다른 사람이 물었을 때 응하지 못하는 것이 하나도 없었다.

한편 율곡이 지은 『김시습전』을 보면 그의 외모에 관한 글이 다음과 같이 실려 있다.

사람 된 품이 얼굴은 못생겼고 키는 작으나, 호매영발(豪邁英發)하고 간솔(簡率)하여 위의(威儀)가 있으며, 경직하여 남의 허물을 용서하지 않았다. 따라서 시세(時勢)에 격상(激傷)하여 울분과 불평을 참지 못했다. 세상을 따라 저앙(低仰)할 수 없음을 스스로 알고 몸을 돌보지 아니한 채 방외(方外, 속세를 버린 세계)로 방랑하게 되어, 우리나라의 산천치고 발자취가 미치지 않은 곳이 없었다. 명승을 만나면 그곳에 자리 잡고, 고도에 오르면 반드시 여러 날을 머무르면서 슬픈 노래를 부르며 그치지 않고 불렀다.

어린 시절에 모든 사람들로부터 천재 소리를 들었고, 성군 중의 성군인 세종의 총애를 받아 비단을 하사받았던 김시습. 그는 무슨 연유로 그때까지 사부학당에 입학하지도 않고 과거에도 응시하지 않았을까? 유추해보면 본래 김시습은 벼슬길에 뜻이 없었거나, 아니면 문지(門地)로 보아 그의 할아버지나 아버지가 무인이었던 까닭에 사회적 진출에 어려움이 있었을 것이라고 판단했을 수도 있다.

산천을 방랑하던 김시습이 공주 동학사에 머물고 있던 1456년 6월, 폐위된 단종을 복위시키기 위해 일으킨 단종 복위 거사가 실패로 돌아갔다는 소식을 들었다. 그는 곧바로 서울로 달려갔지만, 김시습이 할 수 있었던 일은 아무것도 없었다. 결국 단종 복위 사건의 주모자였던 성삼문, 박팽년, 하위지, 유응부, 이개, 유성원 등이 죽임을 당했고, 김시습은 그들 중 몇 사람의 시신을 한강 남쪽인 노량진의 언덕배기에 묻었다. 그에 대한 일화가 『연려실기술』에 다음과 같이 실려 있다.

노량(露梁) 남쪽 언덕 길가에 다섯 무덤이 있는데, 그 앞에 각기 작은 돌을 세우고 여기에 이렇게 기록했다. 가장 남쪽에 쓰기를 '박씨지묘(朴氏之墓)'라 하고, 다음 북쪽의 묘에는 '유씨지묘(兪氏之墓)'라 하고, 또 그다음 북쪽의 묘에는 '이씨지묘(李氏之墓)', 또 그다음 북쪽의 묘에는 '성씨지묘(成氏之墓)'라 했다. 또 성씨의 묘가 있는 그 뒤 열 걸음 떨어져 한 묘가 있는데, 세상에 전하기를 어떤 중이 육신(六臣)의 시체를 져다가 이곳에 묻었는데, 그가 바로 매월당이다.

그는 계속하여 2년간에 걸쳐 관동 지방을 유람하던 중 금강산에 들러 만폭동의 절에 다음과 같은 시를 새겼다.

산수를 좋아하는 것은 사람의 상정이지만
나는 산에 오르면 웃고 물에 다다르면 통곡한다.

금강산에 이어 설악산과 오대산 및 관동팔경을 돌아보고 지은 글을 모아 1460년 『유관동록(遊關東錄)』을 엮은 김시습은 그의 나이 26세에 발길을 남도로 돌려 호남 지방으로 내려갔다. 그때 매월당이 전주 지방에 머물며 지은 글에 '금강전(錦江牋)'이라는 전주 종이 이름이 나온다.

금강 봄 물 매끄러운 종이에
한가로이 새 시를 지어 두어 편 쓴다
큰 붓 한번 휘두르니 천둥 치고 비 내리는 듯
흰 구름 꼬인 속에 그린 용이 꿈틀꿈틀

그는 호남을 유람하면서 전날 놀던 고장 이름으로 시를 지었다.

먼 데 바라보니 산이 무등(無等)인데
가는 길 골짜기에 꾀꼬리가 있도다
향기로운 밭, 벼는 장성, 옥구(沃溝)는 골짜기 이름
무등은 산 이름, 곧 옥구와 장성이다

그리고 그는 고을 이름뿐만 아니라, 그 당시 호남 지방의 경제적 규모를 알 수 있는 글도 실었다.

이미 관동을 유람하고 호남에 이르니 주민들이 부유하고 물산이 넉넉하기가 관동의 사오 배나 되었다. 백제가 이것에 의지해서 강했으며, 이에 교만하여 망한 것이다.

삼남 지방 유람을 마친 김시습은 1463년에 『유호남록(遊湖南錄)』을 엮었다. 북으로는 안시성과 향령을 넘었고, 동으로 금강산, 오대산을 거쳐 남으로 다도해에 이르기까지, 발길이 미치지 않은 곳이 없을 만큼 떠도는 사이에 세월이 9년이나 흘렀다. 꽃다운 나이 21세에서 29세에 이르도록 오로지 이 나라의 산수를 유람하는 것을 유일한 낙으로 삼아 보낸 것이다.

그는 유람 중에 어떤 때는 벼를 심어 잘 자라서 이삭이 볼 만하게 되면, 술에 취하여 낫을 휘둘러 모조리 땅에 쓰러뜨리고서는 목 놓아 울었으며, 시를 지을 때에는 종이가 다 떨어져야 그만두었고, 시가 다 되면 그것을 곧 불살라버렸다.

그에게 도를 묻기 위해 오는 사람이 수없이 많았지만, 그들이 가까이 오면 겉으로 미쳐 날뛰는 꼴을 하기도 하고, 혹은 나무나 돌로 때리려고도 하고, 혹은 활을 당겨 쏘려고 하며 그 사람의 뜻을 떠보았다. 어느 때는 길에서 대소변을 보면서 여러 사람이 쳐다보는 것도 피하지 않았고, 산에 들어가서 서 있는 나무의 껍질을 벗기고 시 쓰기를 좋아했는데, 글을 써 놓고는 한참 읊조리다가 문득 통곡하면서 깎아버리기도 했다.

그해 가을 김시습은 서울에 책을 구하러 갔다가 효령대군의 권유로 세조의 불경언해사업(佛經諺解事業)에 참가하여 배불당에서 교정일을 맡았다. 그러다가 그의 나이 31세가 되던 1465년 봄에 경주로 내려갔다.

3. 최초의 한문 소설 『금오신화』를 짓다

조선의 모든 곳을 답사한 김시습이 가장 살 만한 곳으로 여기고 사랑했던 곳은 아마도 경주의 금오산이었을 것이다. 『매월당집』 부록 제2권에 실린 「매월당시사유록후서(梅月堂詩四遊錄後序)」에 실린 그의 글에 "금오에 살게 된 이후 멀리 노는 것을 좋아하지 아니하고, 다만 바닷가에서 한가로이 노닐며 들판과 마을을 말과 행동에 구애받음이 없이 자유로이 다니며 매화를 찾고 대밭을 찾아 언제나 시를 읊고 술에 취함으로써 스스로 즐거워했다"라고 썼다. 그는 금오산을 '흘러 다니다가 멎는 산'이라는 의미로 고산(故山)으로 삼고자 했음인지, 여러 번 되풀이해서 '고산'이라고 썼다.

그는 태어나서 자란 서울을 객관(客官)이라 불렀고, 서울에 있으면서 꾸는 꿈을 객몽(客夢)이라고 했다. 그런 여러 정황으로 미루어보아 김시습이 얼마나 경주의 금오산을 사랑했는지 짐작할 수 있다. 그 때문에 관서, 관동, 호남은 하나의 도로 여겨서 하나의 유록으로 만들면서도, 금오는 작은 지역인데도 하나의 유록으로 만들었다.

그의 호인 매월당 역시 금오산의 금오매월에서 따왔으며, 그가 머물렀던 금오산실은 바로 용장사이며, 그 집의 당호 역시 매월당이다.

이 금오산에서 서른한 살부터 서른일곱 살에 이르는 인생의 황금기를 보내면서 우리나라 최초의 한문 소설인 『금오신화(金鰲新話)』를 비롯한 수많은 시편과 『유금어록(遊金語錄)』을 남겼다. 집구시(集句詩)인 「산거

경주 금오산 중턱의 용장사 절터. 김시습은 이곳에 머물며 수많은 시편을 남겼다.

백영(山居百詠)」과 「전등신화(剪燈新話)」를 본떠 지은 『금오신화』가 바로 이때(1468년) 지은 작품이다.

그는 저술한 『금오신화』를 석실에다 감추고 말하기를 "후세에 반드시 나를 알 사람이 있을 것이다"라고 했는데, 그의 말이 헛되지 않아 『금오신화』가 사람들에게 발견되어 김시습의 여러 작품 중에서도 가장 널리 알려지게 되었다.

4. 끝없는 기행, 기행, 기행

김시습은 편벽한 성질을 지녔기 때문에 가난해도 무엇이건 빌리지 않았다. 남이 주어도 받지 않았다. '동서명(東西銘)'을 본떠서 '남북명(南北銘)'을 지어 남쪽과 북쪽 벽에 붙여놓았다. 그해 다시 효령대군의 추천으로 원각사의 낙성회에서 찬시를 바쳤던 것으로 미루어보아 수양대군이었던 세조 개인에 대해서는 그렇게 노골적인 반감이나 불만을 가지지 않았던 것으로 보인다.

그의 나이 37세가 되던 성종 2년에 서울로 올라오라는 청을 받은 김시습은 6~7년간 정들었던 금오산을 하직하고 서울로 올라갔다. 그가 세상을 부유하듯 떠돌고 있던 사이에 세상은 많이도 변해 있었다. 서거정은 달성군으로 봉작을 받고 있었고, 영의정에 정창손, 좌리공신에 김수온, 노사신은 영동녕부사를 지내고 있었다. 그러한 사실을 전해 들은 김시습은 성동에 폭천정사(瀑泉精舍)를 지은 뒤 그곳에서 일생을 마치려 했다. 하지만 그의 성품은 평범한 삶을 용납하지 않았다.

한번은 세조가 내정에서 법회를 베풀며 김시습을 초청하여 참여시켰는데, 갑자기 새벽에 사라져 어디로 갔는지를 알 길이 없었다. 사람을 시켜 이곳저곳을 찾아보니, 저자의 더러운 시궁창에 빠져 얼굴을 반쯤 드러내고 잠을 자고 있었다고 한다.

특히 그는 산에 있을 때 찾아오는 사람이 있으면, 자신에 대한 세상 소식을 물어보며 자기를 통렬하게 욕하는 자가 있다면 아주 즐거워했고, 거짓 미친 체하면서 그 속에는 다른 배포가 있을 것이라고 생각하는 사람이 있다고 하면 눈썹을 찡그렸다고 한다.

그리고 어떤 인망 없는 사람이 고관대작에 임명되었다는 사실을 알게 되면 "이 백성이 무슨 죄가 있어서 그 사람이 그 자리의 책임을 맡게 되었나"라면서 반드시 통곡했다고 한다.

그 당시 서거정과 김수온은 김시습을 국사(國士)처럼 여겼다. 김수온이 성균관 일을 주관하고 있을 때의 일이다. '맹자가 양나라 혜왕을 뵙다(孟子見梁惠王)'라는 논제로 유생들에게 시험을 냈다. 태학생 한 사람이 삼각산에 있는 김시습을 찾아가 "괴애 선생(김수온)도 짓궂은 사람입니다. '맹자가 양나라 혜왕을 뵙다'라는 것이 어찌 논제가 될 수 있습니까?"라고 했다. 김시습이 빙그레 웃으며 "이 늙은이가 아니면 이 논제를 내지 못할 것이네"라고 한 뒤 붓을 들더니 금세 논문을 지어주면서, "이 논제를 자네가 지은 것이라고 하고 그 늙은이를 속여보게"라고 했다. 태학생은 그 말대로 했는데, 김수온은 끝까지 다 읽기도 전에 말하기를 "열경이 지금 서울 어느 산사에 사는가"라고 묻는 바람에, 그 태학생은 할 수 없이 사실대로 고백하고 말았다. 그 글은 대략 '양나라 혜는 왕을 참칭한 자이니 맹자가 보아야 할 사람이 못 된다'라는 내용이었다.

김수온이 죽은 뒤에 그가 좌화(坐化. 앉아서 죽는 것을 말함)했다고 말하는 사람이 있자, 김시습은 "괴애같이 욕심이 많은 사람이 그럴 리가 없다. 가령 있었다고 할지라도 좌화는 비례(非禮)다. 증자는 역책(易策, 죽음에 임박한 증자가 깔았던 화려한 대부의 평상을 비례라 하여 바꾸고 죽었다), 자로는 결영(結纓, 자로는 전사할 때 적의 창을 맞아 갓끈이 떨어졌으므로 다시 메고 죽었다고 한다)했다는 말을 들었을 뿐이요, 다른 일이 있었다고는 못

들었는데, 이것은 아마도 김수온이 부처를 좋아했으므로 한 말이었을 것이다"라고 했다.

김시습이 수락산에 거처하고 있을 때의 일이다. 비가 내린 뒤에 골짜기의 물이 불어나면 종잇조각 백여 장을 끊은 다음 붓과 벼루를 가지고 뒤따르게 한 뒤, 흐름을 따라 내려가다가 반드시 여울이 급한 곳에 자리를 잡고 앉아서 침통하게 읊조리며 시를 지었다. 혹은 절구, 혹은 율시, 혹은 고풍을 종이에 써서 흐르는 물에 띄워 멀리 흘러가는 것을 보고는 또 쓰고 또 흘려보내곤 했다. 종일토록 글을 써서 물 위에 흘려보낸 후 종이가 다 떨어지면 돌아왔는데, 하루에 지은 글이 몇백 편이었다. 이런 일 또한 그의 뜻을 파악하기 어려운 점이었다.

김시습은 자신의 행적을 설명한 글에서 "머리를 깎은 것은 세상을 피하려는 뜻이고, 수염을 기른 것은 장부의 뜻을 나타내려 함이다"라고 했다. 또 어떤 글에서 "요금 과거를 볼 때에 쓰는 문장을 보면 아름다운 듯하나 따지고 보면 뜻이 없다. 그 말이 비록 입에 흐르는 듯하나, 그 뜻은 새벽이슬이나 봄날 서리와 같다"라고 하는 등, 세상에 대한 비판을 직설적으로 행했다. 이것이 그를 조선 최대의 아웃사이더라고 평하는 이유다.

우리나라 어느 곳이나 매월당 김시습의 기행에 대한 이야기가 많이 남아 있다. 『월정만필(月汀漫筆)』에 실린 글을 보면, "김시습은 성 안에 들어오면 언제나 향교의 사인(문사) 집에 머물렀다. 서거정이 가서 찾으면 김시습은 인사를 하지 않고 비스듬히 누워 두 발을 거꾸로 대고 발장난을 하면서 하루 종일 이야기했다. 이웃 사람들이 그 광경을 보면서 말하기를 '김 아무개는 서상공께 예를 하지 아니하고 업신여김이 저와 같으니 나중에는 반드시 찾아오지 않을 것이다'라고 했지만, 며칠 뒤 서거정은 다시

조선 천재 열전

찾아와 즐겁게 놀다 가곤 했다"고 한다.

또한 신숙주는 김시습을 존경했기 때문에 김시습이 서울에 왔다는 소식을 들으면 그가 거처하는 집주인을 시켜 술을 권하여 취해 쓰러지게 한 다음, 자기의 집으로 가마에 태워 실어갔다. 술이 깬 김시습이 속았음을 알고 일어나서 돌아가려 할 때 신숙주가 김시습의 손을 잡으며 '열경은 어찌하여 한마디 말도 아니하오?'라며 붙잡으려 했다. 그러나 김시습은 입을 굳게 다물고 옷깃을 끊어버리고는 돌아갔다. 그 뒤로 김시습은 설악산에도 들어가고, 혹은 춘천의 청평산에도 들어가면서, 오가는 것이 때가 없어 그가 어디에 있는지를 알 수 없는 경우가 허다했다고 한다.

김시습은 주자가 말한 "견문이 넓은 사람일수록 안목이 좁은 사람이 없다"라는 말을 온몸으로 느끼고 실천했던 사람이라고 할 수 있다.

5. 끝끝내 세상에 정붙이지 못하다

1481년 47세가 되던 해, 김시습은 갑자기 머리를 기르고 제문을 지으며 할아버지와 아버지께 제사를 지냈다. 다음은 그 제문이다.

순 임금이 오륜의 가르침을 펴면서 어버이가 먼저 앞에 있고, 죄의 조목을 삼천이나 열거하였으나, 불효를 제일 큰 죄로 하였습니다. 대체로 천지 사이에 살면서 그 누가 양육한 은혜를 저버릴까마는, 어리석은 소자는 본집과 지류를 이어야 할 것을 이단에 침체되었다가 말보에 와서야 겨우 뉘우쳤습니다. 이제 예전(禮典)을 상고하고 성경(聖經)을 찾아 먼 조상을 추모하는 큰 의식을 강구하여 정하고, 청빈한 생계를 참작하여 간소한 데 힘쓰되 깨끗함을 주로 하고, 음식을 많이 차리되 정성으로써 합니다. 한무제는 나이 일흔에야 바야흐로 전 승상의 말을 깨달았고, 원덕공은 백세에야 허노자의 풍교에 감화되었습니다.

그는 정성스럽게 제사를 지낸 뒤 안 씨를 아내로 맞아들여 환속하여 고기도 먹으며 일반인처럼 살고자 했다. 그에게 벼슬을 권하는 사람이 많았지만, 세상과의 불화가 깊다고 느낀 김시습은 벼슬에 미련을 두지 않았다. 다음은 『해동잡록』에 실린 글로, 제목은 '다섯 가지 불가(不可)'다.

처신하기가 몹시 힘드니 인간 세상에서는 살 수가 없다. 그것은 다섯 가지 불가(不可)가 있기 때문이다. 사람을 만나려면 옷차림에 정신을 써야 하는데, 빨래하고 옷 지을 사람이 없으니 그것이 첫 번째 불가다.

아내나 첩을 얻으면 살림을 꾸려야 하는데, 생계에 얽매어 빈부에 자유로울 수가 없으니 두 번째 불가다.

또 어찌 도연명의 적씨(翟氏, 도연명의 처로 그의 뜻을 받아들여 숨어 사는 가난한 생활을 편안히 여겼다)나 양홍의 맹광(孟光, 후한 양홍의 처)과 같이 될 수 있겠는가? 이것이 세 번째 불가다.

옛 친구가 가엾이 여겨 벼슬자리를 천거하더라도 지위가 보잘것없고 녹이 박하여 체면을 유지할 수가 없고, 성품 또한 어리석고 정직하기만 하여 소인의 무리에게 용납될 수가 없으니, 이것이 네 번째 불가다.

깊은 골짜기에 살아 다만 산수 좋은 것만 좋아하고 밭 갈고 김매는 일 같은 것은 개의치 아니하고, 골짜기를 나와 살길을 구하면 남들은 곧 여전히 곤궁하다고 할 것이다. 입신하기가 이러하니, 이것이 다섯 번째 불가다.

그는 산에 들어가 달 밝은 때를 만나면, 언제나 밤중에 홀로 앉아 굴원의 「이소경(離騷經)」을 외우고는 통곡하고 돌아왔다고 한다.

어느 해에는 다른 사람이 그의 전답을 빼앗아 농사를 짓고 있는 것을 모른 체하고 있다가, 느닷없이 그 사람에게 전답을 되돌려달라고 졸라댔다. 그 사람이 자기가 주인이라고 기어이 우기자 재판을 통해 가까스로 농토를 되찾았다. 그 뒤 승소한 문서를 들고 나오다가 관가의 정문 앞에 이르자, 그 문서를 갈가리 찢어 시냇물에 던지고는 하늘을 보고 울었다는 이야기도 전한다.

어떤 때는 미친 사람처럼 자기를 따라오는 사람에게 돌팔매질을 하기도 했고, 시장의 아이들과 어울려 거리를 쏘다니다가 술에 취해 아무 데나 쓰러져 자기도 했다. 시장에서 많은 사람이 지켜보는 가운데 정신 나간 사람처럼 멍청하게 서 있다가, 아이들이 돌멩이를 던져 내쫓기기도 했다.

술에 취해 거리를 걷고 있던 김시습이 영의정 정창손이 지나가는 것을 보고서 "야 이놈아, 이제 그만 좀 해먹어라"라고 소리를 질러 주변 사람들을 놀라게 했다. 정창손은 그의 말을 못들은 체 지나갔다. 그러나 그 말을 전해 들은 사람들은 그때부터 그를 위태롭게 여기고 만나지 않았다. 오직 종실 이정은과 남효온, 안응세, 홍유손 등 몇 사람만 끝까지 김시습과 교류했다.

또 하나 재미있는 일화가 있다. 세조 때 정치가였던 한명회가 화려한 정자를 짓고 명나라 한림원 시장인 예겸이 이름을 지은 압구정(狎鷗亭)이 한강 가에 남아 있다. 한명회가 압구정에 경치를 칭탄하는 현판들을 내걸었는데, 그 현판들 중에 다음과 같은 시가 있었다.

청춘에는 사직을 붙들고(青春扶社稷)
늙어서는 강호에 누웠네(自首臥江湖)

압구정에 놀러 가 이 현판을 들여다보던 김시습이 이 글씨를 다음과 같이 고쳐놓았다.

청춘에 사직을 위태롭게 하고(青春危社稷)
늙어서는 강호를 더럽혔네(自首汚江湖)

김시습이 부(扶) 자를 위(危) 자로, 와(臥) 자를 오(汚) 자로 고치자, 그 글을 본 사람들이 그럴듯하다고 했다. 나중에 와서 이 현판을 본 한명회는 결국 떼어내고 말았다.

남효온이 어느 날 김시습에게 물었다. "나의 소견은 어떠합니까?" 김시습은 대답하기를 "창구멍으로 하늘을 엿보는 것이다"라고 하면서 소견이 아직 좁다고 하자, 남효온이 다시 물었다. "동봉의 소견은 어떠합니까?" 그러자 김시습이 "넓은 뜰에서 하늘을 쳐다보는 것이요"라고 하여 자신의 소견은 높지만, 행실이 아직도 미치지 못하고 있음을 우회적으로 말하기도 했다.

한번은 이런 일이 있었다. 김시습은 서거정이 조정에 입궐하면서 벽제 소리를 내며 요란스레 가는 것을 보았다. 그는 남루한 의복에다 패랭이를 쓰고 허리에는 새끼로 띠를 두른 채 벽제꾼들을 헤집고 들어가서 말했다. "아아, 강중(剛中, 서거정의 자)아, 너 요즘 편안하구나." 그러자 서거정이 가마에서 내려 그의 손을 잡아주었다고 한다.

하지만 평온했던 시절이 채 1년도 안 돼 그의 아내인 안 씨가 세상을 떠났다. 그리고 이듬해 '폐비윤씨사건(廢妃尹氏事件)'이 일어나자, 김시습은 다시 머리를 깎고 방랑을 시작했다. 강원도 강릉과 양양 그리고 설악산과 춘천의 청평산 등에 오래 머물렀는데, 그 당시 양양 부사였던 유자한과 교분이 깊어 서신 왕래가 많았다. 유자한과의 서신에서 김시습은 다시 방랑을 시작한 이유를, "자주 몸과 세상이 서로 어긋나 마치 둥근 구멍에 모난 자루를 박은 것과 같습니다. 또 옛날 지기들은 모두 죽어서 없고 새로 사귄 사람들은 아직 익숙하지 못하니, 그 누가 나의 본뜻을 알아주겠니까? 그런 까닭에 다시 형해를 산수 간에 방랑하게 된 것입니다"라고 밝히기도 했다.

유자한이 그를 대접하면서 가업을 일으켜 출세하기를 권했다. 하지만 김시습은 정중히 편지를 써서 사절했다. "장차 긴 보습을 만들어 산에 있는 복령을 캐고 살리라"라는 글이 남아 당시 김시습의 마음을 보여주고 있다.

매월당은 정치에 대한 말도 남겼는데, "태평한 세상의 정치는 간소하면서도 무게가 있고, 어지러운 세상의 정치는 번거로우면서도 가볍다"라고 했다. 미친 척하며 평생 방랑했지만 김시습의 예리한 현실 분석이 돋보이는 구절이다.

김시습이 주장한 것은 기이론(氣理論)이다. 그는 우주의 변화가 음기와 양기가 작용하는 것으로 보았다. 그러한 사상적 토대 위에 초자연적이고 초인간적인 관념론을 배격했다. 주희의 사상인 '이(理)'의 법칙에 따라 인간의 운명이 정해진다는 주리론(主理論)을 반대한 것이다. 김시습은 '이'라는 것이 사물에 일정한 원리가 있는 것을 말하는 것이지, 사물을 떠나서는 존재하지 않는다고 설파했다. '이'를 내세워 사람을 구속하고 억제하는 주리파의 주장을 정면으로 부정한 것이다.

이 나라 구석구석을 정처 없이 떠돌아다닌 김시습이 마지막으로 찾아든 곳이 충청도 홍산의 무량사(無量寺)였다. 어째서 김시습은 이곳 무량사를 말년을 의탁할 장소로 정했던 것일까? '무량'이란 셀 수 없다는 말의 한 표현으로서, 목숨을 셀 수 없고 지혜를 셀 수 없는 곳이 바로 극락정토라는 뜻을 지니고 있기 때문에 이곳으로 찾아왔는지도 모른다. 김시습이 무량사에서 보낸 생활은 알려진 게 별로 없다.

그는 무량사에서 자신의 초상화를 그리고는 "네 모습 지극히 약하며

말년의 김시습이 의탁했으며 파란만장했던 삶을 마감했던 부여 만수산 무량사

네 말은 분별이 없으니 마땅히 구렁 속에 버릴지어다"라고 자신을 평가했다. 현재 무량사에는 진위를 확인할 수는 없지만, 불만 가득한 표정의 김시습 초상화가 지나는 길손들을 맞고 있다. 그가 마지막으로 생을 보낸 무량사에서 남긴 시가 「무량사에서 병으로 누워(無量寺臥病)」다.

봄비가 계속하여 이삼 월에 내리는데
심한 병을 붙들고 선방에서 일어났네.
생을 향해 서로 온 뜻 묻고자 함은
도리어 다른 중이 거양(擧揚, 칭찬하여 높임)할까 두려워하네.

김시습은 그의 나이 쉰아홉인 1493년(성종 24년) 2월 어느 날, 무량사에서 쓸쓸히 병들어 파란만장한 삶을 마감했다. 죽을 때 화장하지 말

것을 당부했으므로, 그의 시신은 절 옆에 안치해두었다. 3년 후에 장사를 지내려고 관을 열었는데, 김시습의 안색이 생시와 다름이 없었다. 사람들은 그가 부처가 된 것이라 믿어 그의 유해를 불교식으로 다비했다. 이때 사리 한 과가 나와 부도를 만들어 세웠다. 그 뒤 읍의 선비들이 김시습의 풍모와 절개를 사모하여 현재의 홍산면 교원리에 사당을 지은 뒤, 청일사 (淸逸祠)라 이름을 짓고 그의 초상을 봉안했다. 오랜 세월이 지난 뒤 김시습에게 이조판서가 추증되었고, 청간공(淸簡公)이라는 시호가 내려졌다.

무량사의 김시습 부도. 일제강점기 때 폭풍우에 쓰러진 이 부도에서 김시습의 사리가 발견되었다.

조선 천재 열전

6. 후대의 평가

후세 사람들의 김시습에 대한 평가는 크게 두 갈래다. 선조의 명으로 『매월당전기』를 쓴 율곡 이이는 "김시습은 비록 그 처신과 처세의 방법에 있어서, 또 재질과 성품에 있어서 장단과 득실이 있다고 하겠으나, 절개와 의리를 표방하고 윤리와 기강을 부지하는 데 있어서는 그 뜻이 밝고도 장대함이 해와 달로서 그 빛을 다툴 만하다. (중략) 오직 애석하게 생각하는 것은 김시습이 영특하고 예리한 자질로 학문에 전념하여 공과 실천을 쌓았더라면, 그가 이룬 것은 한량이 없었을 것 아닙니까"라고 하면서 불우했던 그의 한평생을 애석해했다.

그러나 허봉이 퇴계 이황에게 "세상 사람들은 매월당이 중 옷 입은 것을 가지고 볼 것이 없다고 하지만, 제 생각으로는 매월당이 세상을 도피한 절개는 진실로 중용의 도리에는 합하지 못했다 하더라도, 몸가짐이 청고한 데 합하고 물러감이 권도(權道)에 합하다고 보는 것이 어떻습니까?" 하자, 퇴계는 다음과 같이 답했다고 한다. "매월당은 남다른 이인이요, 오직 색은행괴(索隱行怪, 궁벽스러운 일을 캐고 괴상스러운 일을 함)에 가깝지만, 그가 살고 있던 시대가 어지러웠기 때문에 그의 높은 절개가 이루어졌을 뿐이다"라고 하면서 그의 학문을 궁벽스럽고 괴이쩍다고 했다.

생육신의 한 사람인 남효온은 『사우명행록(師友名行錄)』에서 "매월당이 쓴 시편은 수만여 편에 이르지만 널리 퍼져나가는 동안에 거의 흩어져 사라져버렸고, 조신들과 유사들이 몰래 그들의 작품으로 만들어버렸다"라고 했다.

고금의 서적을 눈만 거치면 다 기억했고, 도(道)와 이(理)의 정밀하고 미묘한 것을 들여다보았고, 사색하는 공부가 없음에도 또한 요령을 깨닫는 일이 많았다. 대개 그 하늘에서 얻은 것이 진실로 초월하게 영매하고 훨씬 뛰어났으니, 재질의 아름다움은 비록 상지(上智)의 다음이라 하여도 가할 것이다. 그가 생각하던 것을 걷어치워 깊이 간직하고, 홀홀히 가고서 돌아오지 아니하며, 명교(名敎)를 포기하고 불교로 탈바꿈하여 병든 것도 같고 미친 것도 같아 세상을 크게 놀라게 한 것은 또 무슨 뜻이었던가?

그가 한 일을 찾아보면, 시를 쓰고서 통곡하고, 나무에 조각하고서 통곡하며, 벼를 베고서 통곡하고, 고개에 올라서면 반드시 울고, 갈림길을 당하면 울었으니, 그 평생에 가졌던 깊은 뜻의 소재는 비록 쉽게 들여다볼 수가 없다. 다만 대체의 요지는 다 그 평평함을 얻지 못해서가 아니었던가?

그 초연하게 고답(高踏)하는 태도로 온 세상을 흘겨보면서 산 좋고 물 좋은 곳에서 휘파람 불며 거만 부리고, 물질 밖에서 방랑한 데에 이르렀으며, 행동거지가 한가하고 쾌적하여 외로운 구름이나 홀로 나는 새와도 같아서 마음속이 환하고 맑아 옥병과 가을밤 달에 부끄러움이 없으니, 그 높은 풍모(風貌)와 아담한 운격(韻格)은 붓끝으로 형용하기 어려움에 이른다. 옛사람의 이른바 "우뚝 서서 홀로 행하는 데 몇만 년을 지나도 고려하지 않는다"라는 것이 거의 이에 근사할 것이다.

조선의 8대 문장가 중 한 사람인 이산해가 임금의 명을 받아 쓴 『매월당집서』의 일부분이다.

윤춘년이 지은 『매월당선생전』의 후기를 보면 "선생이 환술(幻術)이 많아서 능히 맹호(猛虎)를 부리고, 술(酒)을 변하게 해서 피가 되게 하고, 기운을 통해서 무지개가 되게 하고, 오백나한을 청해온다고 했지만, 또한 역시 믿을 수 없는 것이다"라고 끝맺었다.

우암 송시열의 제자 최신이 송시열에게 물었다. "율곡이 『김시습전』을 짓고 말하기를 '나면서부터 문자를 알았다'라고 했는데, 김시습은 나면서부터 세상의 모든 깃을 일었던 성인이라 이를 만합니까?" 송시열은 다음과 같이 대답했다. "나면서부터 의리를 알았다면 성인이다. 매월당 같은 사람은 나면서부터 문자를 알았지만 의리는 알지 못했다. 그러나 나면서부터 문자를 안 것도 또한 자질이 비상하다 할 만하다. 그러기에 매월당의 인품이 대단히 높아 불도를 밟고 거짓 미친 체하여 세상을 피했던 것이다."

그의 생애는 어린 시절을 빼놓고는 일생 동안 가시밭길이었다. 누가 시켜서도 아니었다. 그가 선택한 길을 한 번도 굽히지 않고 뚜벅뚜벅 걸어간 것이다. 그는 이 땅의 산과 들을 운수납자(雲水衲子)처럼 떠돌며 거침없이 세상을 질타하고 주옥같은 글을 수없이 남겼다.

어이해서 본업을 버리고(如何違本業)
고생고생 먼 길을 돌아다녔나(役役走長途)

그가 남긴 시 「길손이 있다(有客)」의 구절과 같이, 빼어난 문장을 방내에서 풀지 않고 풍진 세상을 의지할 데 없이 떠돌아다녔다. 그는 흐르는 구름과 떠도는 구름을 벗 삼아 이 세상을 떠돌았는데, 그것은 그가 쓴 아래의 시처럼 세상에 대한 회의 때문이었을지도 모른다.

잠시 개었다가 다시 비오고(乍晴乍雨)

잠시 개었다가 다시 비오고 비오다 가 다시 개이네(乍晴乍雨雨還晴)

하늘 일도 그러한데 하물며 세상 인심이랴(天道猶然況世情)

나를 칭찬하다가도 오히려 나를 헐뜯고(譽我便是還毀我)

명예를 피한다더니 오히려 이름을 구한다네(逃名却自爲求名)

꽃이 피고 꽃이 진들 봄이 어이 관계하며(花開花謝春何管)

구름이 가고 구름이 온들 산이 어이 다투리(雲去雲來山不爭)

세상 사람들 잘 기억하시게(寄語世人須記認)

어디서나 기뻐함은 평생에 득이 된다네(取歡無處得平生)

살아가면서 어찌 회한이 없었으랴. 율곡은 김시습의 이론을 두고 "마음은 유학이요, 자취는 불교로다"라고 했다. 김시습처럼 많은 시를 쓴 사람도 그리 흔치 않을 것이다. 그는 평생 동안 2,200여 수의 시를 남겼는데, 남아 있는 것이 그 정도로 유실된 것을 합하면 그 수는 실로 타의 추종을 불허할 것이다. 김시습이 남긴 시의 주제는 대부분 자연과 한(閑)이었다.

그림자는 돌아다봤자 외로울 따름이고

갈림길에서 눈물을 흘렸던 것은 길이 막혔던 탓이고

삶이란 그날그날 주어지는 것이었고

살아생전의 희비애락은 물결 같은 것이었노라.

부여 청일사. 부여군 홍산면 교원리에 있는 매월당 김시습과 김효종을 모신 사우(寺宇)로, 광해군 때인 1621년에 홍산 현감 심종직이 건립했다.

그의 글을 읽다 보면 슬픔이 절절한 글들이 너무도 많은데, 과연 한평생을 방랑자로 떠돌았던 매월당의 생애를 무엇이라고 정의할 수 있을까? "천재는 신이 사랑한 사람이고, 수재는 신이 사랑할 정도의 재능은 없지만, 천재의 재능을 알아채는 사람이다. 범재는 수재의 재능은 이해하고 존중하지만, 천재의 재능까지는 모르는 사람이다. 그러므로 행복한 사람이다"라는 말이 있다. 그러나 신이 사랑한 사람이라는 말에 걸맞지 않게 김시습의 한평생은 고난과 슬픔의 연속이었다. 또한 독일 작가인 헤르만 헤세는 『문학에 관하여』에서 천재의 비극성을 다음과 같이 갈파했다.

천재는 어디서 나타나건 주변 사람들의 손에 목이 졸려 죽거나 아니면 독

단종에 대한 충심을 노래한 영월의
왕방연 시조비

재자가 되거나, 둘 중 하나다. 천재는 인류의 꽃으로 취급받고, 어디를 가
나 위기와 혼란을 일으키며, 늘 혼자서 나타나고 고독이라는 천형을 짊어
졌으며, 유전되지 않고 항상 자신을 포기하려는 경향이 있다.

마치 매월당 김시습의 생애를 두고 이르는 말 같다. 그는 이어 『유고
산문집』에서 천재의 운명에 대해 날카로운 견해를 제시한다.

우리는 흔히 천재라는 사람의 인생 역정에서 편안한 결론을 끌어내려고
한다. 진정으로 강하고 재능이 있는 사람이 자신이 가야 할 길을 찾아 걸
어간 결과, 위대한 작품을 만들었다고 말이다. 하지만 이것은 비겁한 자조

조선 천재 열전

요 거짓이다. 실제로 많은 유명 인사들은 탁월한 업적에도 불구하고 운명과 소질을 살리지 못한다. 시대를 막론하고 재능이 있는 사람들은 대부분 자기에게 맞는 길을 가지 못하며, 인생 역정이 꺾이거나 불행한 삶 속으로 휘몰리게 된다.

자신의 천재성을 알면서도 세상에 뜻을 펼칠 수 없음을 너무 일찍 깨 달아 좌절한 천재 중의 천재가 바로 매월당 김시습이 아니었을까?

이이

주자의 성리학을 조선의 성리학으로 만든 천재 학자

(1536~1584)

1. 말을 배우면서 곧 글을 쓰다

방이 하나에 마루가 있는 조용하면서도 자그마한 별채 오죽헌(烏竹軒). 만삭의 신사임당은 강릉 친정의 별채인 오죽헌에서 잠자리에 들었다가 꿈을 꾸었다. 검은 용이 바다에서 집으로 날아드는 꿈이었다. 그리고 그날 밤 진통 끝에 한 아이가 태어났다. 이미 선녀가 옥동자를 건네주는 태몽을 가진 아이. 그 아이가 바로 당대의 석학이자 뛰어난 정치가였던 율곡 이이다. 이 꿈 덕분에 어릴 적 율곡은 '현룡(見龍)'이라 불렸고, 그가 태어난 방을 '몽룡실(夢龍室)'이라 하여 지금도 옛 모습 그대로 남아 있다.

율곡 이이는 1536년(중종 31년) 강릉의 외가 별채인 오죽헌에서 태어났다. 아버지는 증좌찬성 이원수이며, 어머니는 사임당 신 씨다. 율곡의 천재성은 이미 세 살 때부터 드러나기 시작했다. 말과 글을 터득한 율곡에게 외할머니가 석류를 손에 들고 물었다. "이것이 무엇과 같으냐?" 그물음에 율곡이 옛 시를 들어 대답했다. "석류 껍질 속에 붉은 구슬이 부스러졌습니다(石榴皮裏碎紅珠)." 그 말을 들은 사람들이 모두 놀라워했다. 또한 네 살 때는 중국의 역사책인 『사략(史略)』 첫 권을 배웠는데, 그를 가르친 스승보다 글귀에 토를 더 잘 달았다. 다섯 살 되던 해에는 어머니 사임당 신 씨가 위독하자 온 집안이 어쩔 줄 몰랐는데, 어린 율곡이 몰래 외할아버지 사당에 들어가 어머니를 낫게 해달라는 기도를 드리는 장

강릉 오죽헌. 율곡 이이가 태어난 별당으로 보물 제165호로 지정되었다.

면을 그의 이모가 보고 감격하여 달래어 안고 돌아왔다고 전한다.

　여섯 살에 서울 본가로 올라온 율곡은 일곱 살이 되면서부터 어머니에게 본격적으로 글을 배웠다. 율곡은 학업 진도가 대단히 빨랐다. 『진복창전(陣復昌傳)』이라는 글을 지어 사람의 됨됨이를 평한 것도 이때였다. 율곡이 글을 지은 진복창은 율곡이 살던 한양의 수진방 본가의 이웃에 살던 권신이었다. 그는 율곡이 태어나기 1년 전에 별시 문과에 장원으로 급제해, 그 무렵 한창 벼슬길을 달리고 있던 촉망받는 사람이었다. 진복창은 그 뒤 윤원형을 도와서 을사사화(乙巳士禍)를 일으킨 매우 부도덕한 인물이었다. 그런 연유로 사관들은 진복창을 독사로까지 매도했는데, 당시 일곱 살이었던 이율곡이 평소에 그 자신이 본 진복창이란 인물에 대해 다음과 같이 평했다.

　성숙한 군자는 마음속에 덕을 쌓는 까닭에 늘 태연하고, 성숙하지 못한 소인은 마음속에 욕심을 쌓는 까닭에 마음이 늘 불안하다. 내가 진복창의 사람됨을 보니 속으로는 불평불만을 품었으되, 겉으로는 태연한 척한다. 이 사람이 벼슬자리를 얻게 된다면 나중에 닥칠 걱정이 어찌 끝이 있겠는가.

율곡의 글에 나오는 '군자는 마음속에 덕을 쌓는 까닭에 늘 태연하고, 소인은 마음속에 욕심을 쌓는 까닭에 마음이 늘 불안하다'라는 구절은 『논어(論語)』 술이(述而) 편에서 공자의 다음과 같은 구절을 인용한 것이다.

군자는 마음이 평탄하고 넓으며(君子坦蕩蕩)
소인은 언제나 걱정을 한다(小人長戚戚).

그의 나이 여덟 살 때 경기도 파주 파평면의 율곡(栗谷)이라는 곳으로 내려가 살았는데, 그곳에 율곡의 조상들이 살던 옛집이 있었다. 율곡 마을 북쪽에 장단 쪽을 바라보며 깎아지른 듯한 봉우리에 세워진 화석정(花石亭)이라는 정자가 있다. 소나무 숲이 울창하고 강 건너로 장단평야의 들판이 넓게 펼쳐져 있어서 수많은 시인 묵객들이 즐겨 찾아와 이곳의 아름다운 모습을 시조로 지어 찬양했다. 화석정은 원래 고려 말 학자인 야은 길재가 살던 곳이었다. 그곳을 율곡의 6대조인 이명신이 물려받아 정자를 세웠고, 이숙함이 주위에 온갖 괴석과 화초를 심고서 화석정이라 이름 붙였다. 이곳에는 율곡이 여덟 살에 지었다는 시 한 편이 걸려 있다.

숲 속 정자에 가을이 이미 깊었으니(林亭秋已晚)
시인의 감회 다할 길 없어라(騷客意無窮)
멀리 보이는 물은 하늘과 닿아 푸른데(遠水連天碧)

율곡 마을 북쪽에 장단 쪽을 바라보며 깎아지른 듯한 봉우리에 세워진 화석정은 율곡이 노닐던 정자로
그가 쓴 시가 남아 전해오고 있다.

서리 내린 단풍은 햇볕에 붉구나(霜楓向日紅)

산에서는 외로운 둥근 달이 솟아오르고(山吐孤輪月)

강은 한량없는 바람이 깃들어 있는 듯(江含萬里風)

아득한 데서 온 기러기는 어디로 가는 것일까(塞鴻何處去)

그 울음이 저녁 구름 속으로 사라져버리네(聲斷暮雲中)

화석정 난간에 기대어 서서 바라보면 까마득히 펼쳐진 하늘 가운데
한양의 삼각산과 송도의 오관산이 머리카락만큼 조금 드러나는데, 그 경
치가 그토록 빼어났다고 전해진다. 한편 이 정자에는 이이와 선조에 대한
재미난 일화가 내려온다.

율곡은 살아 있을 때 이곳에서 틈나는 대로 화석정 기둥에 기름을 발
라두게 했다. 율곡이 죽고 난 8년 뒤, 임진왜란이 일어나자 급하게 서울을

빠져나와 의주로 피난길에 오른 선조는 주위가 한 치 앞도 보이지 않는 임진강 가에서 어찌할 바를 모르고 있었다. 그때 느닷없이 강 전체가 대낮처럼 환해졌다. 알고 보니 선조의 피난길을 수행하던 이항복이 기름을 먹인 이 정자에 불을 지른 것이다. 선조는 그 불빛의 도움을 받아 무사히 임진강을 건넜다고 한다.

율곡은 아버지의 고향인 이곳 밤골 마을에서 어린 시절을 보냈다. 그래서 호를 율곡이라 지었고, 나이가 들어 벼슬길에 오른 뒤에도 이곳을 즐겨 찾아 생각을 정리했으며, 벼슬자리에서 물러난 뒤에도 이곳에서 제자들과 학문을 논하고 시를 지었다. 화석정은 그 뒤 80년 만에 복원되었다가, 한국전쟁 때 소실되었던 것을 파주의 유림들이 다시 복원했다.

그 당시 조정에서는 인종의 뒤를 이어 명종이 즉위했고, 을사사화(乙巳士禍)와 정미사화(丁未士禍) 등 사화가 잇달아 일어났다. 조정에서는 위축된 젊은 문신들의 사기를 고무하고 인재를 선출하기 위해 명종 3년 별시 문과를 시행했다. 그리고 자격시험이라고 할 수 있는 속칭 소과(小科)라는 과거를 실시했는데, 그때 13세밖에 안 된 율곡이 시험에 응시하여 우수한 성적으로 진사 초시에 합격했다. 시험관들이 그를 기특히 여겨 접견했는데, 같은 또래의 다른 합격자들이 잘난 척했던 것과는 달리 율곡은 아무렇지도 않은 듯 천연덕스러워 앞으로 크게 될 인물임을 알 수 있었다고 한다. 율곡은 이때부터 문장이 날로 진취하여 명성이 널리 퍼졌다.

절친한 벗이자 정치적 동반자였던 성혼이 언젠가 "나는 책을 볼 때 한 번에 일고여덟 줄밖에 못 본다"라고 하자, 율곡이 말하기를 "나는 한 번에 열 줄밖에 못 본다"라고 대답했는데, 그 말은 자신의 명석함을 드러내려는 것이 아니라 일종의 겸손의 표현이었다. 대부분의 사람들이 한 줄을

조선 천재 열전

읽으면서도 그 뜻을 제대로 파악하지 못하는 데 반해, 열 줄을 한꺼번에 읽었다는 것만으로도 율곡의 천재성과 비범한 독서력을 짐작할 수 있다. 율곡은 사람들과 대화를 나누면서도 능히 책을 읽었다고 전한다.

율곡은 글을 짓는 데도 일부러 만들기에 힘을 쓰는 것이 아닌, 마음속에서 자연스럽게 나오는 것같이 쉽고도 명쾌한 글을 지었는데, 그래서였던지 율곡은 이런 말을 했다.

마음이 도(道)에 통하면 저절로 글이 되는 것이지만, 마음이 도에 통하지 못하면 글을 지어도 어색하게 되는 법이다. 그러기에 글 짓는 공부보다도 도학 공부가 앞서야 한다.

이러한 여러 가지 상황으로 보아 넓고도 깊으며 활달한 율곡의 문장은 마음의 수양에서 얻어진 것이었다. 율곡은 다른 사람들과 달리 과거를 목적으로 하지 않은 채 학문에만 더욱 전심전력을 기울였기 때문에 명성에는 별로 구애받지 않았다.

2. 어머니 사임당의 죽음과 출가

　평온했던 시절도 잠시, 이이는 열여섯이 되던 여름에 그보다 열두 살 손위인 맏형 이선과 더불어 조운(漕運), 즉 수로 운수의 공무로 출장 가는 아버지 이원수를 따라서 관서 지방에 갔다. 어머니 사임당은 바로 그해 봄에 이사한 삼청동 집에 있었다. 오월에 율곡 일행이 임무를 끝마치고 서울로 돌아올 무렵, 어머니에게 심상치 않은 병이 생겨 매우 위중한 상태에 이르렀다.

　사임당은 집에서 병을 간호하던 둘째 아들 이번과 동생인 이우를 불러 앉히고는 자신이 다시 살아날 가망이 없다고 말했다. 그날 밤에는 신사임당의 병환이 약간 차도가 있는 듯하여 집안사람들이 안심하고 있다가, 새벽에 신사임당이 홀연히 세상을 하직하니, 그때 나이 48세였다. 율곡 일행이 탄 배는 한강 하류에 있는 서강(西江)에 와 닿았지만, 율곡은 간발의 차로 어머니의 임종을 볼 수 없었다. 스승이기 이전에 어머니이자 일생의 사표(師表)로서 그토록 사랑했던 어머니를 잃은 율곡의 슬픔이 과연 어떠했을까?

　정성을 다해 어머니를 장사 지낸 율곡은 16세에서 18세 때까지 3년 동안 파주 두문리 자하산 기슭에서 묘막 생활을 했다. 슬픔을 억제할 길이 없던 율곡은 묘막 생활을 하면서 더욱 독서에 열중했다. 그러나 정신적 충격은 쉽사리 가시지 않았다. 그때부터 율곡은 심각한 회의(懷疑)에 빠져들었고, 풀리지 않는 생사(生死)의 고민에 휩싸였다.

강릉 신사임당 동상. 율곡 이이의 어머니를 넘어 조선의 어머니라고 알려진 인물이 신사임당이다.

어머니의 묘소 옆에서 보내는 적막한 밤, 율곡의 머릿속을 떠나지 않고 머물렀던 생각은 사는 것과 죽는 것이었다. 나는 왜 살고 있으며, 나는 어디로 갈 것인지에 대한 생각을 멈출 수 없었다. 태어나고 죽는 우주 순환의 이치는 생각하면 생각할수록 풀 길 없는 수수께끼같이 막연하기만 했다. 인생이란 어디서 왔다가 어디로 가는 것인가?

울다가 웃는 것은 무엇이며, 서러움이나 기쁨은 또 무엇이란 말인가. 모두가 한때의 꿈같은 인생, 삶이란 건 아침 이슬처럼 덧없이 사라지고 마는 것 아닌가? 거기에서 무슨 뜻을 유추해낼 수 있으며, 애착을 느낄 만한 것이 있기나 한 것일까? 아무리 물어도 풀리지 않는 철학적 명제 속에서 헤매던 율곡은 어느 날 울적한 심사를 풀고자 봉은사(奉恩寺)에 갔다.

그 당시 선종(禪宗)의 총본산이던 봉은사에는 수많은 불교 서적들이 있었다. 그곳에서 많은 불교 서적을 읽은 율곡은 이론을 따져서 깨달음을 얻는 것이 아니라 그 즉시 인생의 실상(實相)을 깨닫는 방법, 즉 '돈오(頓悟)'라는 것이 있음을 알게 되었다. 그는 불문에 들어가기로 결심했다. 그

때가 율곡이 소년기에서 청년기로 접어드는 열아홉 살 3월이었다. 그는 금강산에 들어가 '의암(義庵)'이라는 법명을 받았다.

그 무렵 그가 생각하고 있는 것을 써서 친지들에게 보낸 글에서 율곡의 마음속에 자리 잡고 있던 생각의 일면을 엿볼 수 있다.

사람은 누구나 '기(氣)'라는 것을 타고나는데, 이 '기'를 잘 기르면 마음이 주재하는 대로 '기'가 복종하여 성현이 될 수 있으나, 만일 '기'를 기르지 못하여 그와 반대로 마음이 '기'에 복종하게 되면, 모든 정욕이 문란하게 되어 어리석은 미치광이를 면하기 힘들 것이다.

옛날에 맹자와 같은 사람이야말로 '기'를 잘 기른 예라고 하겠다. 도리를 깨치고 본연의 천성을 충분히 발휘하여 '기'를 기르는 수밖에 없다. 공자가 지혜로운 사람은 물을 좋아하고 이진 사람은 산을 좋아한다고 하였거니와, 어질고 지혜로운 사람의 '기'를 기르는 방법은 산과 물을 버리고 어디서 구할 수 있겠는가?

그러나 불가에 들어간다는 것은 쉬운 일이 아니었다. 국교가 불교였던 신라나 고려 때와 달리, 유교를 국교로 삼은 조선에서 불가에 몸담고 있는 중은 일곱 천인(賤人) 중 하나로 백정이나 광대와 다름없었기 때문이었다. 유학자이자 사대부로서 그러한 결심을 하기가 여간 어려운 일이 아니었다. 율곡 자신이 나중에 임금께 올린 글 속에도 "일찍이 인자한 어머니를 잃고 망령된 마음으로 슬픔을 막는다는 것이 드디어 불교에 이끌리게 된 동기였다"라고 고백할 정도로 이는 두고두고 율곡에게 짐이 될 선택이었다. 이이의 출가에 대한 글이 『명종실록(明宗實錄)』을 기록한 사관의 글에 실려 있다.

조선 천재 열전

어렸을 때 아버지의 첩에 시달려 출귀(出歸)해 산사를 전전하다 오랜 뒤에 돌아왔다.

당시 율곡은 삼년상 상복을 벗자마자 금강산으로 들어가 유점사(楡岾寺)의 말사인 마하연(摩訶衍)에서 참선을 하기 시작했다. 그곳에서 불경을 읽지 않은 것이 없을 정도로 모두 읽으면서 깨달음을 얻기를 원했다.

우암 송시열이 쓴 글에 의하면, 율곡은 어린 시절에 불교와 노장(老莊)의 책을 많이 읽었다. 그중에서도 『능엄경(楞嚴經)』을 제일 좋아했다고 한다. 그러나 아무리 불경을 많이 읽어도 율곡의 번뇌는 풀리지 않고 더욱 깊어지기만 했다.

불가에 귀의한 지 1년이 채 되지 않은 어느 날, 우연히 다시 『논어』를 읽다가 홀연히 깨달음을 얻은 율곡은 짐을 꾸린 뒤 산을 내려왔다. 금강산으로 입산한 지 1년째 되는 날이었고, 그의 나이 스무 살이 되던 해였다. 불과 1년 동안의 입산 경력이었지만 불교에 입문했던 그때의 일로 율곡은 다른 당파 사람들에게 한평생 괴롭힘을 당했다. 성리학을 지배 이념으로 삼았던 조선에서 입산 경력을 가진 사대부는 매월당 김시습과 율곡 이이 두 사람뿐이었기 때문이다.

율곡은 금강산에 들어가 참선은 했으나 머리를 깎고 중이 되지는 않았다. 율곡의 성품으로 보아 그가 선택한 것에 확신이 서지 않았기 때문일 것이다. 훗날 송응개라는 사람은 율곡을 두고 "서모와 싸워 집을 버리고 머리 깎고 중이 되었다" 또는 "나라를 팔아먹은 간신"이라는 비난을 퍼부었으며, 심지어 성균관에 있는 공자의 위패에 절을 하는 것조차 막으셨다. 이에 대해 율곡은 단 한 번도 변명하지 않았다.

3. 율곡, 퇴계를 만나다

율곡은 청년기를 스치고 지나간 정신적인 시련을 매듭짓고 새로운 출발점으로 나아갔다. 그때부터 율곡은 "뜻이 서 있지 않고는 원하는 생을 살 수 없고, 어떤 일도 성공할 수 없다"라는 일관된 주장을 평생 펴나가게 된다.

율곡은 곧바로 외할머니가 살고 있는 오죽헌의 외가로 갔다. 그곳에서 앞으로 걸어갈 일생의 목표를 뚜렷이 정하고, 한결같이 나아갈 구체적인 방법을 세밀하게 계획했다. 또한 스스로 경계하는 글을 적어 좌우명으로 삼았다. 그때 쓴 「자경문(自警文)」, 즉 율곡의 좌우명의 요지는 다음과 같다.

먼저 그 뜻을 크게 가지자. 성인으로서 모범을 삼되 조금이라도 성인과 같지 못한 점이 있다면 나의 할 일은 끝난 것이 아니다, 마음을 안정시키자. 혼자 있기를 삼가자.

율곡은 죽을 때까지 이 좌우명을 지켰다. 오죽헌에서 새로운 각오로 학업에 정진한 지 1년이 되던 명종 11년, 율곡은 그의 나이 21세 봄에 서울로 올라왔다. 국가의 정책을 논하라는 한성시(漢城試)에 응시한 율곡은 장원으로 합격하여 이름을 널리 알렸다.

23세 되던 해 9월, 성주 목사 노경린의 딸과 결혼한 율곡은 다음 해 이른 봄에 성주 처가로부터 강릉에 있는 외가로 가는 도중에 예안에 은거하고 있던 퇴계(退溪) 이황을 방문했다. 그때 퇴계의 나이는 59세의 원숙한 나이였다. 스물셋 청년인 율곡과는 서른여섯 살이나 차이가 났지만, 두 사람은 처음 만나면서부터 오랜 지인처럼 한 번 보고서 뜻이 통했다. 그때부터 율곡은 퇴계를 선생으로 모셨고, 퇴계 역시 율곡을 자신의 한계를 뛰어넘는 후학으로 귀하게 여겨 제자인 조목에게 다음과 같이 칭찬의 말을 아끼지 않았다고 한다.

> 율곡은 두뇌가 명석하여 많이 보고 기억하니, 후배란 참으로 두려운 것이네.

율곡이 헤어지면서 글을 써주기를 요청하자, 퇴계는 그 자리에서 "사람의 마음가짐이란 귀한 것은 속이지 않는 데 있으며, 벼슬에 올라 조정에 나가게 되면 공을 세우기 위해 쓸데없는 일을 만들기를 좋아해서는 안 된다"라는 글을 써주었다. 퇴계가 율곡에게 써준 글은 당시 사람들뿐만 아니라 오늘날에도 의미 있는 말로, 공직에 나가는 사람들이 귀담아 들어야 할 것이다.

율곡의 사람됨이 깨끗하고 시원하면서 널리 공부한 것을 칭찬했던 퇴계는 훗날 "세상에 영특한 인재가 한량없이 많지만, 옛날 학문에 마음 두기를 좋아하지 않는데, 그대는 젊은 나이에 뛰어난 재주로 바른길을 내디뎠으니 앞으로 성취될 바가 어찌 한량이 있겠습니까. 천만 번 부탁하노니 더욱더 원대하게 될 것을 스스로 기약하십시오"라는 편지를 보냈다. 그 이후로도 퇴계와 율곡은 서로 편지를 주고받으며 학문에 관한 질의응답을 했다. 율곡이 한때 불교에 빠져 몸담았던 것을 숨기지 않고 드러내며 그것이 잘못되었다는 것을 고백하자, 퇴계는 "그렇게 자기 자신의 잘못을 시인한 것은 큰 지혜와 용기를 가진 사람이 아니고는 감히 못할 일입니다"라면서 율곡에게 송나라의 정자, 주자 같은 훌륭한 학자들도 한때 불교를 좋아한 일이 없지 않았다고 위로했다. 그것은 지난날에 얽매이지 말고 바른길로 힘써 나아가면 장래에 크게 성공할 것이라는 위로이자, 분발을 권장한 것이다.

한편 동시대를 살았던 퇴계와 율곡을 영남학파와 기호학파를 대표하는 경쟁 관계로 여기는 경향이 있다. 퇴계와 율곡의 학문을 대립적 관계로 보는 것이다. 그러나 퇴계와 율곡은 학문적으로 보완 관계였다. 퇴계가 새로운 시대 사상인 성리학에 대한 굳은 신념으로 그것에 대한 완벽한 이해를 추구했다면, 율곡은 퇴계가 이룩한 학문적 성취를 바탕으로 조선의 시대 상황에 맞춰 성리학을 재해석한 것이다.

4. 9번의 장원, 벼슬길에 오르다

강릉 외가를 거쳐 서울로 올라온 율곡은 그해 겨울에 별시(別試, 나라에 경사가 있을 때 임시로 보는 과거)에서 「천도책(天道策)」이라는 글을 지어 다시 장원으로 합격했다. 이는 음양이라는 기의 작용으로 천지의 조화를 설명한 것으로, 율곡의 자연철학에 관한 근본 사상이다.

모든 자연현상이 일어남은 기(氣) 아닌 것이 없고, 그 일어나는 까닭은 이(理) 아닌 것이 없다.

양이 빠르고 음이 더딘 까닭은 기요, 음이 더디고 양이 빠른 까닭은 이다. 그렇지만 그 누가 그렇게 시키는 것인지는 알 수 없다. 단지 자연히 그렇다고 말할 뿐이다. 나누어 말하자면 천지만상이 각각 하나의 기여서 그 나누어진 것은 다르나 그 이치인즉 하나다.

당시 시험관이었던 정사룡, 양응정 등은 율곡의 「천도책」을 보고 모두 경탄해 마지않았다. "우리도 이 시험문제를 만들기 위하여 여러 날 힘들었는데, 이이는 짧은 시간에 이처럼 놀라운 내용의 글로 답안을 지었으니 참으로 천재다." 율곡이 지은 「천도책」은 시험이 끝난 뒤 중국에까지 널리 알려지게 되었다. 율곡이 47세 되던 그해 10월에 원접사(遠接使)가 되어 명나라 사신 황홍헌 일행을 맞아 접대를 하게 되었다. 그때 「천도책」을 지은 사람이 바로 율곡이었음을 알게 된 그들은 중국에서도 율곡이라는 사람이 훌륭한 인물이라는 소문이 자자하다고 전하며, '선생님'이라는 존칭으로 극진히 대했다고 한다.

율곡은 26세가 되던 해 5월 아버지가 돌아가시자, 동문리 자운산에 모셨던 어머니 사임당 묘에 합장한 뒤에 상례의 범절을 어머니 때와 똑같이 했다. 상을 벗은 이듬해 7월과 8월에 걸쳐 갑자시(甲子試)의 사마(司馬, 생원과와 진사과)와 문과에 아홉 번 과거를 보아서 모두 다 장원으로 급제했다. 그 당시 거리의 어린아이들뿐만 아니라 어른들까지 율곡이 타고 가는 말을 둘러싸고 '구도장원공(九度壯元公)'이라고 칭찬을 아끼지 않았다.

이때부터 율곡은 벼슬자리에 나가 현실 정치에 참여했다. 29세에 호조좌랑에 임명되었는데, 명종 임금이 '석갈등용문(釋褐登龍門)'이라는 글제를 준 뒤에 글을 지으라 하였을 때 율곡이 30운을 따라 율시를 지어 바치자, 임금이 칭찬하며 푸짐한 상을 내려주기도 했다. 율곡의 승승장구는 계속되어 을축년에 다시 예조좌랑이 되었고, 곧바로 사간원정원에 임명되었다. 율곡은 "새로 온 지 얼마 안 되는 사람이 갑자기 언관(言官)의 직함을 맡을 수 없습니다"라면서 사양했지만 임금은 허락하지 않았다. 병인년에 동료들과 함께 임금에게 "뜻을 세워 학문에 힘쓰시고 정당한 선비들과 친하게 지내옵소서"라는 상소문을 올렸다. 그해 겨울에 이조좌랑으로 옮긴 그는 그 당시 벼슬길이 혼탁해 있는 것을 개탄하면서 바른길로 돌릴 것을 주장했다.

이이는 자신이 불교에 몸담았던 것을 부끄럽게 여겨서 그랬는지, 아니면 성리학자임을 드러내기 위해서 그랬는지 독실한 불교 신자였던 문정왕후가 죽은 뒤 「요승 보우를 논하는 상소(論妖僧普雨疎)」를 올렸다. 그 결과 보우는 제주 목사 변협에게 매를 맞아 죽었다.

조정의 여러 직책을 역임하다가 그의 나이 33세 때인 선조 원년에 명나라에 가는 사신의 서장관으로 중국 북경에 갔다가 겨울에 돌아와 홍문관부교리가 되었다. 율곡은 임금에게 상소하기를 "신은 스스로 어릴 적에 선학에 감염한 잘못을 저질렀으므로 감히 논사(論思)하는 책임을 맡을 수가 없습니다"라고 했다. 이 상소를 접한 임금은 "예전부터 아무리 호걸스런 선비라고 하여도 불씨(佛氏)에 빠져 들어간 것을 면하지 못했는데, 그 전에 선문에 종사한 조그마한 잘못을 가시고 경솔하게 옥당의 논사하는 중대한 직책에 갈 수가 없다고 하며, 또 잘못을 뉘우치고 스스로 잘하려는 그 뜻이 가상하다"라고 했다. 그 뒤 얼마 안 있어 이조좌랑이 되었다. 1571년 36세 되던 해 정월, 그는 해주에서 파주 율곡으로 돌아갔다가 그해 봄에 경연시강관과 편수관을 모두 사퇴하고 다시 해주로 돌아갔다. 어느 날 제자들과 같이 고산의 석담구곡을 유람하다가 날이 저물어서야 집으로 돌아왔는데, 세상에 널리 알려진 「고산구곡가(高山九曲歌)」는 그때 지은 것이다.

한편 그가 석담으로 내려가 제자들을 가르치던 시절에는 친척들이 모두 한 집에 모여 살아 어느 때에는 식솔이 백여 명을 넘었다. 그 자신마저도 죽으로 끼니를 이을 수 없는 경우가 허다했다. 율곡은 벼슬을 하지 않고 여기서 오로지 후진을 위해 강학(講學)에만 전념하려고 했으나, 그해 유월에 또 청주 목사를 제수받았다.

그는 임지에서 오로지 백성을 교화하기 위해 힘을 쏟았다. 또 손수 향약을 만들어 주민들을 통솔하는 기본으로 삼았다. 그 뒤 황해도 부교리를 지냈으며, 춘추기사관을 겸임해 『명종실록』 편찬에 참여했다. 이 무렵 성혼과 「지선여중(至善與中)」 및 「안자격치성정지설(顔子格致誠正之說)」을 논했다. 34세에 「동호문답(東湖問答)」을 지어 올린 그는 37세에 성혼과 이기(理氣)와 사단칠정(四端七情) 그리고 인심도심(人心道心) 등을 논했다.

38세 때 그는 임금에게 사직하고 물러가기를 청했는데, 다행히 허락을 얻어 물러났다. 어떤 사람이 그에게 물었다. "물러가기를 청하여 물러가게 되었으니 쾌적하다고 할 것이다. 그러나 사람마다 물러갈 뜻을 가지면 누가 국가를 붙들겠느냐?" 율곡은 웃으면서 "만일 위로 장관에서 아래로 뭇 관리에 이르기까지 다 물러갈 뜻을 가진다면, 국가의 형세는 자연히 대도(大道)로 상승할 것이니 붙들지 못함을 걱정할 필요는 없다"라고 대답했다.

그러나 다음 해인 1574년 정월, 그는 다시 우부승지가 되었다. 그때 율곡은 다음과 같은 요지의 『만언봉사(萬言封事)』를 올렸다.

지금 걱정되는 것이 일곱 가지가 있으니, 첫째는 상하가 교부(交孚)의 실(實)이 없는 것이요, 둘째는 신하가 임사(任事)의 실(實)이 없는 것이요, 셋째는 경연(經筵)에 성공의 실(實)이 없는 것이요, 넷째는 초현(招賢)을 하되 수용(收用)의 실(實)이 없는 것이요, 다섯째는 재앙을 만나도 응천(應天)의 실(實)이 없는 것이요, 여섯째는 모든 정책에 구민(救民)의 실(實)이 없는 것이요, 일곱째는 인심에 향선(向善)의 실(實)이 없는 것입니다.

42세 되던 해 율곡은 해주 석담으로 내려가 서모를 극진히 봉양하는 한편 『격몽요결(擊蒙要訣)』을 탈고했다. 율곡은 대부분의 젊은 학자들이 학문의 방향을 모르는 것에 대해 걱정하여 이 책을 지은 것인데, 인조 때 지방의 향교에 널리 반포되었다.

다음 해 율곡은 대사간에 배명되었으나 사은(謝恩)하고 파주의 율곡리로 돌아갔다. 이때 조정에서는 김효원과 심의겸이 이조전랑 자리를 두고 서로 시기하고 모함하면서 동서로 나뉘어 나라의 장래가 말이 아니었다. 여러 사람은 모두 율곡에게 잠깐 동안이나마 머물러 이들을 조정해주기를 청했다. 송강(松江) 정철도 돌아와서 지평론(地坪論)을 조화하고 국사를 구제하자고 역설했다. 그러나 율곡은 "내가 지금 가는 것은 아주 가는 것이 아니요, 다만 군명(君命)을 사할 뿐이다"고 하여 끝내 뜻을 굽히지 않았다. 그러사 토성(土亭) 이지함도 여러 명사들과 같이 율곡을 찾아와 만류하면서 "지금의 사태는 사람의 원기가 쇠진한 것과 같으니 투약할 길이 없다. 다만 한 가지 기책(奇策)이 있으니 그것만이 위망(危亡)의 세(勢)를 구할 수 있다"라고 했다. 이에 어떤 사람이 간절히 그 기책을 물으니, 이지함은 한참 있다가 대답했다. "오늘날 율곡이 조정에 머물러 있으면 비록 큰 보람은 없을지라도 반드시 원망하게 되지는 않을 것이니, 이것이 바로 그 기책이다. 초나라와 한나라가 서로 버티고 있을 때에 한신을 얻은 것이 기책이었고, 관중이 처음 정하여졌을 때에는 소하에게 맡긴 것이 기책이었으니, 어찌 한신과 소하를 얻은 이외에 또 다른 방책이 있겠는가?"

이때 식자들은 이지함의 말을 과연 적론(的論)이라고 했다. 이지함은 심의겸과 김효원의 양파가 싸우는 이 마당에 율곡의 존재를 초나라와 한나라의 한신과 소하에 비유한 것이다. 그러나 율곡은 정철에게 "조화의 책(策)을 그대에게 부탁하고 간다"라는 한마디를 남기고 끝내 벼슬에서 물러나고 말았다. 이때 율곡은 배를 타고 한강을 건너면서 이런 시를 읊었다.

배가 떠나감에 남산이 멀어짐을 참을 수 없구나
뱃사공 말하노라 돛을 들지 말아라

1580년 그의 나이 45세가 되던 해 12월, 그는 마침내 대사간에 임명되었다. 이때 임금은 율곡을 친히 불러 말하기를 "오랫동안 서로 만나지 못하였으니 하고 싶은 말이 없는가?"라고 물었다. 이에 율곡은 "인군(人君)이 현재(賢才)를 쓰려면 먼저 몸을 닦아야 합니다. 왜냐하면 현사(賢士)는 부귀를 구하지 않고 다만 도를 행하기를 구할 뿐이기 때문입니다. 인군이 먼저 자치(自治)하지 않으면 현사가 등용되지 못하고, 이익을 구하는 사람이 조정에 차게 됩니다. 옛날에는 관(官)을 위하여 사람을 택하고 오래 맡기어 그 실적을 살펴보았는데, 지금은 재능의 전부를 논하지 않고 조석으로 전직(轉職)을 하니 이렇게 하고서야 그 관직의 소임을 충실히 이행할 수 있겠습니까?"라고 아뢰었다. 그는 다음 해 정월에는 다시 임금께 정사(政事)를 닦음으로써 천재(天災)를 회피할 것을 청하여 "조정에 있는 신하들에게는 재능을 헤아려서 관직을 맡기고, 하야하고 있는 인사에게는 예를 갖추면 반드시 현자(賢者)를 위(位)에 앉게 하고 능자(能者)를 직(職)에 있게 할 것이며, 또한 지금 한가한 때를 당하여 형정(刑政)을 밝히면 반드시 천의(天意)를 돌이킬 수 있고 민생을 보존할 수 있습니다"라고 아뢰었다. 한편 폐법(弊法)을 바꾸고 공안(貢案)을 개정하며, 주현(州縣)을 병합, 감사(監事)를 오래 유임시키며, 용현수기(用賢修己)하고 사사로운 붕당을 없앰으로써 조정을 조화시킬 것을 청했다.

율곡은 사간원의 최고 책임자인 대사간의 관직을 전후 아홉 번이나 받았다. 그것만 보아도 율곡에 대한 임금의 신임이 얼마나 두터웠던가를 미루어 짐작할 수 있다. 문한(文翰)을 다루는 홍문관, 즉 옥당에 있을 때에는 임금께 올리는 글이 거의 율곡에 의해 지어졌다. 특히 경연의 석상에서는 친히 임금께 지성을 다하여 옳은 길로 보좌하기에 힘썼다. 그의 나이 45세에 『성학집요(聖學輯要)』와 『격몽요결(擊蒙要訣)』 등을 지었고, 47세에 『김시습전』과 『학교모범』을 지었으며 48세에 「시무육조(時務六條)」를 지어 선조에게 바쳤다. 그는 거기서 "백성은 먹는 것을 하늘로 삼으니, 먹는 것이 우선되고 나서야 교육도 가능하다"라고 제일 먼저 민생의 평안을 주창했다.

율곡은 그 당시 조선 사회의 현실을 아주 비관적으로 보았다. 「논요 승보우소」에서 "국가의 참혹한 화가 오늘날보다 더 심한 때가 없었고, 백성의 여위고 쇠약함이 오늘날보다 더 심한 때가 없었습니다. 참혹한 화의 때를 당하여 여위고 쇠약한 백성들에게 부역을 시키고, 또 거듭 사기를 꺾고 간언을 드릴 길을 막으며, 국맥을 상하면서도 백성을 휘몰아친다면 반드시 다가올 근심과 헤아릴 수 없는 환란은 장차 차마 말하지 못할 정도일 것입니다"라고 당시의 절박한 상황을 진언했다. 그러나 그의 상소는 받아들여지지 않았다.

임진왜란 때 의병장으로 활약했던 안방준이 지은 『은봉야사별록(隱峰野史別錄)』에는 다음과 같은 글이 실려 있다.

임진년 4월에 일본군이 대거 잠입해 쳐들어왔는데, 이보다 10년 전 이율곡 선생이 이산해, 김우옹, 유성룡 등 여러 신하들과 경연에 들어갔다. 율곡이 임금에게 말씀드리기를 '국세(國勢)가 떨치지 못한 지 오래되었으니 앞날에 닥칠 화를 염려하지 않을 수 없습니다. 10만 병사를 양성하여 서울에 2만, 각도에 1만 명씩 배치해서 만일의 사태에 대비하는 게 좋을 것 같습니다. 그러지 않고 안일하게 세월을 보내며 재산 욕심을 내는 것이 습성처럼 되었다가 별안간 난리가 일어나면 훈련되지 못한 백성들을 내몰아 싸울 수밖에 없을 것이니, 그렇게 되면 일을 크게 그르칠 것이 염려됩니다.' 그러나 그 말을 들은 신하들 중 동조하는 사람이 거의 없었다. 한 대신

은 '일이 일어나면 그때에 가서 잘 도모하여 막으면 될 것입니다'라고 반대
하고는 경연에서 물러나오면서 말했다. '지금같이 나라가 태평무사할 때
는 임금에게 성학을 공부하시게 하는 것이 급선무이고 군대의 일은 급하
지 않은데, 이공은 무슨 생각을 가지고 우리들과 한마디 상의도 없이 그런
말씀을 드렸습니까?' 율곡은 '내가 한 말을 어찌 알겠소' 하고는 아무런 말
도 하지 않았다.

전해오는 말에는 그때 율곡에게 그런 말을 했던 사람이 유성룡이라고
한다. 율곡이 세상을 떠난 지 9년이 되던 해, 과연 임진왜란이 일어나자
유성룡은 조당에서 "이율곡은 참으로 성인이다"라고 하여 그가 없음을 탄
식했다고 한다. 하지만 그 말 역시 제자들이 뒷날에 확대 해석했다는 설
도 많고, 설령 그 주장이 사실일지라도 당시의 수많은 민중들이 세 끼 밥
도 해결하지 못하는 상황에서 가능한 일은 아니었을 것이다.

그해 6월에 율곡은 삼사(三司)의 모함을 입어 벼슬을 사직하고 고향
인 율곡으로 돌아갔다. 삼사가 율곡을 파직시킨 이유로는 두 가지가 있었
는데, 하나는 율곡이 서울에서 활 잘 쏘는 사람을 뽑아 북방의 전장으로
보낼 때 전마(戰馬)를 갑자기 얻기 어려우므로 뽑힌 사람 중 3등 이하의
사수에게 납마제대(納馬除隊)케 했는데, 임금의 재가 없이 이를 시행했
다는 것이다. 또 하나는 율곡이 임금의 부름을 받아 입궐할 때 마침 현기
증이 일어 승정원으로 가지 못한 것을 두고, 그가 권력을 잡았기 때문에
교만해졌다는 상소가 올라왔기 때문이었다.

율곡은 여기서 그들과 같이 국사를 도모하지 못할 것을 알고서 어수
선하기 이를 데 없는 정계를 물러난 것이다. 양화도로 나아가 배를 타고
파주 율곡으로 돌아갈 때 그는 다음과 같은 시를 읊었다.

사방은 멀리 검은 구름으로 캄캄한데
중천에 드높이 햇빛은 밝기도 하오
외로운 신하의 한 줄기 눈물
한양성을 향하여 불러봅니다

율곡은 그가 죽은 몇 년 후 이 땅에 휘몰아친 1589년에 일어난 전대미문의 사건인 기축옥사(己丑獄事)와, 그 사선의 여파가 채 가시기도 전인 1592년에 일어난 임진왜란과 정유재란 등의 난리가 급습할 것을 예감했던 것은 아닐까?

율곡이 이조판서로 재직할 당시 전주 사람 정여립을 천거했다. 그 뒤 동인과 서인이 나뉘는 과정에서 율곡과 정철, 성혼은 서인이 되었으며, 퇴계의 제자인 유성룡을 비롯해 이발, 허봉 등이 동인이 되었다. 『부계기문(涪溪記聞)』에는 정여립이 서인에서 동인으로 돌아서며 이이가 죽자 등을 돌린 내용이 다음과 같이 실려 있다.

적신 정여립은 넓게 배우고 많이 기억하여, 경전에 통달하였으며 의논이 과격하며 드높아 바람처럼 발했다. 이이가 그의 재간을 기특하게 여겨 연접하고 소개하여 드디어 청원에 올려서 이름이 높아졌는데, 이이가 죽은 뒤에 여립은 도리어 그를 헐뜯으므로 임금이 미워하였다.

결국 이이가 죽은 뒤 1589년에 기축옥사가 일어나 수많은 사람이 희생되고 말았다.

5. 하늘이 일찍 빼앗아간 천재

　율곡은 49세의 아까운 나이로 선조 17년인 1584년 정월 열엿새 새벽 서울 대사동(大寺洞, 지금의 화신백화점 일대)에서 이 세상을 떠났다. 그는 죽던 그날 그 순간까지 오직 나라 일을 걱정했다. 율곡은 손톱을 깎고 목욕을 마치고 나서 조용히 동쪽으로 머리를 두고 누워 손발을 가누고 형용을 단정히 한 채 편안히 숨을 거두었다. 그러나 무슨 한이 남았던지 이틀 동안이나 눈을 감지 못했다고 한다. 율곡이 죽자 사대부들은 조정에서 조상하고 처사들은 집에서 조상했다. 농촌의 늙은 사람들까지도 모두 눈물을 흘리면서 "살아 있는 백성들이 모두 복이 없어서 이 어른이 돌아가셨다"라고 슬퍼했다. 태학생, 삼의사(三醫司)와 각사서리(各司胥吏)들까지도 모두 와서 울고 제사를 지냈다.

　그가 죽은 후 시신을 수습했던 친척들에 의하면 집에 남긴 재산은커녕 염습에 쓸 수의조차 없어 친구들이 구하여 예를 치렀다. 그리고 죽는 그 순간까지 청렴하게 살았기 때문에 서울에는 유족들이 거처할 만한 집 한 채도 남아 있지 않았다. 그 정황을 딱하게 여긴 친구들과 제자들이 돈을 모아서 유족에게 집을 마련해주었다. 율곡의 부음을 듣고 애통하여 우는 선조의 울음소리가 대궐 밖에까지 들렸다고 하며, 발인할 때에는 금군과 장사軍까지 길 좌우에서 횃불을 들고 통곡하면서 보냈다. 『연려실기술(燃藜室記述)』에는 "발인하는 날 횃불을 들고 뒤따르는 사람이 수십 리에 뻗쳐 거리를 메우고 동리마다 슬피 우는 소리가 들판을 진동했다"라고 기록되어 있다.

이수광의 『지봉유설(芝峯類說)』의 「신형부(身形部)」에는 율곡의 이른 죽음에 대한 이야기가 다음과 같이 실려 있다.

이율곡이 젊었을 때 꿈에 관청에 들어가니 아전이 문부를 검열하고 있었다. 그것이 무엇이냐고 묻자, 아전은 말하기를 "여기에는 사람들의 수명(壽命)이 길고 짧은 것이 모두 기록되어 있다"라고 했다. 그다음에 짧은 시한 구절을 써주었다.

"향노루 봄 산을 지나가니 풀이 저절로 향기롭도다." 그 내용은 그가 세상에 있는 동안이 마치 사향노루가 산을 지나가는 것과 같으니, 남아 있는 것은 이름뿐이라는 말이었다. 공이 졸했을 때 나이 겨우 49세였다.

훗날 율곡의 제자 이윤우는 율곡의 성품을 온화한 봄바람에 비유하면서 "어리석고 철없는 자들이라도 한번 선생의 안색을 보면 진심으로 흡족해서 복종하지 않는 이가 없었다"라고 술회했다.

그와 평생을 같이했던 절친한 친구이자 학문적으로 동반자였던 성혼은 고인의 영전에서 곡하며 "율곡은 도에 있어서는 대근원을 통견했다. 그가 말한 인심의 발(發)은 이원(二原)이 없고, 이기(理氣)는 호발(互發)할 수 없다 함은 모두 실견(實見)하여 성(誠)을 얻은 것이다. 참으로 산하간(山河間)의 정기(精氣)요, 3대의 인물이며, 진실로 나의 스승이다. 하늘이 일찍 빼앗아가니 이 세상에서는 유위(有爲)할 수 없다"라고 술회했다.

사계 김장생이 지은 「행장」에는 "율곡은 모든 사람이 선물을 가지고 오면 반드시 살펴보고 받았으며, 아무리 데리고 다니는 하인이라도 친구들에게 보내기도 했고, 서모를 정성껏 섬겨서 결국에는 그 서모의 사나운

율곡이 머물면서 후학들을 가르치던 장소에 세워진 자운서원은 기호학파의 본거지로서 서인 측 선비들의 발길이 끊이지 않았다.

성격마저 고치게 만들었다. 종을 부리는데도 먼저 은혜로써 했고, 뒤에 위엄으로 하여 가정의 엄숙하고 화목한 것이 조정과 같았으며, 어디서나 여색을 멀리했다. 한번은 누님을 만나러 가는 길에 황주에 이르러 하룻밤 유숙했을 때, 그 지방의 유명한 기생이 율곡의 방에 들어오자 율곡은 곧바로 불을 켠 뒤에 거절했다"라는 일화도 있다.

한편 율곡은 산과 물을 좋아하여 우리나라 이름난 명승지에는 가보지 않은 곳이 없었다. 해주의 잠양동, 장선동, 승선암, 한암동, 호연정 같은 곳은 노닐고 시를 읊조렸던 곳으로, 항상 제자 오륙 명과 함께 흥에 겨워 물을 따라 오르락내리락하면서 해가 지도록 돌아올 줄을 몰랐다. 어떤 때는 술을 가지고 갔으나 아주 취하지는 않았고, 거나하게 취하면 문득 노래도 하고 시도 읊으며 스스로 즐겼다.

자운산 깊숙한 곳에 자리 잡은 묘역에는 율곡의 부모와 율곡 내외를 비롯한 가문의 묘가 자리 잡고 있다.

    율곡의 무덤과 그를 모신 자운서원은 경기도 파주시 법원읍 동문리의 자운산에 있다. 자운산 깊숙한 곳에 자리 잡은 묘역에는 율곡의 부모와 율곡 내외를 비롯한 가문의 묘가 자리 잡고 있다. 특이한 점은 맨 위에 율곡 내외의 묘가 앞뒤로 자리 잡고, 그 앞에 율곡의 맏형 부부 합장묘가 있으며, 또 그 앞에 이원수와 신사임당의 합장묘와 율곡 맏아들 부부 합장묘가 세로 일자로 자리 잡았고, 좌우에는 누이와 매부, 5대손부터 8대손까지 집결되어 있다. 이처럼 부모의 묘 위에 자식이나 후손이 자리 잡는 경우를 역장(逆葬)이라고 하는데, 이는 우리나라 묘제상 흔한 일이 아니다.

    자운서원은 1615년 율곡의 제자였던 김장생이 중심이 되어 설립했다. 1650년 사액을 받으면서 본격적인 발전을 하여 수많은 선비들을 배출했다. 그러나 1871년 한 사람에 한 서원을 모신다는 원칙에 의해 율곡을 배향하는 서원은 황해도 배천의 문화서원으로 지정되면서 헐렸다가, 현재의 건물은 1970년에 다시 세운 것이다. 율곡이 머물면서 후학들을 가르치던 장소에 세워진 자운서원은 기호학파의 본거지로서 서인 측 선비들의 발길이 끊이지 않았다고 한다. 전나무와 우람한 느티나무, 향나무와 은행나무가 촘촘히 자리 잡은 자운서원 앞에 세워진 묘정비는 1683년 당대의 명필이었던 김수증이 예서체로 썼다.

율곡은 문묘에 종향되었고, 이곳 자운서원과 강릉의 송담서원 등 20여 곳의 서원에 배향되었으며, 시호는 문성이다.

조선 천재 열전

6. 율곡이 꿈꾸던 사회

율곡은 사람들에게 말하기를 "도는 높고 먼 데 있는 것이 아니고 다만 사람이 꼭 해야 하는 날마다 하는 일 사이에 있는 것이다. 일에 따라 각각 정당성만 얻으면 그만인데, 다만 배우지 못한 사람은 마음이 답답하고 식견이 없기 때문에, 반드시 글을 읽고 이치를 연구하여 마땅히 걸어갈 길을 밝게 한 뒤에야 아는 것이 정당하게 되고, 실천하는 것이 중(中)을 얻게 된다"라고 했다. 그에게 배우고자 하는 사람이 소문을 듣고 멀고 가까운 곳에서 모여들어, 서당이 꽉 차서 나중에 오는 사람들은 들어설 데가 없었다.

그는 남이 잘하는 것을 듣고 한 번도 숨긴 적이 없었고, 남이 잘못하는 것을 보고 소문을 내지 않았으며, 사람을 대우하는 데 있어 마음을 열어놓고 정성을 보여서 숨겨두는 것이 없었다. 어떤 사람이 율곡에게 남을 너무 쉽게 허용한다고 비판하자, 율곡은 웃으며 다음과 같이 말했다.

그 사람이 먼저 정성스러운 마음으로 왔는데, 내가 어떻게 정성스러운 마음으로 대우하지 않을 수 있겠는가.

그 당시나 지금이나 지식인들로 인한 폐해가 끊이지 않고 있는데, 『율곡집』에는 선비들에 대한 생각이 다음과 같이 실려 있다.

세상 사람의 상정으로 말하자면, 선비란 자는 진실로 얄미운 것입니다. 정치를 논하라면 멀리 당(唐)과 우(虞)의 고사를 인증하고, 임금에게 간하라면 어려운 일만을 권유하며, 벼슬로 얽어매어도 머무르지 아니하고, 은총을 내려도 즐겨하지 아니하며, 오직 자신의 뜻대로만 행하고자 하니, 진실로 임용하기 어렵습니다. 그중에는 혹 과격한 자도 있고, 혹은 오활한 자도 있으며, 혹 명예를 좋아하는 자가 있어, 그들이 조정 반열에 끼기도 했으니, 어찌 전하께서 미워하지 않겠습니까.

속된 선비는 당시의 논의에 순종하고 중인과 어울려서, 윗사람에게 거슬림이 없고 임금 섬기는 수단에만 익숙하여서, 오직 명하는 대로만 좇으며 잘못이 버릇되어도 잘못을 아무렇지도 않게 여기고 과격함을 일삼지 않사온데, 전하께서는 이런 것을 진실로 가까이 하시고 신임하시게 됩니다. 비록 그러하오나, 선비는 '의'를 좋아하고 속된 무리는 '이'를 좋아하오니, '이'를 좋아하면서 전하를 잊어버리는 자가 있을 수 없습니다.

'의'를 좋아하는 자는 하루아침에 화란이 일어나면 앞장서서 전하를 구하고 나라를 위하며, '이'를 좋아하는 자는 제 가정을 위하오니, 나라를 위하는 것과 제 가정을 위하는 것을 분별하기는 어렵지 않습니다. 조정 신하로서 녹록하게 세파에만 따라 건의하는 바가 없고, 전하에게 허물이 있어도 감히 바로잡지 못하는 자는 대개 제집만을 위하는 자이오니, 그 '이'를 잃을까 봐 두려워하는 것입니다.

전하께서 오직 이것을 밝게 분석하시지 못하시면, 참소와 아첨은 그 틈을 잘 타는 것입니다. 그러므로 제 가정만을 위하는 자는 은총과 발탁을 받고, 나라를 위하는 자는 형벌과 죽음을 당하오니, 진실로 슬픈 일입니다.

율곡이 바라 본 정치의 본질은 무엇인가? 이에 대하여 율곡은 다음과

조선 천재 열전

같이 말하고 있다.

> 위정자가 덕을 닦는 것이 정치의 근본이다. 먼저 최고 위정자의 직책은 인민에게 부모 노릇하는 데 있다는 것을 안 연후에 '중(中)'과 '극(極)'을 세우는 것으로 표준을 삼으면, 그 효과는 별이 북극성에 향하는 것과 같다. 부모나 자녀에게 자애하는 사람은 많은데 임금이 인민에게 '인(仁)'을 행하는 자는 적으니, 그것은 천지가 부여한 책임을 생각지 않기 때문이다.

이 뜻은 최고 집권자는 자기의 자녀를 사랑하는 것과 같이 백성들을 사랑하라는 것이다. 이는 당시 조선 사회뿐만 아니라 현재에도 울림이 큰 말이라 하겠다. 또한 율곡은 정치에 있어서 사람을 등용하는 것이 중요하다고 거듭해서 강조했다.

> 사람을 등용하는 데 있어서 어떤 사람의 소행이 비록 선하나, 만일 명예를 좋아하고 벼슬을 좋아하는 생각이 마음에 있으면 동기가 불순하니, 이런 사람을 등용하면 후환이 있다. 그리고 사람을 쓸 때에 남이 다 좋은 사람이라고 하여도 반드시 쓸 것 아니요, 또 남이 다 나쁘다고 하여도 반드시 버릴 것이 아니며, 남의 의견과 나의 소견이 일치된 뒤에 취사선택하라.

율곡의 말처럼, 군자인 듯 위장한 대부분의 소인은 벼슬을 못했을 때에는 얻기를 근심하고, 이미 얻었을 때에는 그것을 잃어버릴까 근심한다. 참으로 벼슬을 잃어버릴까 걱정을 하게 되면 못할 짓이 없다. 그래서 세상은 항상 시끄럽기만 하다. 그리고 율곡은 사회를 창업기, 수성기, 경장기로 보았을 때, 16세기 후반의 조선을 대대적인 개혁이 필요한 경장기로 보았다. 그는 나라가 망하고 있다고 하면서 "이 사회에 예의와 염치가 없어지고 상호 비방과 상호 투쟁이 증가하면서, 선비들이 사리(私利)를 추구하기 시작했다"라며 도덕적인 생활 속에서 개혁을 추구해야 할 선비들이 타락해가고 있는 것을 개탄했다.

성리학 이론을 전개한 율곡은 항상 시세를 알아서 옳게 처리해야 한다는 것을 강조했다. 율곡은 『만언봉사』에서 "정치는 시세를 아는 것이 중요하고 일에는 실지의 일에 힘쓰는 것이 중요하니, 정치를 하면서 시의를 알지 못하고 일에 당하여 실공에 힘쓰지 않는다면, 비록 성현이 서로 만난다 하더라도 실효를 거둘 수 없을 것이다"라고 했다. 율곡은 항시 위로부터 바르게 하여 기강을 바로잡고 실효를 거두며, 시의에 맞도록 폐법을 개혁하고, 사화를 입은 선비들의 원을 풀어주며, 위훈을 삭탈함으로써 정의를 밝히고, 붕당의 폐를 씻어서 화합할 것 등 구체적 사항을 논의했다.

또한 율곡은 진리란 항상 현실의 문제와 직결되어 있으며, 현실을 떠나서 별도로 구하는 것이 아니라고 보았다. 성혼이 율곡에게 "주상의 마음을 돌이키기 어려우면 마땅히 인퇴(引退)하여야 한다. 주상의 마음을 얻지 못하고 먼저 사업에 힘쓰면, 이는 한 자를 굽혀 한 길을 펴는 효과를 추구하는 패자(覇者)의 일이지 유자(儒者)의 일은 아니다"라고 하자, 율곡은 "그 말이 진정 옳기는 하다. 그러나 주상의 마음을 어찌 갑자기 돌이킬 수 있겠는가. 마땅히 정성을 쌓아 감동하여 깨닫기를 기대해야 한다"라고 했다.

율곡은 학문 연구에서도 주체 의식이 강했다. 그는 "만일 주자가 진실로 이와 기가 독립된 존재로서 동등하게 작용한다고 했다면, 주자도 역시 잘못 이해한 것"이라면서, 그 당시 절대적 권위를 지니고 있던 주자의 이호기발설(理互氣發說)에 정면으로 도전했다. 율곡은 퇴계처럼 '이기이원론'을 인정하면서도, '이와 기가 서로 별개로서 작용하는 것이 아니라, 외적 현상에 감동하여 기가 발할 때에 이가 승하는 것'이라는 스스로의 주장을 제기한 것이다. 여기에서 우리는 이와 기를 불리의 관계로 파악하는 율곡 성리학의 특징을 보게 된다.

율곡은 또 주자의 말을 인용하여 명예와 이익에만 뜻을 두는 사람은 남편이나 임금이라도 죽인다고 했다. 또 소인의 교태 있는 말씨나 세속에 아부하는 태도를 주의하라고 경계했다. 율곡의 붕당에 대한 해석은 이렇다.

군자는 붕당이 있고 소인도 붕당이 있다. 그러나 군자의 붕당은 '의'로 본질을 삼고 소인의 붕당은 '이'로 본질을 삼는다. 그 결과에 있어서는 전자는 임금을 성군으로 국가를 편안하게 하지만 후자는 임금을 속이고 국가를 망친다. 또 소인은 임금에게만 보이는 것으로 기쁨을 삼지만 군자는 국가를 편안하게 하는 것으로 기쁨을 삼는다.

어려서부터 남다른 천재성을 보인 율곡 이이. 현명한 어머니의 가르침과 끊임없는 자신의 노력으로 현재까지 학자로서, 정치가로서 큰 울림을 전하는 그는 그 명성이 부끄럽지 않은 진정한 조선의 천재였다.

정철

뜨거운 얼음 같은 천재 시인

(1536~1593)

1. 빼어난 시인이자 실패한 정치가의 초상

송강(松江) 정철의 발자취가 남아 있는 광주의 무등산 자락에는 조광조의 제자인 양산보가 세운 조선 시대 민간 정원의 전형 소쇄원을 비롯해 여러 누각과 정자가 있다. 16세기 조선 사회를 뒤흔들었던 사화의 와중에 권력에서 밀려나 고향으로 돌아온 사람들이 각각의 연고에 따라 정자와 원림(園林)을 꾸리고, 자연 속에서 한세월을 보냈던 장소가 바로 이곳이다.

소쇄원, 식영정, 환벽당, 취가정, 풍암정, 명옥헌, 송강정, 면앙정 등 수많은 정자와 원림이 저마다의 아름다움을 자랑하며 서 있는 이곳을 지금은 '정자 문화권' 또는 '가사 문화권'이라고 부른다.

무등산 북쪽 원효 계곡에서 흘러내린 물이 모여 이룬 광주호 주변 성산 하편에는 환벽당과 식영정이 자리 잡고 있다. 명종 15년에 서하당을 세우고 지내던 김성원이 새로 지은 정자를 스승이자 장인인 임억령에게 바치자, 임억령이 이 정자 이름을 '그림자가 쉬고 있는 정자'라는 뜻의 식영정이라 지었는데, 그 후 이곳에는 기라성 같은 문인들과 학자들이 오갔다. 기대승, 송순, 김윤제, 양산보, 송익필, 김덕령, 김성원, 정철, 고경명 등이 그들이었는데, 그중에서도 김덕령, 김성원, 정철, 고경명을 '식영정의 사선'이라고 불렀다.

빼어난 천재 시인이자 실패한 정치가였던 정철은 이곳에서 「성산별곡(星山別曲)」을 지었는데, 조선 소나무 그늘 아래에 「성산별곡」 시비가 세

송장 정철이 4년 동안을 머물면서 「사미인곡(思美人曲)」과 「속미인곡(續美人曲)」을 비롯한 여러 작품을
남긴 송강정

워져 있고, 배롱나무와 소나무가 절묘하게 어우러진 명옥헌을 지나 담양

쪽으로 가다 보면 송강정이 나타난다.

2. 초막을 짓고 살았던 정철

전라남도 담양군 고서면 원강리에 있는 송강정은 율곡이 죽은 1584
년에 정철이 동인들의 탄핵을 받아 대사헌을 그만두고 돌아와 초막을 짓
고 살던 곳이다. 그는 이곳에서 우의정이 되어 다시 조정에 나가기까지 4
년 동안을 머물면서 「사미인곡(思美人曲)」과 「속미인곡(續美人曲)」을 비
롯한 여러 작품들을 남겼다. 송강정은 정유재란 때 불에 탄 뒤 200여 년
동안 빈터로만 남아 있던 것을 영조 46년에 정철의 후손들이 소나무를
심고 다시 세운 것이다. 송강정 건너편에 죽록천이 흐른다. 드넓게 펼쳐진
죽록 들판을 바라보며 소나무가 숲을 이룬 작은 산에 오르면, 정면에 송
강정(松江亭), 측면에 죽록정(竹綠亭)이라고 쓰인 정자가 있다.

조선 중기 문인이며 정치가였던 송강 정철은 중종 31년(1536년) 돈
녕부 판관인 정유침의 네 아들 중 막내로 서울의 삼청동에서 태어났다.
정철의 호는 송강, 자는 계함(季涵), 본관은 연일(延日)이다. 정철의 큰누
이는 인종의 후궁이었고, 작은누이는 월산대군의 손자인 계림군의 부인
이었다.

정철이 평생 동안 벗어나지 못했던, 권력에 대한 편집증은 궁궐 안에
서부터 형성되기 시작했다. 우아하고도 고적한 궁궐 안에서 정철의 꿈이
자라났다. 인종의 후궁이었던 큰누이와 계림군의 부인이었던 작은누이
가 궁궐 안에 살았으므로 어려서부터 자연스럽게 궁 안을 출입할 수 있었

조선 천재 열전

던 정철은, 경원대군(명종)과 소꿉친구가 되면서부터는 후문이 아니라 버젓이 정문으로 출입할 수 있는 대군의 어엿한 빈객이 되었다. 작은누이와 큰누이는 친정 막내둥이인 그를 어느 동생보다도 사랑했다. 총명하고 의젓한 그는 궁중에서 귀여움을 독차지했다.

정철의 일생을 통해 가실 줄 모르던 왕실에 대한 충성은, 바로 이 어린 시절 추억 속에 잠긴 궁궐에 대한 어쩔 수 없는 향수에서 비롯된 것이 아닐까. 그러나 행복했던 시절도 잠시, 그가 열 살 되던 해(명종 즉위년, 1545년)에 매형 계림군이 관계된 을사사화(乙巳士禍)가 일어났다. 을사사화란 중종의 제2 계비 문정왕후의 오빠인 윤원형 일파[소윤(小尹)]가 제1 계비 장경왕후의 오빠인 윤임 일파[대윤(大尹)]를 역모죄로 몰아 귀양 보냈다가 죽인 사건을 말하는데, 계림군이 반역 음모에 관련되었다는 것이다.

을사사화가 일어났을 당시 정철의 아버지 정유침은 사온령, 즉 궁중에서 쓰는 술을 빚는 사온서의 책임자였고, 그의 형 송자는 이조정랑이었다. 계림군은 모진 고문 끝에 자복하여 능지처참을 당했고, 아버지 정유침은 함경도 정평으로, 맏형은 전라도 광양으로 귀양길에 올랐다. 잠시 귀양에서 풀려났던 정유침은 명종 2년 가을 '양재역 벽서 사건'으로 다시 붙잡혀 경상도 영일로 귀양을 가게 되었고, 전라도 광양에 귀양 가 있던 형은 유배지인 경원으로 가는 도중 장독이 도져 죽고 말았다. 정철 역시 아버지를 따라 여러 곳을 전전하게 된다.

명종 6년(1551년), 임금의 아들 순회세자가 태어난 것을 축하하는 대사령으로 풀려난 정유침은 가족을 이끌고 정철의 할아버지 묘소가 있는 전라도 담양부 창평 당지산으로 내려갔다. 창평에 내려온 정철은 어머니를 모시고 을사사화를 피해 순천으로 내려가 있던 둘째 형 정소를 찾아가던 도중 김윤제를 운명적으로 만나게 되는데, 그때의 상황이 다음과 같이 전한다.

더운 여름날 순천으로 가던 정철이 성산 앞을 지나는 길에 자미탄(紫薇灘)이라는 개울에 들어가 멱을 감고 있었다.

이 무렵 김윤제는 벼슬을 잠시 그만두고 성산 맞은편 작은 구릉에 환벽당을 짓고, 시와 술을 벗하며 한가로운 세월을 보내고 있었다. 한여름이라서 졸음에 겨워 잠시 눈을 붙였다가 앞개울에서 한 마리 용이 이리저리 놀고 있는 꿈을 꾸었다. 그런데 꿈에서 깨고 나니 너무도 생생한 꿈이었다. 자리에서 일어난 그는 자미탄으로 눈길을 돌렸다. 마침 개울에서 멱을 감고 있는 소년이 눈에 띄었다. 한눈에 소년의 비범함을 알아본 그는 소년을 불러 여러 가지 문답을 해보았다. 참으로 영리한 소년이었다. 그리하여 그는 송강의 순천행을 만류한 뒤, 자기 문하에 두고 글을 가르치기 시작했다.

김윤제를 만난 정철은 그의 도움으로 환벽당에서 지내면서 공부를 하게 되었다. 정철은 17세에 김윤제의 사위인 유강항의 딸과 결혼하여 김윤제의 외손자 사위가 되었다. 김윤제는 정철을 그의 사촌 조카였던 김성원과 동문수학하게 하면서 경제적으로도 도와주었다.

3. 기대승에게 학문을 배우다

정철은 27세에 문과에 급제할 때까지 청년 시절 십여 년을 이 성산에서 보내면서 공부했는데 송강이라는 호도 성산 앞을 남북으로 흐르는 주계천의 다른 이름인 송강에서 따온 것이다. 정철의 일생 중 그곳에서의 생활이 가장 안정적이고 따스했던 시절이었다.

정철은 먼저 고봉(高峯) 기대승에게 배우게 된다. 고봉은 그의 나이 32세부터 8년간에 걸쳐 당대 유학의 거봉인 퇴계 이황과 함께 인간의 심성을 주제로 사단칠정론(四端七情論)을 편지로 주고받았던 인물이다. 기대승은 정철보다 아홉 살 위였지만 정철의 재주가 비범하다는 것을 알고 있었다.

『송강행록(松江行錄)』에 따르면 한번은 기대승이 제자들과 함께 산에 놀러 갔는데, 경치가 아름다운 곳에 이르자 어떤 제자가 그에게 물었다. "이 세상에서 인품이 이 경치에 비할 만큼 훌륭한 사람이 있겠습니까?" 그때 기대승은 서슴지 않고 "정철이 바로 그렇다"라고 대답했다고 한다.

송강은 스승인 고봉으로부터 『근사록(近思錄)』을 배웠으며, 평소 선비가 지녀야 할 마음가짐과 올바른 도리를 배웠다. 그토록 존경하던 스승인 고봉이 세상을 하직하자, 송강은 정성이 가득 담긴 제문을 지었다.

소자가 선생님을 사모한 지가 이미 오래이오나, 오늘에 이르러 더욱 간절

담양 식영정. 서하당 김성원이 그의 스승이자 장인인 임억령에게 바친 정자로 '그림자가 쉬고 있는 정자'라는 뜻이다.

해지는 까닭은 선비들의 풍조가 더러운 데 물드는 것을 누가 능히 맑게 하며, 세상을 다스리는 도리가 낮게 떨어지는 것을 누가 능히 높일 수 있겠는가 하는 생각이 들었기 때문입니다. 그것을 높이고 맑게 하실 분은 오직 우리 선생님뿐이시기 때문입니다. 선생님이 가신 후론 세상에 그럴 만한 사람이 없사오니, 외로이 서 있는 사당엔 남기신 자취만이 눈에 선하옵니다.

_「제기고봉선생문(祭奇高峯先生文)」

정철은 호남에 내려와 인근의 후진들을 가르치던 하서(河西) 김인후의 문하에 들어가 공부했고, 21세 때부터는 송천(松川) 양응정에게 배웠다. 시재를 일세에 드날리던 석천(石川) 임억령이 창평에 은거하며 후진을 가르치자, 정철은 그를 찾아가서 시를 배웠다.

정철이 외당숙 김성원의 서하당에서 보낸 풍류 생활을 노래한 가사 「성산별곡」을 지은 것은 25세 때였다. 또 이이와 성혼 그리고 송익필을 만나 교류를 시작한 것도 이 성산 시절의 일이었다.

정철은 어떤 글이라도 세 번 읽으면 능히 암송했다고 하는데, 『시경(詩經)』을 수도 없이 독파했고, 『근사록』 등 주자의 학문을 정진했다. 특히 그는 시문을 잘했으며 글씨에 능했다.

정철은 그의 나이 26세 되던 1561년(명종 16년)에 진사시에 장원으로 급제했고, 그다음 해에 별시 문과에 역시 장원으로 급제했다. 그가 장원으로 급제하자 명종은 옛정을 잊지 않고 그를 궁으로 불러들여 성대한 축하연을 베풀어주기도 했다.

정철은 성균관 전적 겸 지제교로 임명되었다가 곧바로 법을 다루는 사헌부지평으로 승진했다. 그런데 이 무렵 명종의 근친인 경양군이 처남을 죽인 사건이 일어났다. 이에 명종은 정철을 따로 불러 관대한 처분을 부탁했으나, 정철은 임금의 부탁에도 아랑곳없이 경양군에게 사형을 언도했다. 그러자 이를 못마땅하게 여긴 명종이 그를 지방으로 좌천시켜버렸다. 정철이 지방 현감이나 도사 등의 외직을 맡게 된 것은 이러한 연유 때문이었다.

4. 당쟁의 투사가 되다

정철은 정치가의 필수 요건인 관용과 포용력이 없는 성품을 지녔다. 그렇기에 동서 양파로 갈라져 당쟁이 일어나자 투사로 나설 수밖에 없었다. 그의 성격은 학자나 문인에 합당했지 정계에 나설 성격이 아니었다. 이 때문에 그에게는 평생을 통해 절친한 사람이 많지 않았다. 첫 벼슬로 사헌부지평을 지낸 정철은 31세에 정랑, 성균관직강, 사관원헌납, 형조, 예조, 공조, 병조의 좌랑을 거쳐 그해 함경도 암행어사를 지냈다. 32세에 홍문관수찬으로 승진했으며, 이어서 율곡 이이와 함께 모든 사람들의 선망의 대상인 사가독서(賜暇讀書, 유능한 문신들에게 휴가를 주어 독서에 전념하게 하는 제도)를 하게 되었다. 이듬해 선조 원년에 이조좌랑에 임명되었고, 6월에 원접사 박사암의 종사관을 지냈으며, 다음해에 수찬, 홍문관 교리에 임명되었다.

명종의 뜻을 거슬러 한때 영달의 길이 막히기는 했으나 이때까지 정철의 정치 생활은 비교적 평탄한 편이었다. 파란만장한 우여곡절은 선조 원년 이후에 겪게 된다.

조선의 정치적 상황이 파쟁의 양상을 띠어갈수록, 정철의 존재는 더욱 두드러졌다. 다혈질이고 직선적이었던 정철은 흑백을 분명히 가렸고, 그런 까닭에 언제나 반대파로부터 공격의 화살이 집중되었다. 이때 동서 분당의 기운이 싹트는 원인이 된 유파(儒派)와 비유파(非儒派)의 알력이 일어났다. 유파, 즉 사류를 배척하는 척사파와의 대립에서 승리는 유파에게로 돌아갔다.

이 시기 유학은 제2기에 접어들어 안동의 퇴계와 조정의 율곡이 두 봉우리를 이루어 황금시대를 열었다. 주자학이 정치의 근본이었고, 모든 문물제도가 유교의 척도 안에서 이루어지던 유학 만능의 시대였던 만큼, 유파를 증오 배척하는 자체가 문제시되던 시절이었다. 정철은 유파 중에서도 일선에 나서 싸움을 전개하는 행동 대장이었다.

그는 당시 척사파, 곧 비유파의 대표 대사헌 김개를 공격하여 축출했는데, 김개는 몇 달 뒤 죽고 말았다. 또한 김개와 같은 파였던 홍담 역시 이조판서에서 물러났다. 정철은 더 많은 척사파들이 물러나야 한다고 주장했으나 이이가 이를 무마했다. 그때가 선조 2년, 정철이 지평으로 있던 서른네 살 때의 일이었다. 그 무렵 동인 세력들이 율곡과 정철을 탄핵해야 한다는 상소를 계속 올리자, 선조는 그의 됨됨이를 다음과 같이 평했다.

정철은 그 마음이 바르고 그 행실이 모가 나되, 오직 그 혀가 곧기 때문에 시속에 용납되지 못하고 사람들에게 미움을 받을 따름이다. 그 직책을 맡아 충직하고 맑고 절개 있고 떳떳하게(忠情節義), 몸이 닳도록 행하니 초목도 그 이름을 알 것이다. 진실로 이른바 봉황의 대열에 드는 한 마리 수리요, 전당 위의 사나운 범(殿上虎)이다.

_『선조실록(宣祖實錄)』 2년

형과 매부의 처참한 죽음과 아버지의 오랜 귀양 생활로 정철의 소년 시절은 불우했다. 그는 그러한 영향으로 젊은 시절부터 술을 마시면 폭음을 했고, 그것이 습성이 되어 조정에 들어가서도 대낮에 공무를 볼 때 술에 취해 사모가 한쪽으로 비스듬히 기울어져 있는 일이 흔했다.

선조 3년(1570년) 그의 나이 서른다섯 살에 아버지 정유침이 세상을 떠나고, 3년 후에는 어머니마저 세상을 떠났다. 정철은 고양군 신원에 산소를 모시고 묘 옆에 오막살이를 짓고는 조석으로 제사를 올리며 통곡했다. 40세가 되던 1575년에 정철은 상복을 벗었다.

5. 당쟁 속의 정철

상복을 벗고 다시 조정에 돌아온 정철은 내자시정, 사인, 직제학 등을 역임했다. 그동안 동서 분당의 파쟁은 더욱 심화되었고, 정철 역시 그러한 기류 속에 휩쓸릴 수밖에 없었다. 이 대립에서 심의겸이 서인의 원조, 김효원이 동인의 원조가 되는데, 이들의 대립이 치열해짐에 따라 송강은 심의겸 편에 서게 되어 서인으로 지목되었다.

심의겸과 김효원의 사사로운 대립은 조정에서 일어나는 크고 작은 모든 일에 나타났다. 따라서 조정에서 일을 보는 사람은 누구나 어느 편에 속하여 대립하지 않을 수 없었다. 당시 서인에 가까운 온건파였던 율곡은 이를 근심의 눈으로 바라보다가 심의겸과 김효원을 외부직으로 내보내는 보외안(補外案), 즉 징계 처분안을 냈고, 그것이 채택되었다. 심의겸, 김효원의 양파를 진압하고 조정의 정사를 분열과 반목의 소용돌이 속에서 건져보려는 의도에서 제출한 보외안은 동서 양파를 다 진압하지 못하고 오히려 서인이 득세하는 결과를 가져왔다. 서인이 더욱더 기세를 올리자, 율곡은 이와 같은 서인의 기세를 누르고자 힘썼다.

정철은 다른 서인들과 마찬가지로 동인을 꺾고자 했기 때문에 율곡과 뜻이 맞지 않았다. 결국 정철은 율곡이 자기 요청과 권유를 듣지 않자 조정을 떠나 성산으로 돌아가면서 「율곡에게 이별하며 주다」라는 시 한 편을 남겼다.

그대의 뜻은 산과 같아 굳어서 움직이지 않고(君意似山終不動)

내 마음은 물과 같아 가서 돌아오기 어렵네(我行如水幾時廻)

물 같고 산 같음이 모두 이 운명이로구나(如水以山俱是命)

서풍에 머리 돌리며 홀로 배회하네(白頭秋日思難裁)

_『국역 송강집』

그렇게 헤어졌던 율곡이 죽자 정철은 슬픔이 가득 담긴 제문을 지어 제사를 마친 뒤, 율곡과 평생을 같이했던 친구이자 정치적 동반자였던 성혼에게 편지 한 장을 보냈다.

삼경에 일어나 율곡의 영구를 호송하며 홍제원에 이르러 곡을 하고 보내는데, 온몸이 춥고 떨려 수레에서 내려 술 석 잔을 마시고 집에 돌아오니, 더욱 심하여 거의 기진할 것 같았습니다. 이제야 비로소 머리를 들고 일어나서 밥을 서너 숟가락 먹고 나니, 이제는 형을 만나 이야기라도 하고 싶은 생각이 간절합니다. 하지만 종과 말이 없으니 어찌하지 못하고, 종일 베개에 엎드려 있으니 마디마디 창자가 끊어질 것 같습니다.

_『국역 송강집』

정철은 성산에 돌아와 있는 동안 여러 번 벼슬자리를 받았으나 응하지 않고 자연과 시 속에 파묻혀 어지러운 정치 기류에 시달린 몸과 마음을 쉬었다.

그러던 중 42세 되던 해 겨울 인성대비(인종의 비)가 세상을 떠나자 정철은 궁궐에 나아가 조곡했다. 해가 바뀐 1578년 정월 또다시 조정에 들어가 장악원정을 거쳐 사간에, 곧이어 집의에 제수되었고, 5월에는 통정대부 승정원 동부승지 겸 경연참찬관 춘추관수찬에 임명되었다.

그사이 3월에 율곡이 조정의 부름을 받아 상경하자, 이를 계기로 정철도 동서 화합을 시도해보았다. 그러나 율곡은 이미 한 번 실패한 뒤였기에 오히려 정철에게 일임하고 다시 시골로 내려갔다. 정철의 화합 시도 역시 성사되지 못한 채 동서 분쟁은 완전히 수습책 없는 분열 상태로 빠져들었다.

김효원의 후임으로 앉게 된 동인의 영수 이발과의 불화, 이수의 증회(贈賄) 사건 등 정철은 건건이 동인과 맞서 싸우지 않을 수 없었고, 마침내 동인이 서인을 누르게 되자 사당(私黨)으로 몰릴 지경에 이르렀다. 정철은 율곡에게 동인과 조정 역할을 청하기도 하고, 율곡도 상소하여 청원해보았으나 파쟁은 날로 극심해져만 갔다.

6. 왕을 향한 마음, 가사로 남기다

1580년 1월 강원도 관찰사에 제수된 정철은 강원도에서 「관동별곡」
과 「훈민가」 16수를 지어 가사 문학의 큰 틀을 구축했다. 정철의 「관동별
곡」은 이렇게 시작된다.

강호에 병이 깊어 죽림에 누웠더니
관동 팔백 리에 방면을 맞디시니
어와 성은이야 가디록 망극하다
(중략)
행장을 다 떨티고 석경에 막대 디퍼
백천동 겨태두고 만폭동 드러가니
은 가탄 무지개 옥 가탄 용의 초리
섯돌며 뿜낸 소래 십 리의 자자시니
들을 제는 오래러니 보니난 눈이로다

정철은 강원도 관찰사로 재직할 당시 일 처리가 공평하지 못하여 백
성들의 원성이 자자했다. 그때 정철의 처사가 얼마나 가혹했는지 강원도
해안가 사람들은 한국전쟁 이전만 해도 이름이 분명하지 않은 고기를 잡
으면 몽둥이로 머리를 내려치며 "이놈, 정철아!" 하고 죽였다고 한다.

또한 관동 지방에 전승되는 설화 가운데 정철을 부정적으로 그리고

강릉 경포대. 송강 정철이 강원
도 관찰사로 재직할 때 올랐던
정자로 「관동별곡」의 산실이다.

있는 예들이 여러 편 있다. 설화 속 정철은 대부분 심술궂은 관리로 등장
해서 산의 혈을 끊거나 마을을 망하게 만드는 인물이다. 설화의 마지막에
는 말에서 떨어져 다치거나, 절벽에서 떨어져 강물에 빠져 죽는 부도덕한
인물로 표현되고 있다.

　　정철은 강원 감사 1년 만에 전라 감사로 전임되었다. 당시 전라도사,
즉 부지사는 임진왜란 때 의병장으로 이름을 날린 조헌이었는데, 그는 괴
팍하기로 유명한 송강이 감사로 오자 병을 칭하며 사직원을 냈다. 이에
정철이 "그대와 나는 서로 아는 사이도 아닌데 어떻게 내가 못된 인간인

줄 아시오? 함께 일해보다가 정말 내가 소인이면 그때 물러가도 늦지 않을 것이오"라고 청했으나, 조헌은 듣지 않았다. 정철은 그의 사람됨이 마음에 들었던지 율곡과 성혼에게 중재를 부탁해서 겨우 주저앉혔다. 조헌이 정철과 같이 일을 해보니 과연 듣던 바와는 다른 점이 있었다. 사실 조헌의 성격 역시 정철과 다를 바 없었던 것이다. 불같은 성격의 두 사람은 그 후 매우 교분이 두터워졌다.

정철은 그 뒤 도승지와 예조참판, 함경도 감사를 지내고, 48세에 예조판서로 승진했다. 그의 나이 49세가 되던 해, 율곡이 죽은 뒤 대사헌이 되었다. 그러나 율곡 같은 공정한 인물마저 없어지니 당쟁이 날로 치열해져, 그는 고립무원 상태에 빠졌다.

선조 18년(1585년) 4월 정철은 조정에서 물러나 부모가 묻힌 고양에 머물다가 전라도 담양 창평의 송강정으로 물러가 「사미인곡」, 「속미인곡」, 「성산별곡」 등 후세에 길이 남을 가사들을 지어 한국 문학사에 빛나는 업적을 남겼다. 그는 창평에서 임금에 대한 그리움과 아름다운 자연에 대한 경이, 그리고 고요한 생활에 대한 동경을 시로 표현했다.

그처럼 멀리 있으면서도 정철의 충정은 선조에게 직결되었다. 정철의 상소문은 항상 선조를 기쁘게 하기 위한 것이었다. 이 시기에 쓰인 「사미인곡」과 「속미인곡」은 정철을 대표하는 문학 작품이며, 장시형 시가로서 국문학 사상 최고의 봉우리로 평가받고 있다. 『홍길동전』을 지은 허균은 『성수시화(猩叟詩話)』에 다음과 같은 글을 남겼다.

정송강은 속요(俗謠)를 잘 지어 그의 「사미인곡」과 「권주사(勸酒辭)」는 다 맑고 장중하여 가히 들을 만하다. 비록 이단자가 이를 배척하여 사(邪)라 하지만 문채와 풍류는 가릴 수가 없어 그의 작품을 아끼는 자는 자가 많다.

조선 천재 열전

권석주가 그의 무덤을 지나가다 시를 지었는데 "빈산에는 잎 지고 비는 우수수 예전에 부르던 노래 오늘을 말함인가"라고 노래했고, 이눌재가 강가에서 노래를 듣고 지은 시에서는 "강가에서 누가 미인사 부르는고, 이 세상 아씨들만 하마 알 뿐이네"라고 노래했다. 두 시 모두 송강의 가사 작품으로부터 시상을 떠올린 것이다. 김상숙은 『사미인첩(思美人帖)』 발문에서 "대개 임금이나 남편의 은총을 받고서 그 임금, 그 남편을 사랑하는 것은 보통 사람이면 다 그렇게 할 수 있는 것이다. 그러나 임금이나 남편의 은총을 잃고서도 그 임금, 그 남편을 사랑한다는 것은 반드시 정신(貞臣) 열부(烈婦)라야만 할 수 있다"라고 칭송했다. 허균은 정철의 모든 작품을 우시연군지사(憂時戀君之詞)로 내세워 찬양했다. 그러나 운명은 정철을 유유자적 시를 짓게만 내버려두지 않았다.

　　기축년 10월에 정여립의 역모 사건이 일어났다. 경기도 고양에 머물러 있던 정철은 이 소식을 듣자 주위의 만류를 물리치고 즉시 궁중으로 달려갔다. 선조는 임금과 국가의 안위를 걱정하는 정철의 뜻을 충절이라 하여 가상히 여겼다.

7. 정쟁의 피바람, 기축옥사

정철은 11월에 우의정에 임명되어 정여립 사건의 위관이 되었다. 그런데 약 20개월 동안 처리된 역모 사건에서 중요한 역할을 맡은 정철은 옥사를 다스릴 때 항상 술기운에 사모를 비뚜름하게 썼으며 말소리가 거칠었다. 이에 황신이 국청장에서 나와 성혼에게 "위관이 항상 취하여 실수하는 일이 있으니 극히 민망스러운 일입니다"라고 말하기도 했다. 결국에는 이 옥사에 연좌된 이발 등 동인의 영수급 대다수가 사형을 당함으로써 동인 세력이 무참히 꺾이게 되었다. 그중 동인의 영수였던 동암 이발 가문은 아녀자에서부터 어린아이까지 압슬형을 받고 온 집안이 쑥대밭이 되고 말았는데, 『선조실록』에는 선홍복의 집에서 발견되었다고 알려진 이발과 정여립이 나누었던 편지도 실상은 정철과 송익필이 꾸며낸 것이며, 또한 선홍복이 이발, 이길, 백유양 등을 모반 사건에 끌어넣은 것도 "그렇게 하면 살려주겠다고 교사했기 때문이라고 실토했다"라고 기록되어 있다.

위에서 본 바와 같이 악연으로 끝난 정철과 이발의 첫 만남은 어린 시절로 거슬러 올라간다. 정철이 남평에 있던 이발의 집에 들렀을 때, 이발과 동생인 이길이 장기를 두고 있어 무심결에 훈수를 했다. 그러자 이발 형제가 달려들어 역적 놈의 자식이 시키지도 않은 훈수를 한다면서 정철의 턱에 난 수염을 모조리 뽑았다고 한다. 정철은 이때의 일이 뼈에 사무쳐 이발 형제와 팔순 노모, 그리고 그의 아들들까지 때려죽였다는 것이다. 그러나 수염 사건은 기축옥사 이후 서인 측이 꾸며낸 말에 지나지 않을 것이다. 당시 이발 형제는 열 살과 여덟 살이었는데, 그렇게 어린 이발 형제가 훈수를 두었다는 이유만으로 18세 건장한 청년인 정철의 수염을 다 뽑아버렸다는 게 가능한 일인가?

또 하나의 일화가 있다. 율곡의 간곡한 권유로 이발과 정철이 화합을 시도했는데, 그때 두 사람이 취중 논쟁을 벌이다가 정철이 이발의 얼굴에 침을 뱉은 사건이 발생했다. 동인의 영수였던 이발과 서인의 중진이었던 정철이 추진했던 동서 화합은 돌아올 수 없는 강을 건넜고, 결국 동서 분쟁은 예정된 길을 갈 수밖에 없는 지경에 이르고 말았다. 기축옥사(己丑獄事) 이후 서인이었던 윤선거는 『노서집(魯西集)』에 "이발이 역모 사건에 중하게 걸려 있으나, 뚜렷한 죄상이 나타나지 않으므로 일부의 의논이 그를 가엾게 여겼다"라고 기록했다.

또한 정여립 모반 사건에 연루되었다는 것과 절의를 배척했다는 죄목 때문에 붙잡혀온 정개청에 대해 정철은 "정개청은 반역하지 않은 정여립이요, 정여립은 반역한 정개청이다"라고 했다. 한편 위관으로 있던 정철이 선조에게 "개청이 한결같이 정여립의 집터를 보러갔다는 사실에 대하여 원통하다고 하면서 동생 정여능 등과 한자리에서 대질하기를 원하는 것을 보면 아마도 사실이 아닌 것 같습니다. 그러나 그가 지었다는 「배절의론(排節義論)」은 후진들을 현혹하여 그로써 미치는 화가 홍수나 맹수의 해보다도 더할 것이니, 형벌을 더 독하게 하여 자백받기를 청합니다"라고 했다. 이에 선조는 그렇게 하도록 허락했고, 정개청에게 한 차례 고문을 가하고 또다시 정철이 고문하기를 청하자 "그만하고 법에 비준하여 처리하라"라고 했다.

정개청은 처음에는 평안도 위원으로 유배되었다가, 정철이 다시 아뢰어 함경도 경원의 아산보로 이배되었다. 깊고 높은 학문과 덕행으로 인하여 '동방의 진유' 퇴계와 버금가는 학자이며 '주자, 정자 뒤의 한 사람'이라고 칭송받았던 정개청은 62세가 되던 1590년 7월 27일 국청 때 입은 상처가 악화되어 함경도 아산보 유배지에서 죽었다. "나라가 위태로울 때 팔도대원수로 적임자가 누구겠는가?"라는 선조의 물음에 당시의 영의정 박순이 정개청을 추천했다고 한다. 그러나 정개청은 임진왜란을 2년여 앞두고 한 서린 생애를 마감한 것이다.

그 후 1603년 안중묵은 선조에게 올린 상소에서 "송강이 동인에 밀려 낙향해 광주 근교에 머물러 있을 무렵, 곡성 현감의 자리에 오른 정개청이 그 길목을 지나다니면서 단 한 번도 위로 문안을 오지 않은 것에 사감을 품고 그를 정여립 역모에 연루된 것으로 몰아 죽였다"라고 썼다. 한편 정개청의 아우 정대청은 다른 사람들을 대할 때마다 형이 죽을 당시처럼 비통해하며 "반드시 형의 원통한 죄를 풀어준 뒤에야 고기를 먹고 흰옷을 벗겠다"라고 말했다.

그런 의미에서 정여립의 죽음은 역모를 꾸민 대가로 볼 수 있을지 몰라도, 이발, 최영경, 정개청 등의 죽음은 사화에 의한 것으로 보는 것이 타당하다는 견해에 일리가 있다. 최영경, 정언신, 정개청 등 천여 명이 희생당한 조선 역사상 최대의 사화라고 일컬어지는 큰 사건이 1589년에 일어났던 정여립 모반 사건이었다. 그 당시 그와 같은 일들이 비일비재했고, 이렇게 억울하게 연루되어 죽은 사람이 부지기수였는데, 피해를 입었던 사람들 대부분이 남명(南冥) 조식과 화담(花潭) 서경덕 계열의 문인이었다.

그러나 역사는 머물지 않고 흐르는 강물과도 같은 것. 정여립과 더불어 새로운 꿈을 꾸었던 사람들이 썰물처럼 지나간 자리에 정철과 그의 사람들이 밀물처럼 들어왔고, 역사는 공평하게 정철과 서인들에게 다시 썰물의 배역을 맡겼다.

8. 유배와 정계 복귀, 되풀이되는 정치적 기복

정철이 56세가 되던 1591년에 왕세자 책립 문제인 건저 문제가 일어나자, 정철은 동인의 거두인 영의정 이산해와 함께 광해군의 책봉을 건의하기로 했다. 이산해는 그 당시 동인의 영수였으며, 정철과 동시대를 살았던 조선의 천재였다.

하지만 정철은 이산해의 계략에 빠져 혼자 광해군의 책봉을 건의하게 된다. 이에 신성군을 책봉하려던 선조는 크게 노하여 "내가 아직 마흔도 안 되었는데 경이 세자 세우기를 청하니 어쩌자는 것이냐"라고 했다. 예상하지 못한 선조의 반응에 정철을 비롯한 서인 측 사람들의 등에는 식은 땀이 흘렀다. 그러나 이미 엎질러진 물, 광해군을 세자로 세우려던 애초의 입장에서 물러날 수는 없었다. 서인이었던 이해수와 이성중이 광해군을 세자로 세워야 한다는 상소를 올리자, 뒤이어 정철에 대한 동인들의 공격이 시작되었다.

사태는 완전히 반전되었다. 수세에 몰렸던 동인들이 공격의 주도권을 쥐기 시작한 것이다. 유생 안덕인 등 다섯 명이 상소를 올려 "정철이 국정을 그르쳤다"라고 공박했다. 세월의 흐름 속에서 결국 서인은 몰락의 길로 접어들었다. 뒤를 이어 사간원과 사헌부가 합사하여 선조에게 고했다.

정철은 성품이 편벽하고 의심이 많아서, 저와 같은 이는 좋아하고 저와 다른 이는 미워할 뿐만 아니라 좋아하는 사람을 끌어올려서 사당(私黨)을 널리 펴니, 그 문하에 모여드는 무리가 밤낮으로 저잣거리를 이루고 조정의 기강을 제 마음대로 희롱하며 함부로 행합니다. 따라서 위엄이 온 세상을 눌렀으므로 감히 말하는 이가 없으며, 대궐 내에서 정사를 행할 때에도 사사로이 정랑을 불러서 벼슬자리를 추천할 것을 요구하여 정사를 지체되게 하고, 외지의 임지에 있는 자기들의 동지들을 끌어들이려고 대간을 시켜서 탄핵하게 하였습니다. 또 송한필 형제와 가깝게 지내며 시골집에 머물게 하고 있습니다. 더욱이 주색에 빠져서 명분과 체통을 잃었으므로, 백성이 그를 더럽게 여겨도 부끄러워하지 않으며, 겉으로는 농담처럼 하면서 실지로는 남을 시기하여 해치고 있습니다. 그 속심이 낱낱이 드러나서 변명할 수 없게 되어도 오히려 두려워하여 조심하지 아니하고 부박함이 더욱 심하니, 청컨대 파직하소서. 사인(舍人) 백유함은 정철과 결탁하고, 그 심복이 되어 시론을 주장하며 조정의 정치를 마음대로 희롱하니 인물의 진퇴가 그 손에서 결정되었으며, 죄 주고 복 주는 것도 제 마음대로 하였습니다. 이렇듯 세력이 불꽃 같아서 마음대로 조정을 어지럽혔으니, 청컨대 파직하소서.

_『연려실기술(燃藜室記述)』 선조조 고사본말

드디어 정철이 파직되었다. 임금의 명으로 죄목이 조당에 방시된 후, 명천으로 유배길에 올랐다. 정철이 이처럼 바람에 떨어진 한 잎 나뭇잎처럼 꺾이고 말자, 겨우 명맥을 유지하던 나머지 서인 일파도 모조리 파면되거나 유배당하고 말았다.

정철이 강계로 옮겨진 후 곧 위리안치(圍籬安置)의 명이 내려졌다. 그때 선조는 "정철은 성질이 교활, 간독하여 배소에 가서 잡인과 서로 통하며 또 어떤 큰 죄를 저지를지 알 수 없으니 위리를 엄하게 해야 할 것이

조선 천재 열전

다"라고 전교했다. 정철은 하늘도 보지 못하게 하고 날아드는 새나 짐승도 얼씬 못하게 하는 위리안치 속에서 이제 그날그날의 운명을 알 수 없는 막다른 생활을 하게 된 것이다. 정철이 갇힌 집에는 해마저 볼 수 없게 가시 울타리를 치고, 다만 창 하나만을 내어 그곳으로 음식을 건네주거나 소식을 전해주었다. 하늘마저 볼 수 없는 그때의 심경이 「청원의 가시 울타리 속에서」(청원은 강계의 옛 이름)라는 오언절구에 잘 드러나 있다.

세상에 살면서도 세상을 모르고(居世不知世)

세상을 이고도 하늘 보기 어렵네(戴天難見天)

내 마음 아는 건 오직 백발이런가(知心惟白髮)

나를 따라 또 한 해를 지나는구나(隨我又經年)

_『국역 송강집』

서인을 몰아낸 동인 세력이 제대로 권력을 장악하기도 전에 커다란 변란이 닥쳐왔다. 1592년 일본을 통일한 도요토미 히데요시가 바다를 건너 조선을 침략한 것이다.

5월 3일 서울이 왜구에게 점령되었고, 황급히 피난한 선조는 개성과 평양을 거쳐 의주까지 밀려갔다. 선조는 개성에서 백성들을 모아놓고 위로의 말을 했는데, 그 자리에 모인 노인들이 정승 정철을 석방시켜 나랏일을 맡아보게끔 하라는 진정을 올리자 즉시 정철을 석방토록 분부했다. 그뿐만 아니라 "충효대절이 지극한 경이여, 되도록 빨리 내가 있는 곳으로 달려오라"라고 일러 보냈다. 전무후무한 국난인 임진왜란이 정철에게는 천재일우의 기회가 된 것이다.

개성에서 동인이었던 영의정 이산해는 파면당하고 서인 윤두수가 좌의정에 오르니, 전란 중에 백성들의 요구로 집권당이 바뀐 것은 조선 역사상 유례없는 일이었다.

정철은 강계에서 풀려나 평양에서 선조를 모시게 되었는데, 박천, 가산, 의주까지 가는 동안 임금을 모시는 사람이 얼마 되지 않았다. 그 무렵 선조는 정철을 극찬했다. 그해 9월 정철은 체찰사가 되어 기호, 호남으로 남하하게 되었다. 그때는 왜군이 아직도 평양 이남을 점령하고 있을 때여서 정철이 맡은 체찰사란 직무는 죽음의 땅으로 들어가는 일이나 다름없었다.

이듬해 5월 정철은 사은사가 되어 중국에 들어갔다가 11월에 돌아왔다. 이것이 마지막 일이었다. 정철이 돌아오자 그를 모함하는 유언비어가 돌았고, 이 바람에 조정에서 물러나게 되었다. 이미 젊은 날의 패기와 정열을 잃어버리고 되풀이되는 정치적 기복에 지친 성철은 강화 송정촌으로 물러가 살았다.

조선 천재 열전

9. 호구조차 어려운 시절

정철은 정계를 떠남으로써 격랑의 소용돌이에서는 벗어났지만, 만년에 이르러서는 호구조차 어려울 지경이었다. 평생을 청직함으로 일관한 정철은 하는 수 없이 그와 친분이 두터웠던 이희참에게 도움을 청하는 편지를 보내야만 했다.

> 내가 강화로 온 후 사면을 돌아보아도 입에 풀칠할 계책이 없으니, 형이 조금 도와줄 수 없겠습니까? 평일에 관직에 있을 때 여러 고을에서 보내온 것도 감히 받지 못했는데, 지금 장차 파계를 하게 되니, 늙은 만년에 대책 없이 이러는 게 자못 본심에 부끄러운 일입니다. 그러나 친하기가 형 같은 이도 약간의 것인 즉 마음이 편하려니와 많은 것은 감히 받을 수 없습니다.
>
> _『송강집』별권 3

한 나라의 정승까지 올랐던 정철이었지만 입에 풀칠할 방법이 없으니 어쩔 수 없는 노릇이었다. 그 당시 그는 마음을 나누는 절친한 사람에게서 약간의 도움이라도 받지 않으면 살아갈 길이 막막했던 것이다.

한잔 먹세 그려, 또 한잔 먹세 그려
꽃 꺾어 무진 무진 먹세 그려

진천 송강사. 진천군 문백면 환희산 자락에 있는 송강 정철을 모신 사당, 고양에 있던 정철의 묘가 1665 년 서인의 영수 우암 송시열에 의해서 이곳으로 옮겨졌다.

이 몸 죽은 후면, 지게 위에 거적 덮고 졸라매어 지고 가나

화려한 상여에 만인이 울어 예나

억새 속세 떡갈나무 백양 속에 가기만 하면

누런 해 흰 달 굵은 눈 쓸쓸한 바람 불 때, 누가 한잔 먹자 할고

하물며 무덤 위에 잔나비 휘파람 불 때, 뉘우친들 무엇하리

_『국역 송강집』

「장진주사(將進酒辭)」라는 시조에서 노래한 것처럼 정철은 이미 땅에 떨어져 뒹구는 한 잎의 낙엽이었다. 결국 정철은 빈곤과 울분 속에서 신음하다가 선조 26년(1593년) 12월 18일 강화도 송정촌에서 58세를 일기로 파란만장한 생애를 마쳤다. 정철이 죽음에 임했을 때 둘째 아들

조선 천재 열전

종명이 손가락을 잘라 피를 내어 드리니, 정철은 눈을 살며시 뜬 채로 "이 아이가 헛된 일을 하는구나"라고 말했다고 한다. 정철과 부인 문화 유 씨와의 사이에는 4남 3녀가 있었다. 송강 정철이 마지막으로 지은 시인 「섣달 초엿샛날 밤에 앉아서」는 다음과 같다.

외로운 나그네 신세 해조차 저무는데
남녘에선 아직도 왜적 물리치지 못했다네
천리 밖 서신은 어느 날에나 오려는지
오경 등잔불은 누굴 위해 밝은 건가
사귄 정은 물과 같아 머물러 있기 어렵고
시름은 실오라기 같아 어지러이 더욱 얽히네
원님께서 보낸 진일주(眞一酒)에 힘입어
눈 쌓인 궁촌에서 화로를 끼고 마신다오

_『국역 송강집』

10. 정철에 대한 평가

정철이 죽은 후 기축옥사 당시 동반자였던 송익필은 다음과 같은 만사를 지었다.

병든 몸 봄이 늦어 창생(蒼生)을 남겨 두고
물러난 곳 가을 깊어 외로운 길 원망하네
의롭지 않은 재물이야 귀신이 다 안다고
유배에서 전(殿)에 오르니 공경(公卿)이 놀랐다오
서리 누르는 높은 절개 푸른 솔로 우뚝 솟으니
우국(憂國)의 외로운 충성 백일하에 밝고 밝네
어진 재상 높은 이름 만고에 전하리니
백 년의 영화야 한 가닥 털같이 가벼워라

_『국역 송강집』

한 인간의 삶은 죽음으로 매듭지어지지 않는 법인가. 사헌부에서는 선조에게 "정철은 성질이 강퍅하고 시기심이 많아 질투를 일삼고 사소한 사감에도 반드시 모함으로 보복했고, 사갈(蛇蝎) 같은 성질로 귀역(鬼域) 같은 음모를 품었으니 독기가 모여서 태어난 것이며, 이에 오직 사람을 상하게 하고 해치는 것을 일삼았다. 또한 정철은 최영경에게 색성소인(索性小人)이라는 평가를 받았음을 분하게 여겨 최영경을 길삼봉으로 자작

진천 송강 정철의 묘. 본래 고양의 원당에 있던 묘를 1665년 송시열이 지금의 자리인 진천군 문백면 봉죽리 어은골로 정하고 옮겼다.

하여 죽음에 이르게 했고, 저의 당이 아닌 사람은 사소한 감정에도 처서 없애려고 하였으므로 그 해가 얼마나 많은지 알 수 없다"라고 보고했다.

이에 선조는 예전에 칭찬했던 것과는 달리 "정철에 대해 말하면 입이 더러워질까 염려된다. 그대로 두는 것이 좋겠다"라고 했다. 후일 반대파들에게 "정철과 더불어 압록강 동쪽에 태어난 것이 부끄럽다"라는 엄혹한 평가까지 받은 정철의 유해는 이듬해 2월 고양 신원에 묻혔다. 그러나 죽은 뒤까지도 정철의 기구한 운명은 끝나지 않았다. 땅에 묻힌 그해 6월 정철에 의해 피해를 입었던 동인 측에서 다시 상소하여 정철의 관작을 박탈했다. 광해군 원년에 정철의 아들 승지 종명이 상소하여 아버지 정철의 원통함을 상소했으나 오히려 파직당할 처지에 놓이게 되었고, 1623년 인조 원년에야 비로소 박탈당했던 관작을 되찾게 되었다. 『인조실록(仁祖實錄)』 1년의 기록을 보면 당시 우의정이었던 신흠은 정철이 원만치 못한 성격을 지녔기 때문에 많은 혐의를 받았다고 하면서, "지난 수십 년간 조정의 의론이 둘로 나뉘어 정철에게 굴레를 씌웠기 때문에, 신진 소생들은 철의 면목조차 보지 못한 자라도 한마디의 말이라도 정철과 연관되는 일이 있으면, 곧 철의 당이라 지목하여 제거당하니, 무더기로 배척된 자 어찌 홀로 철 한 사람뿐이겠습니까"라고 진언하기도 했다.

현종 6년 3월 그의 유해는 다시 고양에서 충북 진천군 문백면 봉죽리 지장산 자락으로 옮겨졌다. 숙종 3년에는 동인의 뿌리인 남인 계열의 허적, 허목 등이 실권을 잡게 되면서 정철의 관작을 박탈하자는 논의가 다시 일어났다. 하지만 숙종은 선왕 대에서 이미 사실을 참작하여 정한 지 오래되었기 때문에 다시 고칠 수 없다고 했다. 허목 등은 그 일 때문에 3년 뒤에 쫓겨나고 만다.

송강 정철만큼 파란만장한 생애를 살다간 사람도 흔치 않을 것이다. 그는 "할 말이 있으면 반드시 입 밖에 내야 하고, 사람의 허물을 보면 아무리 가까운 사람이라도 조금도 용서하지 않았으며, 화를 산같이 입더라도 앞장서 싸우기를 불사했다"라고 전해진다. 그러한 정철의 성격상 정치가로서의 삶은 파란의 연속일 수밖에 없었는데, 기축옥사에서 행한 정철의 행위는 엄정한 법 집행이 아니라 사적 감정의 표출이었다고 볼 수 있다. 그로 인해 정철은 정적들로부터 '동인백정(東人白丁)', '간철', '독철' 등의 악평을 받았다. 기축옥사로 인하여 원한이 깊었던 호남 사림 집안에서는 아낙네들이 도마에 고기를 놓고 다질 때마다 반드시 "증철(정철)이 좆아라(칼로 고기를 다지는 것) 증철이 좆아라" 혹은 "철철철철" 하고 중얼거리는 모습을 흔하게 볼 수 있었다고 한다. 그것은 그 집안 아낙네들의 단순한 입버릇이 아니라 400여 년을 대물림해온 정철을 미워하는 주술이었다.

소설가 송기숙 선생의 말에 의하면, 송강의 방손댁 딸이 이발의 방손댁으로 출가를 했다. 그 집안에서 시어머니와 시누이가 고기를 다질 때는 으레 그런 군소리를 내며 칼자루 장단을 맞추다 보니, 새댁 또한 멋모르고 그 소리를 무심결에 따라 하게 되었다. 그 광경을 바라본 시아버지가 하도 딱해서 며느리에게 "아가, 너는 고기 다질 때 그런 소리를 해서는 아니 되느니라"하고 타일렀다는 일화도 전한다.

이처럼 당쟁사상 첫 번째 역옥(逆獄)인 기축옥사를 조종하여 역사에 지울 수 없는 오점을 남긴 정철은 3백여 년간의 피비린내 나는 당쟁 시대를 열었던 장본인이었다. 그런 가운데에도 서인들로부터 성혼이나 율곡 다음으로 숭앙을 받았다. 그뿐만 아니라 정철은 가사 문학에 뛰어난 업적을 남겨 「관동별곡」, 「성산별곡」, 「속미인곡」, 「사미인곡」 등 4편의 가사와 시조 107수가 전한다. 저서로는 시문집인 『송강집』과 시가 작품집인 『송강가사』가 있다. 그의 작품들은 오늘날에도 한국 문학의 한 페이지를 장식할 만큼 높은 평가를 받고 있다.

시를 짓는 데 있어 유감없이 그 천재성을 발휘했던 정철. 하지만 16세기 후반의 정치적인 역경 속에서 도저히 납득할 수 없는 행위를 보인 것 또한 사실이다. 특히 1589년 10월에서 다음 해까지 벌어진 기축옥사의 현장으로 발을 디디는 순간, 그 의문점은 더욱 커질 수밖에 없다. 그래서 시인 이형권은 『국토는 향기롭다』에서 "그가 이룩한 국문 시가에서의 혁혁한 공로와 명성만을 생각하면 정치인으로서의 송강의 모습은 보이지 않고, 권력에 집착했던 정치 역정만을 생각하면 시인으로서의 정철의 모습이 보이지 않는다"라고 말했다.

기축옥사 이후 잘나가던 송강 정철이 유배지에서 32세의 나이로 일

찍 죽은 딸의 부음을 전해 들었다. 정철은 사랑하는 딸이자 최씨 집안의
며느리를 위해 슬픈 제문을 지었다.

망녀(亡女) 최가부(催家婦) 제문

만력(萬曆) 19년 세차(歲次) 신묘(辛卯) 6일 모일(某日)에 네 아비 늙은 송강
은 임금의 견책을 받고 이제 바닷가에 물러나와 있으므로, 멀리 네 빈소에
서 일 보는 사람으로 하여금 대신 한 잔 술을 따라 망녀 최씨부의 영 앞에
부어주노라.

아! 너는 본디 성품이 인자하고 유순하며, 자질이 아름답고 맑아서, 연마
를 더 하지 않아도 곧 금이요, 옥이었다. 내가 네 배필을 가릴 때 애혹에
빠짐을 면치 못하여 병이 든 사람에게 출가시키어 두어 달 만에 네 남편이
죽으니, 나이 겨우 스물둘이었다. 유약한 네가 이런 참혹한 변을 당하여
곡벽(哭擗, 죽은 사람을 애통해하며 가슴을 두드리는 짓)을 절차 없이 하며 죽기로
작정하고 먹지를 않아 하루에도 몇 번씩 기절을 하니, 이 소식을 들은 나
는 차마 가까이 할 수조차 없었다. 너는 삼년상을 다 치른 후에도 더욱 조
심하며 흰옷과 소박한 음식으로써 열이요 또 두 해를 보냈다. 날이 갈수록
말라감을 슬프게 여겨 맛있는 음식이라도 먹으라고 권하면 가슴속에 맺힌
통한에 말보다 눈물이 앞섰다. 네 뜻을 꺾을 수 없음을 안 나는 아무 말도
없이 마주 앉아 목메어 슬퍼할 뿐이었다.

그러다가 마침내 너는 고질병을 얻어 오랫동안 천식의 고생으로 형용이
말라붙어 생명을 부지할 수 없는 지경에 이르렀다. 다시 전날에 한 말을
거듭하면 너는 차츰 아버지 말에 따르겠다고 말하면서도 또 시일을 끌기
만 했다. 죽기 며칠 전에야 맛있는 음식을 먹겠노라고 자청해 말하기를

조선 천재 열전

기축옥사 때 정여립이 의문사한 진안의 죽도. 감입곡류 하천으로 경치가 빼어나서 사람들의 발길이 끊이지 않는 곳이다.

"부모의 명을 어기면 효가 아닌 즉 내 장차 죽을 것이라 잠깐 제 뜻을 굽히겠습니다." 하고는 조금 먹더니 죽고 말았다.

아! 저 푸른 하늘이여. 덕은 주고 수명은 아꼈으니, 하늘의 이치가 어찌 이다지도 망망한 것인지. 이것을 비록 하늘의 운명이라고 하지만 사람의 잘못도 있다고 볼 수 있지 않겠느냐.

추운 겨울 찬방에 얼음과 눈발이 살에서 나올 정도였으니, 건강한 사람도 어렵거든 하물며 병이 든 몸으로 어찌 부지할 수 있었겠느냐. 집이 본래 가난하여 염장과 식량이 여러 번 떨어졌었다.

너는 남편의 집에 정사(情事)가 맞지 않음을 애달프게 여겨 조그마한 집 한 간이라도 마련하여 제사 범절을 받들어보려는 것이 평생의 지극한 소원이었으나, 힘이 모자라 뜻을 이루지 못하고 여러 가지 군색한 일로 가끔씩 마음을 상하며 속으로 녹아들어, 그것이 불치의 병이 되고 말았다. 용한

금강산 수정봉. 송강 정철의 「관동별곡」의 산실이 금강산이다.

의원에게 맡긴 것도 오히려 등한한 일인데, 하물며 이 요찰(夭札)이야말로 곧 나의 과실이니, 백 년이 지나도록 참통(慘痛, 뉘우치고 통곡함)하여도 미칠 수 없는 일일 것이다.

더욱 통탄할 일은 병이 들었을 때에 서로 보지 못하고 죽을 때에도 영결을 못한 일이로다. 한 조각 밥과 나약한 노복(奴僕)이라도 하사받을 것을 너와 같이 나누려고 문서를 작성하였으나, 네 병이 위독하므로 네 마음이 불안하게 될까 저어하여 비밀에 붙여두고 말하지 않았는데, 나의 이러한 애통을 네가 아는지 모르는지, 이젠 네가 의뢰할 바는 오직 영서(迎曙)에 있는 새 무덤 남편만을 의지할 것이다.

살아서 겪은 애통은 비록 괴로웠으니 죽어서는 즐거움이 틀림없이 많을 것이다. 이것이 오직 네 소원이었을 것인데, 나 역시 어찌 슬퍼만 하랴. 그리고 더구나 우리 고양(高陽)에 계신 선산의 송재(松梓, 소나무와 가래나무)를 서로 마주보게 되었으니, 다른 날 혼백이 서로 더불어 비양(飛揚)할 것이

조선 천재 열전

다. 그러면 우리 아버지와 딸로 맺은 인연이 인간에서의 기쁨은 비록 적었지만, 지하에서의 낙은 무궁하리니 또 무엇을 슬퍼하리오.

너 역시 괴로운 회포를 너그러이 하고 네 아비가 따라주는 술 한 잔을 와서 들라. 상향.

정철은 참회하듯 간절하고 애절하기 이를 데 없는 슬픈 글을 지은 것이다. 조선 시대 사대부 중 어느 누가 자기의 잘못을 송강처럼 솔직하게 털어놓은 사람이 있었겠는가? 솔직했으므로 적이 많았고, 솔직했으므로 한평생이 바람 앞에 등불같이 위태롭게 살다간 정철의 진면목이 진정 무엇이었는지 알 수 없다. 하지만 그의 성품은 늘 권력 지향적이라서 항상 권력의 언저리에 있었고, 그래서 벼슬에 들고 나기를 여러 번 했다.

송강 정철의 문학적 업적은 오늘날까지도 타의 추종을 불허하며 수많은 시편들이 많은 사람들을 감동시키고 있다. 솔직했으므로 실수와 적이 많았고, 그래서 험난한 가시밭길을 헤쳐나갈 수밖에 없었던 뜨거운 얼음 같던 천재 시인이 바로 정철이다.

이산해

이익이 경탄한 천재 문장가

(1539~1609)

1. 성호 이익이 인정한 조선의 천재

이백(李白)은 천재(天才)로 으뜸이고, 백거이(白居易)는 인재(人才)로 으뜸이고, 이하(李賀)는 귀재(鬼才)로 으뜸이다.

『미공십부집(眉公十部集)』에 실린 중국의 천재들을 논한 글이다. 그렇다면 조선 역사 속에 수많은 천재들 중 자타가 공인하는 진정한 천재가 누구였을까? 『성호사설(星湖僿說)』의 저자인 성호 이익은 김시습과 선조 때 인물인 이산해를 '조선의 천재'라고 칭하면서 다음과 같은 글을 남겼다.

사람이 숙달했다 해서 반드시 훌륭하게 되는 것은 아니다. 내가 남의 집 자제 중에 어릴 때 이미 빛나는 진취가 있었다가도 급기야 장성해서 다른 사람보다 기필코 뛰어남이 있는 것은 아니더라는 말을 듣고서 세석의 지도와 교양이 그 방법을 잃었기 때문이라 생각했다. 그러나 오랫동안 증험한 결과 어려서 총명하고 영리했던 수재가 차츰 장성해서는 도로 그 빛나던 재질이 줄어든 것을 보았으니, 이 때문에 원대한 그릇이 드문 것이다. 내가 송나라의 신동과목(神童科目)을 보니. 담소실이 능히 오경(五經)을 통달했고, 그중에 가장 드러난 자가 십여 명인데, 태종 때 낙양 사람으로서 박충서가 일곱 살에 구경(九經)을 통했고, 상부(祥符) 연간에 채백희가 네 살 때 시 백여 편을 외웠고, 신종 때엔 주천석이 아홉 살에 오경으로 출신했다. 그의 종형 천신이 열두 살에 십경(十經)을 다 통했고, 양억은 열한 살에 불리에 입대하여 비서정자에 임명되었다.

금나라에선 유천기가 일곱 살에 『시경』, 『서경』, 『예경』, 『역경』, 『춘추좌전』, 『논어』, 『맹자』를 다 외웠고, 유주아는 열한 살에 능히 시부(詩賦)를 짓고, 대소 육경을 외웠다. 그 벼슬이 드러난 자로서는 송나라의 안수, 육덕명과 명나라의 해진, 이동양, 양일청, 동기, 양정화 등 몇 사람뿐이었다. 그리고 우리나라에선 김시습, 이산해 등 두어 사람이 있을 뿐, 다른 사람은 뜨지 못했다. 과연 숙달한 지혜 그대로 나아간다면, 아마 모든 일을 못할 것이 없을 것인데, 공명과 사업이 반드시 이런 사람들에게서 나오는 것은 아니었다.

_『성호사설』 12권, '인사문' 중 '신동(神童)'

2. 임금의 인정을 받고 정승에 오르다

조선의 천재로 평가받은 이산해는 조선 중기의 문장가이자 정치가로, 본관은 한산(韓山)이고, 자는 여수(汝受). 호는 아계(鵝溪), 종남수옹(綜南睡翁)이다. 이산해는 고려 말 문장가인 가정(稼亭) 이곡과 목은(牧隱) 이색의 후손이다. 또한 『토정비결(土亭祕訣)』을 지은 이지함의 형이자 판관 벼슬을 지낸 이지번의 아들로, 1539년(중종 34년) 윤 7월 20일 오시(午時)에 한양 황화방(皇華坊, 지금의 정동)에서 태어났다. 그가 태어났을 때 우는 소리를 듣고 이지함은 큰형에게 말했다. "이 아이가 기특하고 영리하니 꼭 잘 보호하십시오, 우리 문화가 이로부터 다시 흥할 것입니다."

다섯 살 때 처음 병풍에 글씨를 썼는데, 운필(運筆)하는 것이 귀신같아서 그를 지켜본 사람들이 모두 신동(神童)이라 여겼다. 그는 묵즙(墨汁)을 발바닥에 바르고 종이 끝에 눌러서 어린아이의 발자국인 줄 알게 했다. 이산해의 사위로 오성과 한음으로 널리 알려진 한음(漢陰) 이덕형이 지은 『죽창한화(竹窓閑話)』에 실린 글을 보자.

그는 나면서부터 특이한 자질이 있어 말을 하기 전에 이미 글을 볼 줄 알았다. 집에 동해옹(東海翁)의 초서(草書)를 벽에 걸어놓았는데, 유모를 잡아 끌어 안고 보게 하고 혼연히 손으로 가리키며 좋아했다. 5세에 비로소 계부 토정(土亭) 이지함에게 배웠는데, 토정이 태극도(太極圖)를 가르치니, 한 마디에 천지음양(天地陰陽)의 이치를 알고 도(圖)를 가리키며 논설했다.

보령시 주교면 토정 이지함의 묘. 이지함은 이산해의 작은아버지로, 『토정비결』의 저자로 널리 알려져 있다.

일찍이 독서에 몰두하여 밥 먹는 것도 잊었다. 토정이 몸이 상할까 염려하여 독서를 중지하게 하고 먹기를 기다리니, 이산해가 다음과 같은 시를 지었다.

배가 고픈 것도 민망한데 더구나 마음을 주리게 하랴?(復飢猶悶況心飢)
식사가 더딘 것도 민망한데 더구나 배움을 더디 하랴?(食遲猶悶況學遲)
집은 가난해도 오히려 마음 고칠 약 있으니(家貧尙有療心藥)
모름지기 저 영대에 달 떠오를 때를 기다려야 하겠네(須待靈臺月出時)

『연려실기술』 '선조조 고사 본말'에 실려 있다.
그 시를 접한 작은아버지 이지함이 더욱 기특하게 여겼다. 6세에 능히 글씨를 써서 붓을 잡고 서성거리면서 내둘러 쓰는데, 글자 모양이 씩씩해서 마치 용이 서려 있는 듯, 호랑이가 덮치려는 듯한 형상 같았다. 사람들의 입에서 입으로 소문이 나자 그 당시 이름난 사람들이나 높은 벼슬에 있는 사람들이 다투어 찾아와서 필적(筆跡)을 구하지 않는 이가 없고, 모두들 이산해를 신동(神童)이라 불렀다. 이산해가 신동이라는 소문이 자자하자 당대의 세도가 윤원형이 사위로 삼으려고 해서 그의 아버지 이지번이 단양으로 거처를 옮기기까지 했다.

1549년(명종 4년)에 과거에서 이산해가 1등으로 합격하자, 시험관이 시권(試券)을 쪼개 가져다가 장차 보배로 삼으려 했다. 1558년(명종 13년)에 사마시(司馬試)에 합격했고, 1560년(명종 15년)에 명종이 성균관 문묘(文廟)의 공자 위패에 참배하고 선비를 시험했는데, 그때 이산해가 수석으로 합격했다.

1561년에 병과(丙科)에 합격한 이산해는 승문원에 들어갔고, 1562년에 홍문관정자가 되었다. 그다음 날 명종이 불러와, 즉시 탑전(榻前)에서 경복궁(景福宮)의 대액(大額)을 쓰게 했다.

여러 벼슬을 거친 이산해는 선조가 임금에 오른 1567년에 원접사 종사관에 뽑혔다. 그 당시 명나라에서 조서(詔書)를 가지고 왔던 사신 한림(翰林) 허국이 이산해의 시와 글씨를 칭찬했고, 본국에 돌아가서도 편지를 보내어 안부를 물었다. 이조정랑을 거친 뒤 여러 벼슬을 역임하고 예문관응교를 겸한 이산해는 사가독서(賜暇讀書)의 은전을 받았다.

을해년인 1575년에 아버지의 상사를 당하자 보령에서 장례를 지냈는데, 예절을 매우 엄격하게 지키고 너무나도 슬퍼한 나머지 거의 일어나지 못할 뻔했다.

기묘년인 1579년에 특별히 사헌부대사헌에 임명된 그는 형조판서를 거쳐 1581년(선조 14년)에는 이조판서에 올랐다. 정사를 몹시 삼가하여 청탁하는 일이 아주 끊어졌다. 벼슬에 있을 때 이산해는 일찍이 이런 말을 했다.

수령(守令)이란 백성들의 생명을 담보로 하는 자다. 그런 수령을 가려 뽑지 않는다면 이는 백성들을 해치는 행위다. 차마 그런 짓을 할 수 있겠느냐?

그는 사람 하나를 쓰는 데도 반드시 그 자리에 마땅한 사람을 구해서 쓰고자 했고, 올바른 사람을 구하게 되면 마치 자기 일처럼 기뻐했다. 그러나 마땅한 사람을 구하지 못하면 밤낮으로 생각하고, 혹 촛불을 돋우고 차기(箚記)를 살피다가 날이 밝으면 입계(入啓)하곤 했다. 그러므로 이산해의 수하에 있던 관원들이 감히 그 자제들을 위해 벼슬자리를 청탁하지 못하고, 친구들도 감히 사사로운 부탁을 하지 못했다. 『연려실기술』에 실린 그 당시의 상황을 보면 그가 얼마나 올곧게 살았는지를 알 수 있다.

공이 이조판서가 되어 병이 있다고 칭하고 나오지 않으니, 이이가 가보고, "국은(國恩)을 받았으니, 마땅히 직분을 다하여 보답해야 한다"라는 뜻으로 취임하기를 권고했다. 공은 일을 다스리고 정사를 하는데 청탁을 듣지 않으니, 이이가 듣고 "가히 세상 풍속을 구하겠다"라고 말했다.

당대의 천재였던 이이도 이산해를 칭찬했는데, 또 다른 내용이 『석담 일기(經筵日記)』에 다음과 같이 실려 있다.

대사헌 이이가 경연에서 "산해가 평시에 벼슬을 지낼 때는 다른 사람보다 나을 것이 없었는데, 이조판서가 됨에 이르러서는 모두 공의(公議)에 좇고 청탁을 행하지 않아 뜰 안이 쓸쓸하기가 가난한 선비 집 같고, 다만 착한 선비를 듣고 보아 벼슬길을 밝히는 것만을 마음에 두고 있으니, 이같이 수년만 지나면 세상 풍속에 거의 변화할 것입니다"라고 말했다.

임금이 이이의 말에 답했다. "산해가 재기(才氣)가 있으나, 능함을 자랑하는 의사가 없어 내 일찍이 유덕한 사람이라고 이른 바 있다."

또한 선조는 이산해를 자주 칭찬했다.

말은 마치 입에서 나오지 않을 것 같고, 몸은 옷을 가누지 못할 것 같으면서 한 덩어리 참다운 기운이 속에 차고 쌓여 있어서, 바라만 보아도 항상 공경할 마음이 생긴다.

이산해가 벼슬을 그만두겠다고 사직 상소를 올리자 선조는 다음과 같은 비답을 내렸다.

경(卿)이 이조판서가 된 뒤로 문밖에다 참새 잡는 그물을 설치할 정도라는 말을 듣고 내가 장차 경에게 보답하려 한다.

그러나 맑고 청렴한 벼슬아치가 오래 그 자리에 남아 있는 것이 모든 사람에게 다 마땅한 것은 아니었던지, 한 윤대관(輪對官)이 임금 앞에 나가서 아뢰었다. "한 사람이 오랫동안 전병(銓柄)을 잡고 있으면 권세가 한쪽으로 치우칠까 두렵습니다." 그 말을 들은 임금이 노해서 말했다. "너는 이조판서가 나의 사직(社稷)의 신하란 말을 듣지 못했느냐?"

그런 일이 있었는데도 이산해가 그 사람을 천거하자 임금은 다음과 같이 말했다. "저 사람은 경을 해치고자 하는데 경은 도리어 그 사람을 쓰려고 하니, 경의 아량은 미칠 수가 없구나."

3. 정여립 역모 사건의 소용돌이에서

선조 21년인 1588년 겨울에 좌우상(左右相)이 모두 비게 되자 소재(蘇齋) 노수신이 이산해를 천거하여 우의정에 임명되었다. 이때 선조는 공이 지나치게 겸손한 것을 염려하여 손수 글을 보내어 나오도록 권면하고 공에게 의뢰하고 돌보는 것이 매우 융숭했다. 이 해에 광국훈(光國勳)에 기록되고 항상 아성 부원군(鵝城府院君)의 칭호를 겸대했다. 1589년 위 기축년에 좌의정에 오르고, 이내 영의정으로 승진했는데, 그해 10월에 기축옥사라고 일컬어지는 정여립 역모 사건이 일어났다.

기축년인 1589년 10월 정여립이 역모를 도모했다는 황해 감사 한준의 비밀 장계가 올라왔다. 그날 밤 열린 중진 회의에서 선조는 정여립이 어떤 사람인지부터 물었다. 고변 내용을 몰랐던 영의정 유전과 좌의정 이산해는 알지 못한다고 대답했고, 우의정 정언신은 그가 "독서인임을 알 뿐"이라고 말했다. 당시 세 사람의 정승 모두가 동인이었다. 그런데 정언신이 했던 "정여립을 고발한 자들 10여 명만 죽이면 뜬 말이 스스로 가라앉을 것이다"라는 말에 대해, 19일 대사헌 홍성민이 선조에게 "정언신의 그 말에 신은 유홍과 더불어 혀를 찼고 이산해도 역시 그 불가함을 말했습니다. 그러나 정언신이 재삼 말하자 이산해도 '다시 생각해보니 솔직하게 말하면 우상의 말도 옳다'고 조금 굽혔습니다."

결국 정국(庭鞫)이 열려 정여립의 역옥(逆獄)을 다루었다. 당시에 조정의 의논이 엇갈리고 역변(逆變)이 사대부로부터 발생하니, 한쪽으로 피

조선 천재 열전

하여 편벽된 의논을 고집하는 자들은 이것을 기회로 자기와 의견이 다른 자들을 배척하고자 여기에 가담했다. 이리하여 소장(疏章)이 시끄러이 올라와 이산해를 적의 친당(親黨)이라고 배척했다. 대간이 또 김면, 정개청 등은 모두 이산해가 전관(銓官)의 자리에 있을 때 그들의 학행(學行)을 천거하여 올려 쓴 자인데 모두 연루되어 체포되었으니, 그만이 홀로 면할 수가 없다고 했다. 심지어 우의정 정언신과 함께 번옥(飜獄)의 말을 주장했다고 해서, 정언신을 더욱 급하게 국문했다.

이때 이산해는 교외(郊外)에 나가서 임금의 명령을 기다렸는데, 선조는 그 소장을 따끔하게 물리치고 공을 불러 국옥(鞠獄)에 돌아와 참여하도록 했다. 그러나 옥사를 국문하는 일이 해가 바뀌도록 이어져 피해가 극심하자, 이산해는 이를 민망히 여기고 마음 아파해서 매양 집에 돌아오면 식음을 폐하고 탄식하며 혹 문을 닫고 눈물을 흘렸다.

'좋은 의견을 구한다'는 선조의 하명에 사람들은 앞다투어 사람들을 고변했고, 여기저기 수많은 사람들이 투옥되어 죽어갔다. 그 참상을 보다 못한 이산해가 경인년(선조 23년) 봄에 이르러 상심(傷心)으로 인하여 병이 위중하자 다음과 같은 말을 남겼다.

한 사람의 죄 없는 자를 죽이는 것도 오히려 옳지 못한데 이제 선비들을 죄 없이 많이 죽여서 원기(元氣)가 없어졌으니 나라를 어찌하자는 말인가?

그는 그 당시의 상황을 못 견디어 여러 번 병이 깊음을 핑계로 벼슬을 사양했다. 그러나 선조는 이산해를 위로하고 타이르며 허락하지 않았다. 이산해는 동인의 영수였는데도 서인 측에 의해 동인들이 대거 화를 입은 기축옥사(己丑獄死) 때에도 아무런 화를 입지 않았다. 유성룡이 지은 『운

암잡록』에는 조선의 지식인 천여 명이 죽은 기축옥사가 이렇게 마무리되었다고 나온다. 화를 피한 것이 가슴에 깊이 남아 있던 이산해의 심중이 사위인 이덕형이 쓴 글에 다음과 같이 실려 있다.

난리를 치른 후에는 매양 말하기를 '기축년(선조 22년)에 억울하게 죄를 받은 사람들을 마땅히 먼저 신설(伸雪)해주어 사람들의 마음을 위로해주고 기쁘게 해주어야 할 것이니, 크게 기운(機運)을 회복시키는 방법은 인심을 수습하는 것 말고는 다른 것이 없다.

이산해는 1590년 영의정에 올라 종계변무(宗系辨誣)의 공으로 광국(光國) 공신에 책록되었다. 이듬해 서인의 영수인 정철이 건저문제(建儲問題)를 일으키자 유성룡과 함께 일을 꾸며서 정철을 탄핵했다. 그때의 상황을 김시양은 『부계기문(涪溪記聞)』에 다음과 같이 기록했다.

아계 이산해는 4세에 능히 글씨를 읽고, 5~6세에 능히 시를 짓고, 병풍과 족자에 글씨를 쓰니, 이름이 서울 장안에 떨치었다. 23세에 문과에 급제하여 처음으로 벼슬길에 올라 청환(淸宦)과 현직(顯職)을 역임했다.
자못 청렴하고 근신하여 당시 명성을 얻었다. 그러나 재상의 자리에 오른 뒤에는 벼슬길을 잃어버릴까 근심하는 마음이 생겼다. 공량이라는 자가 있으니 김빈의 아우다. 김빈은 임금의 총애를 받음이 후궁 중 으뜸이었다. 산해는 공량에게 종처럼 섬기어 자기의 지위를 굳히었다. 어두운 밤에 찾아다니며 애걸하되 종기를 빨고 치질을 핥는 일도 사양하지 않았으므로 도리어 청의(淸議)에서 죄를 얻었다.

　　　　　　　　　　　　조선 천재 열전

결국 그 사건으로 인해 기축옥사 이후 정권을 잡고 있던 서인들을 몰락시키고, 수세에 몰려 있던 동인들이 새로운 돌파구를 열게 되었다.

4. 임진왜란의 전란 속에서 탄핵당하다

1592년인 임진년(선조 25년) 4월에 왜구가 서울에 침입해오자 도성 안의 의논들이 함경도로 옮겨 피하고자 했다.

이산해는 '이 적(賊)은 본국(本國)의 적과 다르니 임금이 서쪽으로 파천해서 명나라에 급한 상황을 알려야 한다'는 의견을 개진했고, 결국 파천이 결정되었다. 이때 선조가 대신들을 불러놓고 세자 책봉에 관한 문제를 의논했다. 이때 왕비에게서는 아들이 없었다.

임금이 신하들에게 물었다. "누구로 정해야 하겠는가?" 이산해가 대답했다. "이는 인신(人臣)으로서 감히 참여할 일이 아니오니 다만 전하께서 생각하시어 판단을 내리실 뿐이옵니다." 그러자 선조가 "금상(今上, 광해군)이 어떻겠는가?"

이산해가 일어나서 절하고 대답했다. "종묘사직(宗廟社稷)과 신민들의 복이옵니다." 그리고 즉시 유사(有司)에게 명하여 책봉 의식을 갖추게 했다. 여러 관원들이 절하고 하례하는 일이 겨우 끝나자, 적이 이미 조령(鳥嶺)을 넘었다는 보고가 들어왔다. 이튿날 새벽에 임금의 행차가 서쪽을 향해서 떠나는데, 세자 역시 따라서 떠났다. 이산해는 그때 종묘사직의 신주(神主)를 받들고 따라갔다. 그 무렵 왜적의 형세가 하늘을 찌를 듯하여 멀고 가까운 데가 없이 모두 허물어지고 있었다.

선조를 보위하여 개성에 이르렀을 때, 양사로부터 나라를 그르치고 왜적을 침입하도록 했다는 탄핵을 받고 파면되어 흰옷을 입은 채 평양에

울진의 새 망양정. 이산해가 유배 시절 자주 올라 시름을 달래며 글을 썼던 정자로, 겸재 정선이나 단원 김홍도를 비롯한 수많은 문인들이 이 정자 일대를 두고 많은 그림과 글을 남겼다.

이르렀다. 이산해는 결국 강원도 평해군(平海郡)으로 부처(付處, 신하에게 어느 곳에 머무르게 하는 형벌)를 명받았다. 그가 이곳에 있을 당시, 그의 아내와 남매가 전란을 피해 천리 먼 길을 찾아왔다. 온갖 고초를 겪으며 찾아와 3년 동안 탈 없이 지낸 아들이 죽자, 그는 슬픈 제문을 지었다.

> 때때로 네가 죽을 줄도 모르고 지내다
> 소스라쳐 문득 정신이 들곤 한단다
> 통곡해도 소용없는 줄 익히 알지만
> 너무도 사랑했기에 억누르기 어렵구나

조만간에 임금의 성은이 내려 사면이 되면 말을 빌려 아들의 유골을 싣고 가서 고향의 산에 안장하고, 그가 죽으면 한 산기슭에 눕는 것이 소원이라고 글을 끝맺은 후에도, 그는 슬픈 시를 여러 편 썼다.

지난해엔 한 딸을 곡하고
올해엔 한 아들을 곡하네
죽은 자는 길이 가버렸고
산 자도 천 리 멀리 있다오
간 밤 꿈에 홀연히 보았더니
얼굴 모습이 옛날과 같았지
옷깃을 당겨 말을 걸려 하니
이미 안개 속에 사라져 갔네
관산은 아득히 험하고 먼데
오고 감이 어이 그리 빠른가
일어나 앉으니 방은 컴컴한데
달빛만이 창문 가득 비치누나

5. 유배지에서 꽃핀 문장

이산해가 평해로 유배를 왔을 때 그의 나이 54세였고, 이곳에서 3년 간의 유배 생활을 보냈다. 유배 생활 당시 그가 머물렀던 곳에 대해 쓴 『기성풍토기(箕城風土記)』를 보면 그 당시 다른 지역과 다른 이곳의 풍속을 알 수 있다.

이 지방의 풍속이 귀신을 숭배하여 집집마다 작은 사당을 짓고, 지전(紙錢) 이며 삼베를 걸쳐두고는 드나들 때마다 반드시 기도하니, 곳곳마다 모두 이러하다. 따라서 여인으로서 다소 의식이 풍족한 자는 모두 무당이다. 성 씨는 모두 손(孫)과 황(黃)이 많고, 명색이 향교에 소속되었다는 이들도 글 을 모르고 모두 활을 잡는다. 인심은 순박한 듯하지만, 실상은 싸움과 소 송을 좋아한다. 사람을 안장할 때는 산꼭대기에 묻고, 혼인을 할 때는 굳 이 먼 곳에서 구하지 않으며, 예법(禮法)은 소략하나 적서(嫡庶)의 구별은 분명하다.

이산해는 유배 생활 당시에도 이곳저곳을 다니며 많은 글을 남겼는 데, 그중 한 편이 『사동기(沙銅記)』라는 기문이다.

"내가 처음 기성에 유배 왔을 때 망양정으로부터 남으로 육칠 리가량 내려 와 이른바 사동이란 마을에 들러서 보니, 묏부리가 구불구불 뻗어 흡사 옆

울진 월송정. 관동팔경 중 한 곳인 울진 월송정은 이산해를 비롯한 시인 묵객들이 자주 찾았던 울진의 명승이다

드렸다 일어나는 듯, 뛰어올랐다 달려가는 듯, 난새와 봉황이 날개를 편 듯한 형국으로 둘러싸고 감싸 안아 한 동네를 이루고 있었다. 이에 마음속으로 기이하게 여겨, 굽이쳐 서리고 힘차게 맺힌 기운이 필시 물(物)에 모이고 사람이 모였을 터이나, 물은 기운을 홀로 가질 수 없으므로 반드시 걸출하고 재주가 뛰어난 선비가 이곳에 태어날 것이라고 생각했다.

(중략)

일찍이 사동산 서쪽, 마악(馬岳) 아래에 당(堂)을 지어 어버이를 모실 곳으로 삼았는데, 내가 당에 올라 조망해보았더니 산은 기이하진 않았으나 빼어나고 아름다웠으며, 골짜기는 그윽하진 않았으나 넓고 길었다. (중략) 뿐만 아니라 망망한 대해가 항상 침석(枕席) 아래 있었으며, 어촌의 집들이 백사장 사이로 은은히 비치고, 고기잡이배와 갈매기가 포구에 오가고 있었으니, 참으로 빼어난 경관이었다.

(중략)

동네가 사동으로 이름 붙여진 것은 사동산에서 뜻을 취했다. (중략) 바다 어귀엔 외로운 산이 있고, 산의 북쪽엔 포구가 있으니, 서경(西京)이 그 이름이다.

이곳 사동리 일대 갯마을은 자연산 돌김을 많이 따내는 지역이다. 12월 초부터 이듬해 2월 하순까지 석 달에 걸쳐 돌김 채취 작업이 이루어지는데, 그 시기가 혹한과 맞물려 있어 주민들을 분주하게 만든다.

이곳은 진나라 백성들이 이주해 정착한 곳으로, 그들의 풍속과 습속이 지역 문화에 배어 있기도 하다. 그것은 소동파의 『원경루기(遠景樓記)』에서 확인할 수 있는데, 그 비슷한 내용이 이산해의 『해빈단호기(海濱蛋戶記)』에도 기록되어 있다.

내가 처음 유배지로 갈 때 기성(箕城) 경내로 들어서니, 날이 이미 캄캄하여 사동 서경포(西京浦)에 임시로 묵게 되었다. 이 포구는 바다와의 거리가 수십 보가 안 되고 띠풀과 왕대 사이에 민가 십여 채가 보였는데, 집들은 울타리가 없고 지붕은 겨릅과 나무껍질로 이어져 있었다. 맨땅에 한참을 앉았노라니, 주인이 관솔불을 밝혀 비추고 사방 이웃에서 사람들이 구경하러 모여들었다. 그들은, 남자는 쑥대머리에 때가 낀 얼굴로 삿갓도 쓰지 않았으며, 여자는 어른 아이 없이 모두 머리를 땋아 쇠비녀를 자르고 옷은 근근이 팔꿈치를 가렸는데, 말은 마치 새소리와 같이 괴이하여 알아들을 수가 없었다. 방으로 들어가니 비린내가 코를 휘감아 구역질이 나려 했으며, 이윽고 밥을 차려 왔는데 소반이며 그릇에서 모두 악취가 나서 가까이 할 수가 없었다.

주인 할아범과 할멈이 곁에서 수저를 대라고 권하기에 먹어보려 했지만 도저히 먹을 수가 없었다. 이에 내가 몹시 놀라, 궁향 벽지에는 반드시 별종의 추한 인종이 세상에는 알려지지 않은 채 살고 있나 보다 생각했다. 그 후 사람들에게 물어본 즉 이곳이 이른바 바닷가의 단호(蛋戶, 미개인의 집)란 것으로 기성에만 열한 곳이 있으니, 여음(餘音), 율현(栗峴), 구미(鷗尾), 해진(海津), 정명(正明), 박곡(朴谷), 표산(表山), 도현(陶峴), 망양정(望洋亭) 등이며 사동도 그중 하나다.

평해에서 보낸 고난에 찬 3년간의 유배 기간이 그의 문학적 완성의 계기였다고 볼 수 있다. 현재 『아계유고(鵝溪遺稿)』에 실려 있는 840여 수의 시 중 절반이 넘는 483수가 이 기간에 지어졌다. "그의 시는 초년에 당시(唐詩)를 배웠고, 만년에 평해로 귀양 가 있으면서 조예가 극도로 깊어졌다"라고 말한 허균의 평가에서도 알 수 있다. 그 당시 상황이 김시양이 지은 『부계기문』에 자세히 실려 있다.

공론(公論)을 좇아 이산해를 평해로 귀양 보냈다. 그러나 임금의 권애(眷愛)는 줄지 않았다. 을미년에 정승 정탁이 그를 석방하여 돌아오게 하기를 청했는데, 아마 임금의 뜻을 영합한 것이리라. 이산해는 다시 조정에 들어오기를 바랐는데, 그때 유성룡이 국정을 맡고 있으면서 그것을 저지하니, 이산해가 원망하는 마음이 골수에 사무쳤다. 그의 무리와 함께 제거하기를 꾀하여 무술년에 이르러 드디어 서애를 축출하고 자신이 대신 정승이 되었다.

이산해는 1595년에 풀려나 영돈녕부사로 복직되었고, 대제학을 역임했다. 기해년인 1599년에 다시 영의정에 임명되었다가 파직되었고,

안동 병산서원 만대루. 유성룡을 모신 병산서원의 만대루는 여러 서원 가운데 가장 아름다운 누각으로 손꼽힌다.낙동강을 바라보며 서 있다.

신축년인 1601년에 다시 부원군에 임명되었지만 병이 깊어졌다. 그 소식을 들은 임금은 승지를 보내어 위문하고 내의(內醫)를 보내어 치료하게 하고 자주 약을 내렸지만 끝내 일어나지 못했다.

결국 광해군 2년인 1609년 3월에 자손과 친척들이 다 모인 가운데 지난했던 한 생애를 마감했는데, 그때 그의 나이 71세였다.

임금이 이 소식을 듣고 몹시 슬퍼하여 3일 동안 조회(朝會)를 폐지하고, 특별히 슬프다는 하교(下敎)를 내렸다. 그리고 유사(有司)에게 명하여 상사(喪事)에 쓸 물건을 보내주어 장례를 치르는 데 불편함이 없도록 했다.

6. 후대의 평가

이산해는 세상 물정에 대해 데면데면하였으며, 걱정스러운 일이 닥치거나 횡포(橫暴)한 일이 가해지더라도 그저 자신의 마음에 돌이켜보아 반성하고 남을 원망하지 않았다. 그런 그의 성품 때문에 유배 생활을 할 때에도 간혹 말 한 필에 동복(童僕) 하나만을 데리고 산수를 왕래하면서, 오직 외로운 구름이나 홀로 나는 새를 보는 것을 낙으로 삼았다.

하서(河西) 김인후는 이산해의 시문(詩文)을 가리켜 다음과 같이 말했다.

비유컨대 마치 공중에 지어 놓은 누각(樓閣)과 같아서 천성에서 나오지 않은 것이 없으니, 만일 착실하게 글을 읽었더라면 그저 그런 하찮은 말이 되고 말았을 것이다.

이산해는 평상시에 수많은 글을 지었는데, 많은 글들이 병화(兵火)에 없어졌고 몇백 편만이 남아 세상에 전해오고 있다.

젊어서부터 당시 사람들의 인망(人望)을 한 몸에 졌고 일찍 재상의 반열에 올랐건만, 기왓장 하나 덮을 집과 한 두둑의 곡식 심을 땅이 없이 항상 집을 빌어서 사니 쓸쓸하고 간고(艱苦)하기가 말이 아니었다.

손님이 오면 혹 말안장을 내다가 깔고 앉게 했고, 비가 내리면 자리로 새

         조선 천재 열전

는 것을 가리면서 떨어진 옷과 거친 음식으로 지냈지만 태연했다. 그 아들 참의(參議)가 공의 쇠경(衰境)에 편안히 거처하지 못하는 것이 민망해서 집 하나를 짓겠다고 청하자, 공은 말하기를 "내 소성(素性)을 온전히 하는 것 이 진실로 마음이 편안한 것이니 거처하는 곳이 더럽다고 무슨 병이 되겠는가?" 하였다.

겨울에 겉옷 하나가 없고, 여름에 남는 옷이 없어서 졸(卒)한 뒤에 부의(賻儀)를 기다려서 염습(殮襲)하고 입관(入棺)할 지경이었다.

가난하면서도 남에게 물건을 주기를 좋아했던 이산해는 녹(祿)으로 받은 곡식을 이웃 마을이나 친척 중에 가난한 사람들에게 주어 구제했고, 제사를 지낼 때에는 반드시 몸소 음식을 만들어서 비록 몹시 추운 때나 몹시 더운 때에도 늙어서까지 게을리 하지 않았다. 자식들이 딸이나 며느리에게 맡기고 쉬라고 청하면 이렇게 말했다. "내가 음식을 만들지 않으면 제사를 지내지 않는 것과 같다. 내가 내 정성을 다하는 것은 조금도 몸이 상하지 않는다."

조선의 사대부들이 가장 천시했던 것이 일하는 것이었고, 그중에 음식을 만드는 것은 종이나 여자의 몫이었는데, 제사 음식을 손수 만들었다니 얼마나 대단한 일인가? 그가 죽은 뒤 『광해군일기』에 실록의 사관이 다음과 같은 글을 남겼다.

아성부원군 이산해가 죽었다. (중략) 이산해는 어려서부터 지혜롭고 총명 하여 일곱 살에 능히 글을 지어서 신동이라 불리었다. 자라서는 깊은 마음 에 술수가 많아서 밖으로는 비록 어리석은 듯하지만, 임기응변을 할 때에 는 변화무쌍하여 귀신과 같았다. 오래 이조판서에 있다가 재상이 되었다.

충남 예산군 대술면에 있는 이산해 묘는 충청남도 기념물 제184호로 지정되어 있다.

그가 처음 여러 관직을 임명할 때에는 청탁을 완전히 끊어서 그의 집 문 앞이 엄숙하니, 사람들이 그의 사심이 없음을 칭송했다.

(중략)

마음의 술수는 대개 임금의 뜻을 받들고 영합하여 교묘히 아첨함으로써 먼저 임금의 뜻을 얻은 뒤에, 몰래 역적이란 이름으로 남을 모함했다. (중략) 기자헌이 일찍이 말하길 '이산해는 아마 용과 같은 사람이다. 붕당이 있은 뒤로 이와 같은 사람을 처음 보았다'라고 했다. 아마도 그 지혜와 술수에 깊이 감복하여 상대하기 어려움을 꺼려서 한 말일 것이다.

실록의 사관은 한 사람이 죽으면 그 사람에 대하여 칭찬의 말과 함께 그 사람의 결점을 낱낱이 드러낸다. 그는 천재였기에 술수에 능했을까? 아니면 난세를 헤쳐나가기 위한 삶의 방식이었을까? 천재의 역량을 제대로 표출하지 못하고 한 생애를 살았던 것은 결국 16세기 조선이 처했던 시대의 탓이라고 보는 것이 타당할 것이다.

이산해의 사위 이덕형은 「이산해 묘지명」에 다음과 같은 글을 남겼다.

일찍이 재지(才智)를 가지고 남 앞에 나서는 일이 없었다. 말도 유창하지 않고, 몸놀림도 느려서 마치 무능한 사람처럼 보였다. (중략) 평소 사람을 상대하는 태도가 매우 자상하고 신중했다.

북인의 영수였던 이산해는 어려서부터 총명하여 신동으로 불렸고, 정치가로서의 활약이 두드러진 동시에, 문장이 뛰어나 선조 임금 당시에 8대 문장의 한 사람으로 손꼽혔다. 그러나 그는 율곡 이이, 송강 정철과 친구였음에도 안타깝게 당파가 갈린 뒤 멀어졌다. 그가 남긴 저서로 『아계유고』가 있고, 시호는 문충공(文忠功)이었다.

아, 사람이 마음을 기름은 진실로 거처의 우열에 달려 있지는 않으니, 마음이 만약 흐리다면 비록 풍악산 정상에 앉아 있더라도 저잣거리의 시끄러운 소음을 듣는 것과 다를 바 없을 것이고, 마음이 만약 맑다면 비록 진흙탕 속에 떨어져 있다 하더라도 마치 물외의 경계에 노니는 것과 같을 것

이산해 사당. 이산해의 묘 아래에 세워진 이산해 선생을 모시는 사당이다.

이다. 이런 까닭에 옛사람 중에는 번화한 저잣거리에서 대장장이나 장사치들 속에 몸을 숨기고 산 사람들이 있었으니, 그 자취는 비록 더러웠지만 마음만은 깨끗했던 것이다.

그가 남긴 「유광흥사기(遊廣興寺記)」라는 글인데, 그의 한평생을 잘 드러내 보여준다. 이러한 마음을 가지고 살았던 그의 한평생은 얼마나 힘겨웠을까?

허난설헌

조선의 천재 여류 시인

(1563~1589)

1. 천재적 가문에서 태어나 글을 익히다

조선 역사상 여류 시인 중 가장 빼어난 시를 썼다는 평을 받은 허난설 헌은 조선 중기, 명종 18년인 1563년에 태어났다. 그의 본명은 초희(楚 姬), 자는 경번(景樊), 호는 난설헌(蘭雪軒)으로 허봉의 동생이며 허균의 누이다. 아버지 허엽이 첫 부인 청주한씨(淸州韓氏)에게서 허성과 두 딸 을 낳고 사별한 뒤, 강릉김씨 광철의 딸과 다시 결혼하여 봉, 초희, 균 3남 매를 두었다.

허난설헌은 천재적 가문에서 성장하면서, 어릴 때 오빠와 동생의 틈 바구니에서 어깨너머로 글을 배웠다. 여자이면서 어려운 한시를 배울 수 있었던 것은 아버지 허엽이 아들딸을 구분하지 않고 학문을 가르쳤기 때 문에 가능했다.

특히 허봉은 허난설헌의 오빠일 뿐만 아니라 문학적 스승이었다. 허 봉은 오빠나 형으로서가 아니라 스승으로서 난설헌과 동생 균을 보았다. 그래서 가장 유능한 스승을 천거했는데, 그 사람이 바로 그의 친구인 손 곡(蓀谷) 이달이었다.

그 당시 사회적 흐름이 변화하면서 수많은 여자들이 글을 썼는데, 그 대표적인 사람이 신사임당과 황진이, 이매창 그리고 최경창을 사랑했던 홍랑 같은 이들이다. 더불어 허난설헌이 자유롭게 공부에 매진하여 그의 문장을 세상에 드러낼 수 있었던 것은 양천허씨 가문의 개방성과 자유로 운 사고 같은 가풍이 있었기 때문이었다.

강릉 허난설헌의 생가. 허균의 누이인 허난설헌이 태어난 강릉시 초당마을의 옛집이다.

허난설헌이 태어난 다음 해에 아버지 허엽이 경주 부윤이 되었고, 곧바로 대사성이 되어 서울로 올라왔다. 난설헌의 어린 시절은 유복하고 행복했다. 아버지와 오빠들의 벼슬길이 순탄했고, 허봉은 누이 난설헌에게 두보의 시집을 주면서 시 짓기를 권하기도 했다. 그가 지은 『하곡집(荷谷集)』에는 「두율(杜律) 시집을 누이동생 난설헌에게 주다」라는 글이 실려 있다.

이 두율 1책은 문단공 소보가 가려 뽑은 것인데, 우(虞)의 주석에 비하면 더욱 간명하면서 읽을 만하다. 만력 갑술년(1574년)에 내가 임금의 명을 받들어 황제의 생신을 축하하러 갔다가 섬서성의 큰 인물 왕지부를 만나서 하루가 다하도록 얘기를 나누었다.

헤어질 때 이 책을 내게 주기에 내가 상자 속에 보물처럼 간직한 지 몇 해
가 되었다. 이제 귀하게 잘 묶어 네게 보여주니, 내가 열심히 권하는 뜻을
저버리지 않으면 희미해져가는 두보의 소리가 누이의 손에서 다시 나오게
할 수도 있을 것 같다.

2. 신선에게 초대받아 지은 상량문

아름다운 용모에 천품이 뛰어났던 난설헌은 여덟 살의 어린 나이에
「광한전백옥루상량문(廣寒殿白玉樓上樑文)」을 지었다. 이 상량문을 지
은 뒤부터 여신동이라 칭송받았다. 이것은 목판본 『난설헌집』에 유일하
게 전하는 산문으로, 그의 동생 허균이 1605년 충천각에서 당대의 명필
인 한석봉에게 부탁하여 그의 글씨로 써서 1차로 간행되었다. 이 목판본
은 1606년 우리나라에 왔던 중국 사신 주지번에 의해 중국으로 건너갔
으며, 1608년 4월에 간행된 『난설헌집』에 실려 있을 뿐, 원본 글씨나 목

대관령 옛길의 안개. 허난설헌이 강주읍 초월읍으로 시집을 가던 길에 넘었던 대관령 옛길에 안개가 자
욱하다.

허난설한 집 근처의 소나무. 강릉의 명물인 소나무가 허난설헌 집 근처에 빼곡하게 들어차 있다. 조금만 걸어가면 강릉 경포대가 펼쳐져 있고, 동쪽에는 경포대 해수욕장이 있다.

판을 찾을 수 없고 탁본만 국내에 전할 뿐이다.

상량문은 집을 지을 때 대들보를 올리며 행하는 상량 의식을 위한 글이다. 허난설헌이 지은 상량문은 신선 세계에 있는 상상의 궁궐인 광한전 백옥루 상량식에 많은 신선이 초대되고 기술자가 있었지만 상량문을 지을 시인이 없자, 허난설헌을 초대하여 상량문을 지었다는 내용이다. 이 글의 첫 부분은 광한전 주인의 신선 생활을 묘사하고, 그가 여러 신선들을 초대하기 위해 광한전을 짓게 된 배경을 묘사한다.

어영차, 동쪽으로 대들보 올리세. 새벽에 봉황 타고 요궁에 들어가 날이 밝자 해가 부상 밑에서 솟아올라 일만 가닥 붉은 노을 바다에 비쳐 붉도다. 어영차, 남쪽으로 대들보 올리세. 옥룡이 하염없이 구슬못 물 마신다. 은평상에서 잠자다가 꽃그늘 짙은 한낮에 일어나, 웃으며 요희를 불러 푸

조선 천재 열전

른 적삼 벗기네. 어영차, 서쪽으로 대들보 올리세. 푸른 꽃 시들어 떨어지고 오색 난새 우짖는데, 비단 천에 아름다운 글씨로 서왕모 맞으니, 날 저문 뒤에 학 타고 돌아가길 재촉한다. 어영차, 북쪽으로 대들보 올리세. 북해 아득하고 아득해 북극성에 젖어드는데, 봉새 날개 하늘 치니 그 바람 힘으로 물이 높이 치솟아 구만리 하늘에 구름 드리워 비의 기운이 어둑하다. 어영차, 위쪽으로 대들보 올리세.

허난설헌이 지은 이 글은 그 당시 여성으로는 감히 이룰 수 없는 현실의 한계를 뛰어넘어 가상의 선계(仙界)를 그린 것으로 주목을 받았다. 또한 자신이 이상세계 속 주인공으로 변신하는 모습을 그렸다는 점에서 현실초극의 사상도 담겨 있다. 훗날 정조도 이 글을 읽고 감탄해 마지않았다고 한다.

3. 불행한 결혼 생활 가운데 요절하다

　　허난설헌은 동생 허균과 같이 이달에게 시를 배웠으며, 열다섯 살 때 안동김씨(安東金氏)였던 김성립과 결혼했다. 김성립은 1589년 증광문과에 병과로 급제하고 홍문관저작에 올랐다. 당시 양반가 대다수가 여자들에게 글을 가르치지 않았던 시기에, 더더구나 시를 쓰는 며느리는 시어머니에게 달갑지 않은 존재였을 것이다. 허난설헌의 시어머니는 지식인 며느리를 이해하지 못했기에 갈등의 골이 깊었다. 또한 남편 김성립 역시 그런 아내를 이해하고 사랑하기보다는 과서 공부를 핑계 삼아 바깥으로 돌며 가정을 등한시했다. 그런 이유로 두 사람의 부부관계는 원만하지 못했다.

　　김성립은 급제한 뒤 관직에 나갔지만 가정의 즐거움보다 풍류를 더 즐겼던 사람이었다. 그 내면에는 너무 똑똑한 아내에 대한 콤플렉스도 작용했다고 한다. 그 무렵 난설헌이 지었던 시가 「규원(閨怨)」과 「강남곡(江南曲)」이다.

> 달 밝은 누각 텅 빈 방에 가을 저물고(月樓秋盡玉屛空)
> 서리 내린 강 언덕에 기러기 날아가네(霜打蘆洲下暮鴻)
> 거문고를 타고 있으나 듣는 이 없고(瑤琴一彈人不見)
> 연꽃이 연못 가운데 뚝뚝 떨어지네(藕花零落野塘中)

사람은 강남의 즐거움을 말하나(人言江南樂)

나는 강남의 근심을 보고 있네(我見江南愁)

해마다 이 포구에서(年年沙浦口)

애타게 떠나는 배를 바라보고 있는 것을(腸斷望歸舟)

허균은 훗날 자신의 매형인 김성립을 『성소부부고(惺所覆瓿藁)』 제
24권에서 다음과 같이 평했다.

세상에 문리(文理)는 부족하면서도 글은 잘 짓는 이가 있다. 나의 매부 김
성립은 경사(經絲)를 읽으라면 입도 떼지 못하지만, 과문(科文)은 요점을 정
확히 맞추어서 논책(論策)이 여러 번 높은 등수에 들었다.

허균의 평에서 알 수 있듯이 그는 밖으로 표출은 잘 못하지만, 학문의
요점을 잘 짚어내는 고집 세고 고지식한 사람이었다.

시어머니의 학대와 질시 때문에 버거웠던 허난설헌에게 불행이 닥쳐
왔다. 사랑하던 남매를 돌림병으로 잃은 것이다. 설상가상으로 뱃속의 아
이까지 잃는 큰 아픔을 겪게 된다. 그때의 심정이 「곡자(哭子, 아들을 여의
고 곡을 하며)」라는 시에 담겨 있다.

지난해는 사랑하던 딸을 여의고(去年喪愛女)

올해는 사랑하던 아들을 잃었네(今年喪愛子)

슬프고도 슬픈 광릉의 땅이여(哀哀廣陵土)

두 무덤 마주 보고 나란히 섰구나(雙墳相對起)

사시나무 가지에 소소히 바람 불고(蕭蕭白楊風)

경기도 광주시 초월읍에 있는 허난설헌의 묘 옆에 허난설헌 아이들의 무덤이 있다.

도깨비 불빛은 숲속에서 빈쩍이는데(鬼火明松楸)

지전을 뿌려서 너희 혼을 부르노라(紙錢招汝魂)

너희들 무덤에 술잔을 붓노라(玄酒奠汝丘)

아! 너희들 남매 가없은 외로운 혼은(應知第兄魂)

생전처럼 밤마다 놀고 있으리(夜夜相追遊)

이제는 또다시 아기를 가진다 해도(縱有服中孩)

어찌 무사하게 키울 수 있으랴(安可冀長成)

하염없이 황대의 노래 부르며(浪吟黃臺詞)

통곡과 피눈물을 울며 삼키리(血泣悲吞聲)

그뿐만 아니라 당시에 스승이나 다름없었던 오빠 허봉까지 세상을 떠나버렸다. 비극의 연속으로 삶의 의욕을 잃은 허난설헌은 만 권 책을 벗하면서 문학의 열정으로 아픈 심사를 달랬다.

그 무렵 허난설헌은 「삼한(三恨, 세 가지 한탄)」을 노래했다. 그 첫 번째가 '조선에서 태어난 것'이요, 두 번째는 '여성으로 태어난 것'이요, 세 번째는 '남편과의 금슬이 좋지 못한 것'이라 했다. 풀어 말하면 그의 시적 재능을 널리 알릴 수 없는 좁은 풍토에서 태어난 것을 원망한 것이고, 남자로 태어나 마음껏 삶을 노래하지 못한 것을 한탄한 것이다. 결국 허난설헌은 한과 원망을 가득히 안고 27세의 젊은 나이에 지난했던 생을 마쳤다.

4. 방 한 칸을 시로 가득 채웠던 천재 여류 시인

허난설헌의 나이 스물세 살 때 어머니의 초상을 당하여 친정에 가 있으면서 꿈을 꾸었다. 신선이 사는 곳에 올라가 노닐면서 온갖 구경을 다 하다가 한 줄기 붉은 꽃이 구름을 따라 날다가 아래로 떨어지는 꿈이었다. 그 꿈을 꾸고서 시 한 편을 지었다.

푸른 비단 신선이 사는 오해에 젖어들고(碧海浸瑤海)
청난은 채봉을 기대었구나(靑鸞倚彩鳳)
연꽃 서른아홉 송이가(芙蓉三九朵)
서리같이 싸늘한 달빛 아래 지는구나(紅墮月露寒)

허균은 누이가 지은 이 시를 다음과 같이 평했다.

이 시를 짓고서 이듬해에 신선 되어 올라갔구나. 3에 9를 곱하면 27로서 누님 나이와 같으니, 인사에 있어 미리 정해진 운명을 어찌 피할 수 있겠는가.

그해 남편 김성립은 문과에 급제했다. 그러나 그 시대에 문명(文名)이 높았다고 알려진 김성립의 명도 길지 않았던지, 1592년 임진왜란 때 죽

조선 천재 열전

고 말았다.

허난설헌이 지은 시가 천여 편을 넘어 방 한 칸을 채우고도 남았다고
한다. 그러나 죽기 전에 난설헌은 자기의 작품을 다 불태워버렸다. 허균은
다음 해에 누나가 자신에게 보내주었던 시들과, 자신이 외우고 있던 시들
을 회상하여 『난설헌집(蘭雪軒集)』을 펴냈다. 그 시대 일부 사람들은 허
균이 허난설헌을 높이기 위해 스스로 지은 시를 누이의 시라고 속였다고
도 했다. 그것은 그가 반역으로 몰려 죽임을 당하자, 그의 위선을 드러내
기 위해 퍼뜨린 말이었다.

뛰어났던 시인인 허난설헌은 불행했던 결혼 생활에서 끝내 헤어나지
못하고 세상을 하직했다. "여자는 제 고장 장날을 몰라야 팔자가 좋다"라
는 속담이나 "여자는 그릇 한 죽을 셀 줄 몰라야 복이 많다"라는 속담이
있다. 그런 삶을 살았던 여자들과 달리 허난설헌은 세상에 둘도 없는 천
재 시인이었다. 그런 까닭에 일생이 기구할 수밖에 없었다.

허균은 누이의 죽음을 두고 「훼벽사(毁璧辭, 구슬이 깨어진 사연)」라는
글로 애통한 마음을 표현했다.

돌아가신 나의 누님은 어질고 문장이 있었으나 그 시어머니에게 인정을
받지 못했다. 또 두 아이를 잃었으므로 천추의 한을 품고 돌아가셨다. 언
제나 누님을 생각하면 가슴 아픔이 어쩔 수 없다. 황태사(黃太辭)의 사(辭)
를 읽게 되었는데, 그가 홍씨에게 시집간 누이동생을 슬퍼한 정이 너무나
애절하고 슬퍼서, 그로부터 천년이 지난 후 동기간을 잃은 슬픔이 이처럼
같기에 그 문장을 본떠서 슬픔을 토로한다.

구슬 깨져라. 진주 떨어졌으니

당신 생애 행복하지 않았어라

하늘이 부여한 자질 어찌 그리도 풍부하였으며

어찌 그다지 혹독하게 벌 내려주고 뺏기를 빨리 하였느냐

거문고 비파 버려져 타지 아니하고

아침 밥상 놓였으나 임 맛보지 못하누나

고요한 침실 처절하게 조용하니

파릇파릇 난초 싹 서리에 꺾였구려

돌아가 소요하시련가

애통해라 뜬 세상 한순간

갑자기 왔다 홀연히 떠나

세월 오래 머물지 않았어라

광릉 무덤 길 구름 뭉게뭉게

유궁에 햇빛도 흐리어라

층림(層林) 울창하여 아스라이 어두운데

혼 어디메로 날아가나

머나먼 곳 요압 찾아가소

백옥루 어디멘가

돌아가 소요하며

줄지은 신선 따라 즐겁게 지내소서

하계는 급류이고 온갖 잡귀 질주하는 곳

가볍게 구름 속에 멀리 올라가

무지개로 깃발 하고 난세로 멍에 하여

산천 바라보고 냉랭한 장풍 타고 가서

요지(瑤池)에서 서왕모께 술 따를 때

조선 천재 열전

삼광(三光) 나열(羅列)하여 밑에 있으리다

오직 살아 있는 나만이 슬픔 안고서

높은 하늘 바라보며 창자 뒤틀린다오

돌아가 소요하소서

상제 뜰 안은 노닐 만하오이다

『성소부부고』 제3권에 실린 글이다. 또한 허균은 그 글을 쓰고도 슬픔이 가시지 않자, 다음과 같이 누이 허난설헌을 애석해했다.

> 누님의 시문은 모두 천성에서 나온 것들이다. 유선시(遊仙詩)를 즐겨 지었는데, 시어가 모두 맑고 깨끗하여, 음식을 익혀 먹는 속인으로는 미칠 수가 없다. 문도 우뚝하고 기이한데, 사륙문(四六文)이 가장 좋다. 「백상루상량문」이 세상에 전한다. 중형이 일찍이 "경번(景樊)의 재주는 배워서 그렇게 될 수가 없다. 모두가 이태백과 이장길의 유음이다"라고 말한 적이 있다.
>
> 살아서는 부부 사이가 좋지 않더니, 죽어서도 제사를 받들어 모실 아들 하나 없구나. 아름다운 옥이 깨어졌으니 그 슬픔이 어찌 끝나랴.

봉건 사회의 모순과 연이어 일어났던 가정의 참화 때문인지는 몰라도 그의 시 213수 가운데 속세를 떠나고 싶은 신선시가 128수나 된다. 그만큼 허난설헌이 신선 사상에 심취했던 것을 알 수 있다. 허난설헌의 문학은 살아 있을 당시보다 사후에 더 빛났다.

허균은 누이 난설헌이 지은 작품 일부를 사신으로 왔던 명나라 시인 주지번에게 주었다. 주지번은 중국에서 『난설헌집』을 간행했고, 당시 낙

용인시 원삼면 맹 2리에 있는 허균 집안의 묘역. 아버지, 허엽, 허성, 허봉, 허균의 가묘가 있고, 그곳에 허난설헌의 시비가 세워져 있다.

양의 종이 값을 올려놓았다고 할 만큼 격찬을 받았다. 그때 주지번의 찬사는 다음과 같다.

허씨 형제의 문필은 뛰어났고, 특히 난설헌의 시는 속된 세상 바깥에 있는 것 같다. 그 시구는 모두 주옥같고, 그 형제들은 동국의 귀한 존재들이다.

또한 중국의 『양조평양록(兩朝平攘錄)』에는 "장원 허균의 누이가 일곱 살에 시를 지었으므로 온 나라에 여신동이라고 불렸다"라는 기록이 있다.

조선 천재 열전

5. 후대의 평가

허난설헌은 스물일곱 살 나이에 '아깝게도 가벼이' 세상을 떠나고 말았다. 유고집에 『난설헌집』이 있다. 작품으로는 시에 「유선시(遊仙詩)」, 「빈녀음(貧女吟)」, 「곡자(哭子)」, 「망선요(望仙謠)」, 「동선요(洞仙謠)」, 「견흥(遣興)」 등 총 142수가 있고, 가사에 「원부사(怨婦辭)」, 「규원가(閨怨歌)」, 「봉선화가(鳳仙花歌)」가 있다. 이 가운데 「규원가」는 허균의 첩무옥(巫玉)이, 「봉선화가」는 정일당김씨(貞一堂金氏)가 지었다는 설도 있다.

일본에서도 숙종 37년인 1711년 분다이야 지로가 간행하여 국제적 명성을 얻었고, 일본인들에 의해 애송되었다.

한말의 유학자인 매천 황현은 허봉, 허난설헌, 허균을 일컬어 '초당 집안의 세 그루 보배로운 나무'라고 칭했다.

서애 유성룡도 『서애집(西厓集)』에서 「『난설헌집』 뒤에 발함」이라는 글을 남겼다.

"내 친구 허미숙(許美叔, 허봉의 자)은 세상에서 보기 드문 뛰어난 재주를 가지고 있는데 불행히 일찍 죽었다. 나는 그 유문(遺文)을 보고 정말로 무릎을 치면서 칭찬해 마지않았다. 하루는 미숙의 아우 단보(端甫, 허균의 자)가 그의 죽은 누이가 지은 『난설헌고』를 가지고 와서 보여주었다.

나는 놀라서 물었다. "이상하도다. 부인의 말이 아니다. 어떻게 하여 허씨 집안에 뛰어난 재주를 가진 사람이 이토록 많단 말인가?" 나는 시학(詩學)에 관하여는 잘 모른다. 다만 보는 바에 따라 평한다면 말을 세우고 뜻을 창조함이 허공의 꽃이나 물속에 비친 달과 같아서 형철영롱(瑩澈玲瓏)하여 눈여겨볼 수밖에 없고, 소리가 울리는 것은 형옥(珩玉)과 황옥(璜玉)이 서로 부딪치는 것이요, 남달리 뛰어나기는 숭산(崇山)과 화산(華山)이 빼어나기를 다투는 듯하다. 가을 부용은 물 위에 넘실대고 봄 구름이 공중에 이롱진다. 높은 것으로는 한나라의 제가(諸家)보다도 뛰어나고, 그 사물을 보고 정감을 일으키며 시절(時節)을 염려하고 풍속을 민망하게 함에 있어서는 열사(烈士)의 기풍이 있다. 한 가지도 세상에 물든 자국이 없으니 백주(柏舟) 동정(東征)이 오로지 옛날에만 아름다울 수 없다.

나는 단보에게 이렇게 말했다. "돌아가 간추려서 보배롭게 간직하여 한 집안의 말로 비치하고 반드시 전하도록 하는 것이 옳다."

하지만 광해군 때인 1612년 종성에서 유배 중에 김시양이 지은 『부계기문』에서는 허난설헌의 문학을 다음과 같이 부정적으로 그리고 있다.

저작(著作) 김성립의 아내는 허균의 자씨인데, 문장에 능했다. 일찍 죽으니 허균이 그의 유고를 수집하여 제목을 『난설헌집』이라고 하고, 중국 사람에게 발문을 받기까지 하여 그 전함을 빛나게 했다.

어떤 사람은 '거기에는 남의 작품을 표절한 것이 많다'라고 했으나, 나는 본래부터 그 말을 믿지 않았다. 내가 종성으로 귀양 오게 되었을 때 『명시고취(明詩鼓吹)』를 구해보니, 허씨의 시집 속에 있는 "아름다운 거문고 소리 누에 떨치니 봄 구름 따사롭고, 패옥이 바람에 울리는데 밤 달이 차가워라"라고 한 율시 여덟 글 구가 고취(鼓吹)에 실려 있는데, 바로 영락(永樂)

조선 천재 열전

연간의 시인 오세충이 지은 것이었다. 나는 여기서 비로소 어떤 사람이 한 말을 믿게 되었다. "아아! 중국 사람의 작품을 절취하여 중국 사람의 눈을 속이고자 하니, 이것은 남의 물건을 훔쳐다가 도로 그 사람에게 파는 것과 무엇이 다르겠는가?

이수광이 지은 『지봉유설』에도 그와 같은 이야기가 남아 있다.

난설헌 허씨는 전한 허봉의 누이로 정자 김성립의 아내다. 근대 규수의 제일이 되었는데, 일찍 요절했다. 다만 시집이 세상에 남아 있다.
그런데 평생 금슬이 좋지 못했기 때문에 원망하는 생각으로 지은 것이 많았다. 「채련곡(采蓮曲)」에서는 "깨끗한 가을 호수에 푸른 옥이 흐르는데, 연꽃 깊은 곳에 난초 배를 베었네. 낭군을 만나 물을 격해 연밥을 던지지, 멀리서 남이 알까 봐 반나절을 부끄러워하네"라고 했다. 중국 사람이 이 시집을 사갔고, 심지어 귓속말(耳談)에까지 들어갔다. 김성립이 젊었을 때 강가에 있는 집에서 글을 읽는데, 난설헌이 시를 보내 말하기를 "제비가 비낀 처마를 잡고 쌍쌍으로 나니, 떨어지는 꽃 어지러이 비단옷을 때리네. 동방(洞房) 저 멀리 봄 뜻이 상하니, 풀은 강남에 푸르고 사람은 돌아오지 않네"라고 했다.
그러나 이 두 작품이 유탕(流蕩)에 가깝기 때문에 문집 속에는 실려 있지 않다. 『난설헌집』 속의 「금봉화염지가(金鳳花染指歌)」는 명나라 사람의 시에 있는 "거울에 떨친 화성(火星)은 밤 달에 흐르고 그린 눈썹의 붉은 비는 봄 산에 지나네"라는 구(句)를 취해서 만든 것이다.
또 「유선사(遊仙詞)」 속에 있는 두 편과 그 밖의 「욱부 궁사(宮詞)」 등 작품에는 고시에서 도둑질해서 취한 것이 많기 때문에 홍참의 경신과 허정랑 적이 모두 한 집안사람으로서, 항상 말하기를 난설헌의 시편 외에는 모두 위작(僞作)이요, 그 「백옥루상량문」도 허균과 이재가 지은 것이라 한다.

허난설헌의 사후 문집인 『난설헌집』에 대해 상촌(象村) 신흠은 「청창연담(晴窓軟談)」에서 다음과 같이 평했다.

허난설헌의 시에 「강남곡(江南曲)」이 있다.

사람은 강남의 즐거움을 말하고(人言江南樂)
나는 강남의 수심을 보고 있네(我見江南愁)
해마다 이 포구에 와서 보고(年年沙浦口)
애끊게 떠나는 배를 바라다 본다(腸斷亡歸舟)

허초당(許草堂, 허엽)의 딸이자 김정자(金正字) 성립의 처로서, 스스로 경번당(景樊堂)이라고 호를 지은 여류 시인의 시집이 세상에 간행되었는데, 어느 시편을 보아도 놀랄 만큼 예술성이 뛰어나다. 그중에서도 전해오는 「광한전상량문」은 무척 아름답고 청건(淸建)하여 사걸(四傑, 당나라의 왕방, 양형, 노조린, 낙빈왕)의 작품과 비슷한 점이 있다. 그런데 다만 시집에 실려 있는 것 가운데 가령 유선시(遊仙詩) 같은 것은 태반이 옛사람의 시편을 그대로 옮겨놓은 것이다.

일찍이 그 근체시(近體詩) 2구를 보건대 "금방 얼굴 화장하고 또 거울 쳐다보고, 못다 꾼 꿈 마음 걸려 누각에서 서성이네"라 했는데, 이것은 바로 옛사람이 지은 시다. 어떤 사람은 말하기를 그녀의 남동생 허균이 세상에 잘 알려지지 않은 시편을 표절하여 슬쩍 끼워 넣은 것이라 했는데, 이 말이

조선 천재 열전

그럴 듯하기도 하다.

_『상촌선생 전집』 제60권 「청창연담」 303.

서포(西浦) 김만중도 『서포만필(西浦漫筆)』에서 허난설헌을 다음과 같이 평했다.

허난설헌의 시는 손곡 이달과 그 둘째 형 하곡 허봉에게서 나왔다. 그녀의 솜씨는 옥봉(玉峯) 백광훈 등에게는 미치지 못하나 혜성(慧性)은 뛰어나 우리나라 규수 시인은 오직 이 한사람뿐이었다.

다만 유감스러운 것은 그의 동생 허균이 원나라와 명나라 사람의 아름다운 시구나 시편 중에 사람들이 드물게 보는 것을 대단히 많이 채집하여 허난설헌의 문집에다 첨입(添入)시켜 성세(聲勢)를 떠벌렸다. 이로써 우리나라 사람을 속이는 것은 가능하지만 이것이 다시 중국으로 들어갔으니, 틀림없이 도적이 남의 마소를 도적질 해다가 그 마을에 판 것과 같아서, 지극히 어리석은 짓을 했다 하겠다.

아울러 불행하게도 전목재(錢牧齋, 청나라 세종 때의 문인)를 만나서 한눈에 도공(陶公)이 무창(武昌)의 관유(官柳)를 식별한 것과 같이 속인 것을 밝혀내고 장물을 추적하여 진실이 드러나서, 사람들로 하여금 크게 부끄럽게 하였으니 애석하다. 유서(柳絮) 환선(紈扇)처럼 이름이 천고에 뛰어난 사람은 본래 많지 않으니, 허씨의 재주와 같으면 저절로 한 시대의 슬기로운 여자라 하기에 충분한데도 이 때문에 스스로 허물을 자처해 사람에게 시편마다 의심을 받고 시구마다 잘못을 지적당했으니 탄식할 만하다.

허난설헌은 또 경번당이라는 호를 가졌는데, 아마 번부인(樊夫人) 부부 모두 신선이 된 것을 사모했기 때문이리라.

김만중은 허균이 그의 누나의 명성을 빛내려다 오히려 그의 누나의 명성에 흠집을 입혔다고 애석해했다. 그러나 연암(燕巖) 박지원은 『열하일기(熱河日記)』「피서록(避暑錄)」에서 "규중 부인으로서 시를 읊는 것은 본래 아름다운 일은 아니지만, 조선의 한 여자로서 꽃다운 이름이 중국에까지 전파되었으니, 가히 영예롭다고 이르지 않을 수 없다"라고 말했다.

그러나 훗날에 쓴 박지원의 편지에 의하면 "비록 고인의 글 가운데 한 번 옮겨 그로써 근거를 삼아도 이것으로 저것을 징험하면 사실에 딱 맞을 뿐 아니라 진부한 것이 신기한 것이 된다"라고 하여 허난설헌의 시가 표절임을 암시하기도 했다.

또한 홍만종은 『소화시평(小華詩評)』에서 허난설헌을 다음과 같이 평했다.

중국은 우리나라를 한쪽에 치우친 변방으로 간주하기 때문에 그들의 시선집에 여러 시인들의 시가 뽑혀 실린 것을 보지 못했다. 근세에 계문가사마(薊門賈司馬) 신도(新都) 왕백영이 우리나라 시를 뽑았는데, 난설헌의 시가 가장 많았다. 그 책에서 『상현요(湘絃謠)』에 대하여 한 편 한 편이 매우 교묘한 작품이라고 칭송했는데, 그 시는 다음과 같다.

상강(湘江)의 굽이에 파초 꽃은 이슬방울 떨어뜨리고
아홉 점 가을 안개는 하늘 밖에서 푸르르네
깊은 물에 파도치고 용이 우는 밤인데
남녘의 여인네는 영롱한 옥玉을 사뿐히 타네

허난설헌의 시비. 광주시 초월
읍 지월리에 있는 허난설헌의
묘 옆에 서 있다.

　심수경이 지은『견한잡록(遣閑雜錄)』에도 불세출의 시인인 허난설헌
에 대한 글이 다음과 같이 실려 있다.

　문사(文士) 김성립의 처 허씨는 곧 재상 허엽의 딸이며, 허봉의 누이동생
이고, 허균의 누나다. 허봉과 허균도 시에 능하여 이름이 있거니와 허씨
는 더 뛰어났다. 호는 경번당이며, 문집이 있으나 세상에 읽혀지지 못하고
「백옥루상량문」 같은 것은 많은 사람이 전송했다. 시 또한 절묘했는데, 일
찍 죽었으니 아깝도다.

조선 후기 실학자인 이덕무의 『청장관전서(靑莊館全書)』 중 『이목구심서(耳目口心書)』에도 허난설헌에 대한 이야기가 다음과 같이 실려 있다.

난설헌 허씨를 허경번이라고 한 것은 매우 옳지 않고 그가 여도사가 되었다는 말도 전여성의 『광여기(廣輿記)』에 나오는 말을 따른 것이다. 『광여기』에 "허씨의 남편 김성립이 왜란(倭亂)에 순절하자 허씨가 여도사(女道士)가 되었다"고 기록되어 있으니, 이는 근거 없는 말이다. 어떤 사람이 이 같은 말을 만들어내서 중국 사람을 속인 것일까? 그리고 중국의 기록에서 허난설헌과 허경번을 두 사람으로 나누고 있으니, 더욱 가소롭다. 부인이 글에 능하고 재주가 많은 때문에 이 같은 욕이 미치는가? 매우 개탄할 만하다.

이능화는 『조선여속고(朝鮮女俗考)』에서 "허난설헌은 성품이 신선 같아서 항상 꽃으로 화관을 만들어 쓰고 향을 피워놓고 책상 앞에 앉아 시문을 읊었다"라고 썼다.

경기도 광주시 초월읍 지월리에 허난설헌의 묘가 있는데, 묘역은 잘 정돈되어 있다. 남편인 김성립의 묘소가 후처와 합장하여 바로 위에 있고, 어린 나이에 죽은 두 아이의 무덤이 우측에 나란히 있다. 봉분을 중심으로 상석(床石), 망주석(望柱石), 문인석(文人石), 장명등(長明燈), 시비(詩碑) 등의 석물이 있는데, 화강암으로 만든 문인석을 빼고는 모두 최근에 오석(烏石)으로 만들어 세운 것이다. 1986년 9월 7일 경기도기념물 제90호로 지정되었다. 안동김씨(安東金氏) 서운관정공파 종중이 소유하고 있는 이 묘역은 원래는 다른 곳에 있었는데, 중부고속도로 건설로 현재 위치인 안동김씨 선산으로 이장되었다.

조선 천재 열전

광주시 초월읍 지월리에 있는 허난설헌의 묘.

많은 기러기가 공중에 떼 지어 날아갈 적에 그 수를 세어보기 위해서는 이런 방법을 쓰는 것이 좋을 것이다. 셋으로 짝지어 가는 것이 하나, 셋으로 짝지어 가는 것이 둘 또는 다섯으로 짝지어 가는 것이 하나, 다섯으로 짝지어 가는 것이 둘 따위로 세어, 셋이 몇이고 다섯이 몇인가를 맞추어보면 전체의 수를 알 수 있을 것이다. 만약 하나하나씩 세어가면 어떤 것은 앞질러 가고 어떤 것은 뒤로 처져 헷갈리게 될 것이다.

(중략)

기억력이 뛰어난 사람으로 근세에 있어서 허균을 최고라 한다. 그는 눈에 한 번 거치기만 하면 문득 알아낸다고 한다. 사람들이 시험하기 위해 붓을 한 줌 가득 쥐고서 그 붓끝을 보인 다음, 붓을 감추고 몇 자루인가를 물었더니, 허균이 눈짐작과 속셈으로 헤아려보고 벽에다 먹으로 붓대 끝처럼 표시를 한 다음 다시 하나하나 헤아려서 알아냈다.

이익의 『성호사설』에 허균의 재주를 평한 「기성 허균」이라는 글이다. 조선의 천재 허균의 누이이자, 동인의 영수였던 허봉의 누이동생으로 한 시대를 풍미하는 시를 남긴 허난설헌. 그녀는 가고 없어도 그의 글은 남아 오늘도 사람들의 가슴을 울리고 있다.

조선 천재 열전

신경준

『산경표』를 완성한 실천적 천재 지리학자

(1712~1781)

1. 세상의 흥망을 좌우할 선비

"순창군 남쪽 3리에 산이 있으니, 산마루에 귀래정(歸來亭)의 옛터가 있고, 귀래정의 남쪽 언덕 끝은 그윽하고 기이하여 사랑할 만하니."
『여지승람(輿地勝覽)』에 실려 있는 내용이다.

(중략)

조부 진사공이 늘그막에 이곳에서 지내며 정자를 동쪽 언덕 꼭대기에 지었으며, 정자 아래에 연못을 파고 연못 가운데에 세 섬을 설치했다. 또 뭇들의 기이한 것들을 모아서 천연의 부족함을 보완하니 상하좌우에 꽃과 풀이 푸르게 우거져 벌리어 나니, 『이아』와 『초경』, 『수서』에서 일컫지 않은 것도 많게 되었다. 갑자년에 내가 경기도로부터 돌아와 물을 보고 옛날을 느끼니 슬픈 마음이 그지없다. 또 평상시에 휘파람을 불며 웃고 노래를 불러 그윽한 생각과 한가로운 흥을 눈에 붙이고 마음속에서 펼쳐서, 때로는 붓을 잡고 써서 우선은 꽃을 말했으나 꽃 또한 10분의 1만 말했을 뿐이다.

여암(旅菴) 신경준이 지은 『여암유고(旅菴遺稿)』 권 10에 실린 「순원화훼잡설(淳園花卉雜說)」에 실린 글로, 자신의 조부인 선영(善泳)이 조성한 귀래정 일대의 조경에 대해 쓴 글이다.

전북 순창군 순창읍 가남리 남산에 있는 귀래정은 조선 초기 문장가이자 정치가인 신숙주의 동생인 신말주 선생과 정부인 설 씨가 터를 잡고

신경준의 옛집. 전북 순창군 순창읍 가남리 남산 자락에 있는 이곳은 조선 초기 문장가이자 정치가인 신숙주의 동생인 신말주 선생과 정부인 설 씨가 터를 잡고 살았던 곳이다.

살았던 곳이다. 그 뒤 실학자 신경준 선생 등 그의 후손들이 대를 이어 살았다.

신경준은 그의 업적에 비해 사람들에게 널리 알려지지 않았다. 벼슬이 높았던 것도 아니고, 정치적인 파쟁을 많이 겪지도 않았기 때문이다. 그런 신경준을 근현대에 접어들면서 세상에 처음 드러낸 사람은 위당(爲堂) 정인보였다. 그는 1934년에 석전, 안재홍, 윤석오 등과 함께 남쪽 지방으로 여행을 떠나 이곳 귀래정에 들렀던 여정을 「동아일보」에 연재했다. 아래 글은 여행기의 첫 문장이다.

신여암 선생은 고령인이니 경준(景濬)은 휘요, 순민(舜民)은 그의 자다. 이렇듯 거룩한 어른을 말하면서 그의 호만으로 부족하여 다시 그의 휘와 자를 쓰게 되는 것을 보면 마치 이 세상에 대하여 첫 번으로 소개하는 것 같다. 세상이 다 여암 선생을 고루 알지 못할 새 이렇게 써서 알아드리기를 구하는 것이 아닌가? 이 어찌 개연치 아니한가?

(중략)

고택에 남긴 저술이 사람 키만큼 쌓였건만 사람들이 귀한 줄 몰라 좀이 슬고 쥐가 갉아먹고 있었다.

세상에 더없이 귀중한 업적을 남긴 신경준과 그의 저작을 사람들이 모르는 것을 안타깝게 여겼던 정인보의 기원이 이루어져, 1939년에 『여암전서(旅菴全書)』가 활자본으로 발간되었다. 그때 정인보는 교열을 맡았고, 「총서(叢敍)」를 작성했다. 그러나 총서는 무슨 연유에선지 실리지 않은 채 정인보의 집에 남겨져 있다가, 1976년에 경인문화사에서 『여암전서』 영인본을 발간할 때 수록되었다.

만약에 여암 선생이 그때 정부의 대권을 잡을 지위에 쓰여서 그 재주를 다 발휘하여 실시케 할 수 있었던들, 지금으로부터 140~150여 년 전이니 어찌 알랴. 쇠해지지 않고 떨쳤으며, 무너져 내리던 것이 완전해지고 약한 게 굳건해지고 가난도 넉넉해지고 가뭄 걱정도 않고 메진 땅도 백성을 괴롭히지 않았을 것이다.

(중략)

저 성하게 날로 떨쳐 오르는 자와 견주더라도 어쩌면 앞질렀을 것 같을! 설사 앞지르지는 못했다 하더라도 어찌 문득 그 밑에야 깔리었겠는가. 그럴만한 인재가 있었건만 그로 하여금 그 마음먹은 바를 완수케 하지 못하여 만사가 끝장나게 하였으니 어찌 하리요. 한 선비의 등용됨과 버려짐이 이 세상의 흥망과의 관계가 얼마나 큰가?

조선 천재 열전

정인보가 「총서」에서 신경준을 평한 글이다. 신경준은 여러 방면의 학문에 능통하여 세상의 사리를 모르는 것이 없었다. 그런 신경준이 국정에 깊이 관여하는 위치에 있었더라면, 그의 학문이 채택되어 나라가 망하는 처지에 이르지 않았을 것이고, 어쩌면 일본을 능가하는 나라가 되었을지도 모른다고 안타까워한 것이다.

2. 북두칠성의 정기를 받은 천재 소년

조선 후기 실학자이자 문장가인 여암 신경준의 본관은 고령이고, 자는 순민(舜民), 호는 여암(旅菴)이다. 아버지는 신숙주의 아우 신말주의 10대손인 진사 신내이며, 어머니는 한산이씨(韓山李氏) 이의홍의 딸이다. 신경준은 맏아들로 태어났다.

신말주는 형 신숙주가 세조의 왕위 찬탈에 협조한 뒤, 탄탄대로를 걷는 것을 보고 분연히 벼슬을 버리고 순창의 남산 자락으로 돌아가 귀래정이란 정자를 지어놓고 은둔 생활을 했다. 그때 신말주의 기록을 남긴 사람이 신말주와 친분이 두터웠던 강희맹으로, 신말주가 죽자 「신도비명(神道碑銘)」을 지었다.

귀래정이 관직을 버리고 집에 있으나, 세상살이의 온갖 일에 염려하지 않아도 되었으니, 이는 부인의 근검에 힘입어 항상 재물이 풍족했기 때문이었다. 친척 중에 외롭고 가난하여 시집 못 간 사람이 있으면 혼수를 갖추어 시집보내고, 이웃에 급한 일이 있으면 반드시 도와주니……

그 당시 남존여비 사상이 강하게 지배하던 사회에서 부인을 이렇게 찬탄한 것은 매우 드문 경우다. 어쨌든 신말주의 자손들은 그의 유지를 받들어 그곳에서 300여 년의 세월을 보냈다.

신경준이 태어날 때 아버지가 꿈을 꾸었다. 커다란 붉은 호랑이가 하

신경준의 집 뒤 언덕에 세워진 귀래정.

늘에서 내려왔는데, 어떤 노인이 나타나 말했다. "이는 북두칠성의 제1 성인 추성(樞星)의 정(精)이니 반드시 그대의 집에 기이한 아들이 태어날 것입니다."

신경준은 태어난 지 겨우 아홉 달 만에 벽에 쓰인 글씨를 알아보았고, 네 살에 『천자문』을 읽었고, 다섯 살에는 『시경』을 읽었다. 그의 학문은 해가 더할수록 일취월장했다.

신경준이 일곱 살 때의 일이다. 뜰 안에 있는 늙은 살구나무가 오랫동안 열매가 맺지 않는 것을 나무라는 글을 지었다. 그러자 나무가 그의 말을 알아들었던지 열매가 열려, 마을 사람들이 크게 놀랐다는 일화가 전해진다.

공이 재주가 뛰어나고, 큰 뜻이 있어서 일찍이 말하기를 "대장부가 이 세상에 태어났으니, 천하의 일은 모두 내 직분일 것이다. 한 가지 일이라도

다 하지 못한 것은 나의 수치요, 한 가지 재주라도 모자람이 있는 것은 나의 흠이다"라고 하면서 모든 학문을 깊이 연구하여 두루 깨치지 못한 바가 없었다. 특히 우리나라의 지세(地勢)에 대해서는 환하여 "무릇 장수가 될 자는 모름지기 먼저 지리에 통하여야 한다"라고 했다.

신경준과 가깝게 지냈던 홍양호의 문집인 『이계집(耳溪集)』에 실린 「묘갈명(墓碣銘)」에서 신경준에 대한 글이다.

신경준의 생애는 순탄하지 못해서 어렸을 때부터 내외로 고생이 많았다. 그의 나이 여덟 살 때인 1719년에 홀로 서울로 상경하여 유학하다가, 그다음 해인 아홉 살 때에는 강화도로 옮겨갔다. 강화도는 양명학(陽明學)을 계승한 하곡(霞谷) 정제두가 1709년에 낙향해서 학문을 꽃피운 곳이었다.

어린 나이에 부모와 떨어져 있는 것이 얼마나 외로웠겠는가. 그는 부모와 떨어져 지내는 슬픈 마음을 「비사곡(悲思曲)」이라는 노래로 지어서 날마다 산에 올라 읊었다. 그 「비사곡」을 듣는 사람들이 모두 그를 가엾게 여겼다고 한다.

3. 전국의 명산을 두루 답사하다

강화도에서 공부한 지 3년 뒤인 열두 살에 다시 고향인 순창에 내려 온 신경준은 청년기를 순창에서 보내며 고체시(古體詩)와 당시(唐詩)를 배우면서 시를 지었다.

신경준이 가업을 위해 충청도 지방으로 간 것은 스물한 살 무렵이었다. 그의 나이 23세에 온양 지방을 여행하다가 만난 소년에게 시작법을 가르치기 위해 최초의 저서인 『시칙(詩則)』을 지었다. 스물여섯 살 때까지 이곳저곳을 돌아다니다 1737년에 그의 아버지가 49세의 나이로 세상을 떠났다. 진사로 일생을 마쳤지만 자식들에게 엄했고 가르침이 깊었던 아버지는 자식들에게 다음과 같이 훈계했다.

너희들은 세상에서 구차한 사람이란 소리를 듣지 마라. 재물을 탐내지 말고 벼슬을 구차하게 구하지 마라. 구차하게 얻은 벼슬은 부끄러운 것이요. 반드시 뒤에 재앙이 있는 법이니, 나는 그런 자식은 가지고 싶지 않다.

그런 아버지의 교육을 받으며 자랐기 때문에 신경준에게 있어서 아버지는 육신의 아버지만이 아닌, 스승과 같은 분이었다.

부모님 상을 마친 신경준은 동생들과 어머니를 모시고 스물일곱 살에 경기도 소사로 이사를 갔다. 그때 이웃집에서 불이나 번지는 바람에 집이 불타버렸다. 그렇게 어려운 시절을 겪으면서도 신경준의 학문에 대한 열

순창 강천사. 순창군 팔덕면에 있는 강천사는 신라 말에 도선국사가 창건한 절로 조선 성종 때 신경준의
선대 조상인 신말주의 아내 설씨 부인의 시주를 얻어 중창한 절이다.

정은 그치지 않았다.

무릇 학문이라는 것은 부동(不同)한 것에서 동자(同者)를 넓힘으로써, 그 약(約)을 지키고, 그 기(氣)를 기르며, 그 이(理)를 밝힘으로써 그 근원을 바르게 하는 것일 뿐이다.

『여암유고』 권 3 「사부절선서(四部節選序)」에서 밝힌 그 무렵 신경준의 학문에 대한 입장이다. 소사에 머물 때 지은 글이 『소사문답(素沙問答)』이다. 그 뒤로 3년 후에 직산으로 거처를 옮겨 살았고, 그때 지은 글이 『직주기(稷州記)』다. 그 당시 사대부 대부분이 한곳에 머물며 학문을 연마했던 것과 달리, 신경준은 여러 곳을 돌아다니며 젊은 시절을 보냈다.

'인간은 경험한 것만큼만 쓸 수 있다.' 독일의 철학자 니체의 말이다.

이 말처럼 신경준은 학문의 진리를 스스로의 사색과 체험의 결과로 찾을 수 있다고 여겼다. 그렇기에 젊은 시절부터 산수 유람을 좋아했다. 스무 살에서 서른 살에 이르기까지 경기도와 강원도 이남의 산을 오르지 않은 곳이 없었다.

전라도의 변산과 지리산, 계룡산과 오서산, 마니산과 가야산, 용문산 등 나라 안에 이름난 명산들을 두루 답사한 신경준은 그 감회를 다음과 같이 피력했다.

나의 성품이 멀리서 바라보는 것을 좋아하기 때문에 산에 들어서면 정상에 올라 산천이 휘돌아가는 모습을 굽어보고, 내 소매 깃을 열어 만 리에서 부는 바람을 맞는 것을 기쁨으로 삼았다. 젊었을 때는 넝쿨을 붙들고

신경준의 살았던 평택의 소사 들판. 신경준이 소사에 머물 때 지은 글이 『소사문답(素沙問答)』인데, 그 당시 사대부 대부분이 한곳에 머물며 학문을 연마했던 것과 달리, 신경준은 여러 곳을 돌아다니며 젊은 시절을 보냈다.

순창 강천산 폭포. 강천산 자락에는 폭포들이 많다.

곧바로 산에 올라도 발이 오히려 가볍고 피곤한 줄 몰랐는데, 나이 들어 벼슬한 지 20년 동안 한 해도 산에 오르지 못했다.

'산천을 유람하는 것은 좋은 책을 읽는 것과 같다'라는 조선 시대 사대부들의 산수관과 학문관을 그대로 실천했던 그때의 경험이 훗날 『강계고』, 『산수고』, 『가람고』, 『도로고』등 교통과 지리에 대한 저작을 남길 수 있는 디딤돌이 되었던 것이다.

신경준은 직산에서 3년을 살다가 서른세 살에 고향인 순창으로 낙향했다. 그의 나이 서른일곱 살이던 1748년에 그의 어머니가 별세했다. 어머니 역시 아버지 못지않게 자식들을 가르쳤다.

집이 가난한 것은 흠이 아니다. 학문이 가난한 것이 부끄러움이다. 내 적정은 말고 너희 걱정이나 해라. 무릇 효자는 그 부모의 뜻을 반드시 받드느니라.

신경준이 부모의 뜻을 어기지 않고 학문에 매진했기에, 한 나라의 뛰어난 선비로 학문을 닦을 수 있었던 것이다. 그 뒤부터 벼슬길에 오른 1754년까지 그는 고향에서 학문을 닦으며 여러 저술에 힘을 기울였다. 그때 지은 글 중에서도 우리나라 학계에서 매우 중시하고 있는 『훈민정음운해(訓民正音韻解)』를 지은 것이 영조 26년인 1750년이었다.

4. 한 나라의 장수가 되려는 자는 지리에 밝아야 한다

신경준이 벼슬길에 나아가기 위해서 향시에 응시한 것은 마흔세 살 때인 1754년이었다. 그때 시험관이 바로 이계(耳溪) 홍양호다. 훗날 홍양호는 그 당시에 일어난 일을 다음과 같이 술회했다.

내가 갑술년 봄에 수령(守令)들을 데리고 호남 지방 향시를 맡아보았다. 그때 많은 사람들에게, '이 도에서 가장 뛰어난 선비가 누구냐?'라고 물었더니, 모두 대답하기를 '순창에 사는 신 아무개가 가장 뛰어나니, 이 한 사람만 얻으면 족할 것입니다'라고 했다.
향시에 내놓은 시험 문제는 '거제책(車制策)'을 묻는 것이었다. 나는 맨 나중에 내놓은 시험 답안지를 보고 책상을 두드리며 '나는 신 아무개를 얻었다'라고 소리쳤다. 두 수령이 나더러 '어떻게 아십니까?' 물었다. 나는 웃으면서 '대개 보면 안다.' 하고서 1등으로 뽑아놓고 이름을 뜯어보니, 과연 내 말대로였다. 그때 두 수령이 나를 바라보며 놀라더라.

다른 사람들에 비해 늦어도 너무 늦은 나이인 마흔세 살 여름에 증광 초시(增廣初試) 을과에 1등으로 합격한 신경준은 벼슬길에 나가게 되었다. 재미있는 것은 그보다 열두 살이나 아래인 서른한 살의 홍양호에 의해 신경준이 세상에 나선 것이다. 인생이라는 여정에서 한 인간을 새롭게 만난다는 것은 실로 대단한 인연이다.

조선 천재 열전

사람이 온다는 것은 어마어마한 일이다
한 사람의 인생이 오기 때문이다
마음이 오는 것이다

정현종 시인이 「방문객」이라는 시에서 쓴 것처럼, 신경준은 홍양호라는 한 우주를 만난 것이다. 누군가가 자기를 인정해준다는 것은 대단히 큰 의미를 지니고 있는데, 두 사람이 운명적으로 만나게 된 것은 홍양호에 의해서였다. 신경준의 깊고도 넓은 학문을 인정한 홍양호는 자기보다 열두 살이나 더 많은 신경준에 대하여 『이계집(耳溪集)』에 다음과 같이 실었다.

남보다 뛰어나고 기이한 선비임을 알고 더불어 사귈 것을 결정했다.

그 뒤로 신경준과 홍양호는 평생의 지기가 되어 학문을 논하는 사이가 되었다. 신경준은 홍양호 외엔 당시 권세가와 어떤 교류도 나누지 않았으며, 홍양호와의 교류 역시 문학에 국한했다. 그것은 소북파의 강령인 '권귀(權貴)와 가까이 하지 않는다'라는 조항을 철저하게 지키고자 했기 때문이었다.

신경준은 그해 서울에서 치러진 증광문과에 급제했고, 그때부터 본격적인 벼슬길에 오르게 되었다. 승문원과 사간원, 사헌부의 벼슬을 거쳐 서산 군수에 임명되었다. 그 무렵 나라에 대기근이 들었다.

신경준은 부임하자마자 서둘러 소금을 만든 뒤 좁쌀과 바꾸어 백성들의 굶주림을 해결해주었다. 어느 해 가을, 천기를 살펴보니 이상기후가 예견되었다. 신경준은 서산 고을 백성들에게 급히 추수할 것을 명하여 곡식을 쌓아두게 했다. 그런지 사흘 만에 큰 우박이 내렸지만, 서산 고을 백성들은 아무런 피해도 입지 않았다. 백성들은 그 일이 있고 난 뒤 춤을 추면서 군수를 칭송했다. 그가 다른 곳으로 옮겨 가게 되자 서산 고을 남녀노소가 모두 길에 나와 울면서 사당에 모시겠다고 옷을 남겨 두기를 청했다. 그러나 신경준은 웃으며 거절하고 떠났다고 한다.

그 뒤 1764년에 신경준이 맡은 직책이 황해도 장연 현감이었고, 1765년인 56세에 사간을 지냈다. 그의 나이 58세인 1769년에 종부시 정이 되어 강화의 선원각(璿源閣)을 중수한 뒤 일단 고향에 돌아갔다. 그러나 고향에서 한가롭게 학문에 몰두하고자 한 신경준의 의사와는 관계없이 조정에서 그의 역할은 아직 끝나지 않았다.

그 당시 영의정을 지내고 있던 홍봉한이 신경준이 지은 『강계지』를 보고서 사람을 시켜 입경(入京)할 것을 요청했다. 하지만 신경준이 그의 요청을 거절하자 홍봉한이 영조에게 그를 천거했다. "신경준은 뛰어난 인물입니다. 그를 비국랑(備局郎)으로 조정에 불러 일을 시키십시오." 영조는 그를 불러 비변사의 낭청으로 임명하여 『동국문헌비고(東國文獻備考)』를 감수하게 했고, 1770년에는 영조가 학문에 능통한 문학지사(文學之士) 여덟 명과 함께 『문헌비고』를 편찬하기 위해 편집청(編輯廳)을 설치했다. 그때 신경준에게 『여지고(輿地考)』를 담당하도록 했다.

당시 영조는 신경준을 기특하게 여겨 주찬을 베푸는 일이 자주 있었다. 또한 신경준이 객지 생활을 하는 것을 안타깝게 여겨 혜청(惠廳)과 양군문(兩軍門)으로 하여금 전미(錢米)와 신탄(薪炭)을 가끔씩 내려주었다.

그해 여름 책이 편찬되자 영조는 친히 그 책의 첫머리에 서문을 쓴 뒤, 신경준이 책의 편집에 가장 큰 공이 있다고 기록하도록 했다. 공로를 인정한 임금은 신경준에게 통정대부를 제수했고, 동부승지로 임명했다. 이어서 병조참지로 자리를 옮기도록 한 뒤 『동국여지도(東國輿地圖)』의 감수를 맡도록 했다.

이 책이 완성되자 임금은 지도를 대궐 안에 걸어놓고 크게 기뻐했다. 곧바로 승지로 영전한 그는 임금을 자주 만나게 되었는데, 그때 영조는 그에게 다음과 같이 말했다.

그대와 내가 어찌 이리 만남이 늦었는가, 승지의 머리가 희고 내 나이 팔십이니 군신의 만남이 너무 늦어 한스럽구나. 승지에게 부모가 없다고 하니 이제 그대가 섬길 사람은 나뿐이로구나. 나를 버리고 멀리 가지 마라.

그토록 영조로부터 총애를 받았던 신경준이었지만 외부로부터 다가오는 불행에는 당할 재간이 없었다. 영조 38년에 일어난 사도세자의 일로 영의정인 김치인이 소론(疎論)하자, 임금이 신경준에게 그 시비를 물었다. 그러나 신경준은 그 소(疎) 가운데에 난처한 부분이 있어서 세 차례나 하문했는데도 답을 하지 않았다. 그 일로 신경준은 파직되고 충청도 은진으로 유배길에 올랐다. 하지만 영조는 그가 유배가 풀리면 곧바로 고향으로 돌아갈 것을 염려하여 유배 장소를 수원으로 옮긴 뒤 24일 만에 유배를 해제했다.

고향에 돌아가지 못한 신경준은 그의 나이 60세에 승지가 되고, 북청부사에 올랐다. 영조 49년에 좌승지를 지낸 신경준은 강계 부사를 거쳐 순천 부사로 부임했다. 그가 임지로 가던 길에 고개를 지나는데, 어떤 여인이 무덤 앞에서 울고 있는 것을 보았다. 신경준은 그 여인이 거짓으로 울고 있다는 것을 간파하고서 이교(吏校)를 시켜 무덤을 조사했다. 무덤을 파보자 죽은 남편의 배꼽에 쇠못이 박혀 있었다. 아내가 간부와 함께 남편을 죽게 만들었던 것이다. 그 사실을 전해 들은 순천부의 백성들은 현명한 부사를 존경하게 되어 부사를 속일 생각을 하지 않게 되었다.

순천이 고향에서 멀지 않았기 때문에 친척들이나 친구들이 자주 찾아왔다. 신경준은 그들을 가리지 않고 도와주었지만 일을 처리하는 것은 사사로움이 없었다고 한다. 순천 부사를 거쳐 1774년에 제주 목사가 되었다. 신경준의 나이 63세였다. 그러자 주변에서 나이가 많은데 그 먼 곳 제주까지 가야 하는 그를 걱정해주자, 신경준은 다음과 같이 말하고 임지로 떠났다. "왕명인데 어디인들 못 가겠는가?"

신경준이 순천 부사에서 전보되어 제주도로 부임했던 때가 1774년 7월이었다. 그러나 제주에서의 생활은 길지 않았다. 제주도 재임 당시 내도했던 제주순무어사인 홍상성이 제주도로 오면서 창기(娼妓)를 데리고 왔다는 문제로 불화를 일으켰기 때문이었다. 그 일로 인하여 두 사람 다 불이익을 받았다. 신경준은 그 사실을 즉시 보고하지 않은 죄로 파직을 당해 붙잡혀 갔고, 어사 홍상성은 전라도 해남으로 귀양을 갔다.

1776년에 영조가 승하한 뒤부터 정조 3년인 1779년까지 3년 동안 상복을 입었고, 삼년상이 끝나자 "영조의 은혜를 자주 입어 감히 떠날 수 없었으나 이제 3년에 지났으니 돌아가는 것이 옳겠다" 하고서 옛집이 있는 고향 순창의 남산으로 돌아갔다.

신경준은 그곳에서 책을 벗 삼고 시간이 나면 숲 사이를 소요하는 것을 낙으로 삼아 여생을 보냈다. 고향에 돌아온 뒤에도 임금이 세 번이나 승지를 제수하며 불렀는데도 벼슬길에 나아가지 않았다. 정조 5년인 1781년 여름, 신경준은 두 아들을 불렀다. "내가 이 세상에서 떠날 날이 얼마 안 남은 것 같구나." 그리고 이 세상에서 남긴 발자취를 자세하게 들려주었다.

그다음 날인 1781년 5월 21일 찾아온 손님과 바둑을 두던 신경준은 현기증을 일으켜 쓰러졌고, 누운 채로 자리를 옮기는 중에 세상을 하직했다. 신경준은 살아생전에 높은 관직에 오르지 못했지만 수많은 저서를 남겨 후학들에게 귀감이 되고 있다.

말로 드러낼 때는 왕왕히 궁색하지 않고, 드러냄이 있는 곳에서는 모두 꼭 맞았으며, 글을 이룰 때엔 앞사람의 입에서 나온 말을 답습하지 않고, 스스로의 가슴속에 있는 바를 드러내어 구차히 일정한 규칙에 얽매이지 않고 탁연히 일가를 이루었으니, 진실로 드문 굉재(宏材)이며, 희세의 통유(通儒)라 할 만하다.

홍양호가 쓴 『여암유고』 서문에 실린 글이다. 신경준은 수많은 저작물을 남겼다. 그중 가장 커다란 업적을 꼽으라 하면 저마다 다를 수도 있겠지만 『산수고』와 『산경표』를 들 것이다.

한 나라의 장수가 되려는 사람은 우선 지리에 밝아야 한다.

『여암유고』 권 13에 실린 글이다. 그 말처럼 신경준은 우리나라의 전통 지리학에 큰 관심을 기울였고, 혁혁한 업적을 남겼다.

5. 우리나라의 전통 지리학

신경준을 비롯한 우리 옛 선인들은 산과 강을 하나의 유기적인 자연 구조로 보고, 그 사이에 얽힌 원리를 찾는데 지리학의 근간을 두었다. 풍수 지리학의 원조로 알려진 도선국사는 『옥룡비기(玉龍秘記)』에서 다음과 같이 언급했다.

우리나라가 백두에서 시작하여 지리에서 마쳤으니, 그 형세가 물을 뿌리로 하고 나무를 줄기로 한 땅인지라……

백두산에서부터 지리산으로 이어지는 것이 우리나라 산줄기라는 것을 밝힌 것이다. 이렇듯 사람들의 입에서 입으로 이어져 온 우리 고유의 지리학을 백두대간과 장백정간 그리고 열세 개의 정맥, 즉 『산경표(山徑表)』로 분류한 사람이 바로 신경준이다.

우리나라의 고유 지리학인 『산경표』가 오늘날 사람들에게 널리 알려지게 된 것은 1910년 12월 최남선이 설립한 조선광문회의 고전 간행 사업에 의해서였다. 조선광문회의 규칙 1장에는 다음과 같은 선언문이 실려 있다.

본회(조선광문회)는 조선 구래의 문헌 도서 중 중대하고 긴요한 자료를 수집, 편찬, 개간하여 귀중한 도서를 보존, 전포함을 목적으로 한다.

조선 천재 열전

우리 고전의 보존과 보급을 통한 민족문화의 선양을 목적으로 설립한 조선광문회는 『동국통감(東國通鑑)』과 박지원의 『열하일기(熱河日記)』, 이중환의 『택리지(擇里志)』와 『도리표(道里表)』를 발간한 뒤 『산경표』를 다섯 번째로 출간했다. 그리고 이 책을 지은 사람이 확실하지 않다고 밝히면서 다음과 같은 해제를 실었다.

우리나라의 지리지를 살펴보면 산을 논한 것은 많지만, 심히 산만하고 계통이 없다. 오직 신경준이 지은 『여지고(輿地考)』의 「산경(山徑)」만이 산의 줄기와 갈래를 제대로 나타내고 있다. 어느 산의 내력과 높낮이, 산이 치닫다가 생긴 고개, 산이 굽이돌며 사람 사는 마을을 어떻게 둘러싸는지를 상세히 기록하고 있어, 이는 실로 산의 근원을 밝혀 보기에 편리하도록 만든 표라 할 만하다.
이 『산경표』는 『산경』을 바탕으로 삼고 옆에 이수(里數)를 부기하고 있어, 이를 펼치면 모든 구역의 경계를 마치 손바닥 위에 올려놓은 듯 한눈에 알아볼 수 있다.
이 『산경표』는 바탕으로 삼은 『산경』을 일목요연하게 나타낼 뿐만 아니라 지리 연구가의 지침서가 될 만하다.

해제문에는 『산경표』의 저자를 모르지만, 이 책은 신경준이 지은 『여지고』의 「산경」을 기본 삼아 쓰인 것이라고 적혀 있다. 또한 그 당시까지 전해오는 지리지 중에서 『여지고』의 「산경」이 우리나라의 산줄기와 갈래를 가장 잘 나타내고 있다고 본 것이다.
『산경표』의 해제에서 인용한 『여지고』는 『동국문헌비고』의 『여지고』를 말하는 것으로, 『동국문헌비고』는 영조 때 편찬된 우리나라의 문물과 제도를 집대성한 책이다. 영조의 명을 받아 서명웅, 채제공, 서호수, 그리고 신경준이 함께 만든 『동국문헌비고』가 발간된 것은 영조 46년인 1770년이었다. 이때 신경준이 『여지고』를 담당했다. 1769년 신경준이 지은 『산수고(山水考)』에는 다음과 같은 글이 실려 있다.

하나의 근본이 만 갈래로 나뉜 것이 산이고, 만 갈래가 하나로 합한 것이 물이다. 나라의 산수는 열둘로 나타낼 수 있다. 백두산에서부터 나뉘어 여덟 줄기(八路)의 여러 산들이 된다. 여덟 줄기의 여러 물들이 합하여 열두 수(水)가 되고, 열두 수는 합하여 바다가 된다. 물이 흐르고 산이 솟는 형세와, 산이 나뉘고 물이 모이는 묘리(妙理)는 여기에서 볼 수 있다. 열두 산은 삼각산, 백두산, 원산, 낭림산, 두류산, 분수령, 금강산, 오대산, 태백산, 속리산, 육십령, 지리산이라 이른다. 열두 물은 한강, 예성강, 대신, 금강, 사호, 섬강, 낙동강, 용흥강, 두만강, 대동강, 청천강, 압록강이라 이른다. 산은 삼각산을 머리로 삼고 물은 한강을 머리로 삼으니 서울을 높인 것이다.

우리 국토는 하나의 대간인 백두대간과 하나의 정간인 장백정간, 그리고 열세 개의 정맥(正脈)이 큰 강의 유역을 이루고 있다. 그로부터 가지를 친 지맥들이 내와 골을 이루어 삶의 지경을 마련하고 있다. 이를 분류하면 백두산에서 지리산까지 우리나라 등뼈를 이루는 것이 바로 백두대간이다. 백두대간은 백두산에서 시작되어 원산, 낭림산, 금강산을 지나 태백산, 속리산을 거쳐 지리산까지 이어지는 제일 큰 산줄기로 한반도의 세로 등뼈를 이루고 있다.

장백정간은 장백산에서 동쪽으로 뻗어 경성의 거문령과 경흥의 백악

조선 천재 열전

산을 지나 두만강 하구의 섬인 녹둔도까지 이어진 산줄기다.

백두대간에서 뻗어나간 열세 개의 정맥은 다음과 같다.

청북정맥(淸北正脉)은 백두대간의 낭림산에서 서쪽으로 뻗어 추유령, 이파령, 천마산을 지난 뒤 신의주 앞바다의 신도를 마주보고 있는 미곶에서 끝나는 정맥으로, 청천강 북쪽에 접하고 있다.

청남정맥(淸南正脉)은 낭림산에서 서쪽으로 흘러 묘향산에 이르고, 서쪽으로 뻗어서 월봉산, 도회령을 거쳐 광량진의 봉수대까지 이어진 산줄기다.

낙남정맥(洛南正脉)은 백두대간의 끝자락 지리산에서 동남쪽으로 흐르는 산줄기다. 고성의 무량산, 진해의 여항산을 지나 김해의 분산까지 이어지는 산줄기다.

낙동정맥(洛東正脉)은 태백산에서 속리산으로 이어지는 백두대간 갈래에서 남쪽으로 내려온 산줄기다. 부성산, 가지산, 취서산, 금정산을 지나 부산 다대포 앞에서 멎는다.

한남정맥(漢南正脉)은 칠현산에서 북쪽으로 이어져 용인의 보개산을 만난다. 광주의 광교산을 지나 서쪽의 수리산으로 이어지고, 소래산 주안산에 이르러 인천의 문학산을 지나 김포의 문수산에서 멎는다.

한북정맥(漢北正脉)은 칠현산에서 북쪽으로 흐르는 산줄기다. 금강산 쪽으로 달리다가 분수령에서 서남쪽으로 꺾여 금화의 오갑산, 불정산, 도봉산, 삼각산을 지난 뒤 교하로 이어진 산줄기다.

한남금북정맥(漢南錦北正脉)은 속리산 문장대에서 시작되어 청주의 상당산성을 지나 죽산의 칠현산에서 북으로 한남정맥, 남으로 금북정맥에 이른다.

금남정맥(錦南正脉)은 전주의 동쪽 마이산에서 북쪽으로 이어져 대둔산,

계룡산을 지난 뒤 서쪽에 있는 망월산을 지나 부여의 부소산에서 멎는다.

금북정맥(錦北正脉)은 칠현산에서 서남쪽으로 이어져 차령을 지나고 남쪽으로 내려가 성주산을 거쳐 다시 북쪽으로 이어진다. 해미의 가야산을 지나 다시 서쪽으로 이어져 태안반도를 지나 안흥곶까지 이어지며, 금강 북쪽의 산줄기다.

호남정맥(湖南正脉)은 전주 동쪽에 있는 곰치재에서 갈라져 관촌의 슬치재에 이르고, 담양을 지나 광주의 무등산과 보성의 사자산에 이른다. 다시 조계산을 지난 산줄기는 광양의 백운산으로 이어진다.

호남금남정맥(湖南錦南正脉)은 장수의 영취산에서 비롯되어 팔공산과 성수산, 그리고 마이산을 지나 주화산에서 금남정맥을 내려 보내고, 호남정맥을 만난다.

임진북예성남정맥(臨津北禮成南正脉)은 임진강 북쪽과 예성강 남쪽의 산줄기다. 개연산에서 서쪽으로 이어진 해서정맥을 쳐다보며, 남쪽으로 학봉산, 수룡산, 성거산을 거쳐 개성의 송악산까지 이어진 산줄기다.

해서정맥(海西正脉)은 백두대간의 두류산에서 시작되어 서남쪽의 개연산에 이르고, 다시 북쪽으로 뻗어 언진산을 지나 남쪽으로 고정산, 멸악산을 지난 뒤 장연의 장산곶까지 이어진 산줄기다.

위에서 살펴본 바와 같이 우리나라의 산줄기들은 대부분 강 이름(청천강, 임진강, 예성강, 한강, 금강, 낙동강)에서 비롯되었다. 그러한 정맥들은 대간, 정간과 함께 모두가 큰 강의 물뿌리(분수령)가 된다. 이것은 '산은 생명의 시작인 물의 산지(産地)'라는 우리 전래의 지리 인식을 잘 나타내주고 있는데, 그것을 신경준이 『산수고』를 통해 정리한 것이다.

성신여대 양보경 교수는 「여암 신경준의 지리사상과 국토 인식」에서

조선 천재 열전

신경준의 『산수고』를 다음과 같이 평했다.

> 『산수고』는 우리나라의 산과 강을 각각 12개로 나누어 정리한 한국적 지형
> 학이라고 볼 수 있다. 산과 강을 중심으로 국토의 자연을 정리한 이 책은
> 우리 국토의 뼈대와 핏줄을 체계적으로 정리한 우리나라 최초의 지리서이
> 자, 한국적인 산천 인식 방식을 전해주고 있다.

이러한 백두대간을 중심으로 한 전통 지리학이 우리가 지금까지 교과
서에서 배우는 것과 같은 산맥 개념으로 바뀐 것은 일본의 지리학자인 고
토 분지로에 의해서였다. 고토 분지로는 일본이 조선 침략 정책의 일환으
로 1900년과 1902년, 두 차례에 걸쳐 총 14개월 동안 실시한 광물 탐
사 사업의 학술 책임자 자격으로 우리나라의 지질을 조사했다. 그 조사를
토대로 1903년 「조선 남부의 지세」, 「조선 북부의 지세」를 발표했고, 두
논문을 종합하여 체계화한 「조선의 산악론」과 「지질구조도」를 동경제국
대학 논문집에 발표했다.

그 뒤 1908년에는 당시의 지리 교과서였던 『고등소학대한지지(高等
小學大韓地誌)』에 신식 지질 개념이 전래의 산줄기 인식을 대신한다는
선언이 등장한다.

> 우리나라의 산지는 종래 그 구조의 검사가 정확치 못하여, 산맥의 논(論)이
> 태반 오차를 면치 못하고 있으므로, 이 책은 일본의 전문 대가인 아스 쇼
> 에이의 지리를 채용하여 산맥을 개정하노라.

그때부터 우리나라에 현재의 산맥 개념이 도입되었고, 일제에서 해방

된 지 어언 70여 년이 지난 지금까지도 그것이 스스럼없이 쓰이고 있다.

　『산경표』는 조선의 산맥 체계를 수계(水系)와 연결시켜 일목요연하게 정리하여 놓은 책이다. 특히 이 책은 일제 때 일본인이 분류한 뒤 이름 지은 산맥 구분 및 산맥 명칭 이전에 쓰인 조선의 전통적인 산지 분류 체계를 파악할 수 있는 중요한 책으로, 현재 서울대학교 규장각에 소장되어 있다.

조선 천재 열전

6. 신경준이 남긴 저서들

『운해훈민정음(韻解訓民正音)』은 신경준이 그의 나이 39세인 1750년(영조 26년)에 지은 책이다. 이 책은 송학(宋學)의 시조의 한 사람이라는 소옹(邵雍)의 『황극경세성음도(皇極經世聲音圖)』를 본보기로 하여 일종의 운도(韻圖)를 만들려고 전개한 이론이 담겨 있다.

사본으로 전해 내려오던 이 책은 1937년 3월 조선어학회에서 정인보의 해제와 함께 『훈민정음운해』라는 이름으로 활자화되었고, 그다음 해인 1938년에 조선어학회에서 단행본으로 간행했다. 이 책은 1824년(순조 24년)에 저술된 유희의 『언문지(諺文誌)』와 함께 조선 시대의 대표적 국어 연구서라는 평가를 받고 있다.

훈민정음 창제 이후 가장 깊이 문자론(文字論)을 전개한 학술 업적으로 평가받고 있는 『운해훈민정음』은 1책, 필사본으로 숭실대학교 한국 기독교 박물관에 소장되어 있다.

조선의 역사지리학을 체계화했다고 평가를 받고 있는 『강계고(疆界考)』는 책의 표지에 '강계지(疆界誌) 권 3~권 5'로 표시되어 있다. 이 책의 권 3 첫머리에 수록된 서문에 책 제목을 '강계고(疆界考)'로 밝히고 있기 때문에 표지의 제명과는 달리, 원래 명칭을 『강계고』로 보고 있다. 상고 시대에서 조선 중기에 이르기까지 각 시대별로 각국의 국도(國都)와 강계를 정리한 『강계고』는 각 사항마다 저자의 의견을 싣고 있다.

이 책은 우리나라 역사지리에 관한 가장 종합적이고 체계적인 연구서라는 평가를 받고 있다. 이 책이 발간된 이후 국토의 중요성과 역사 인식에 대한 자각이 학자들에게 이어져, 정약용을 비롯한 여러 후학들이 역사지리학의 저술에 나설 수 있는 토대를 마련했다는 평을 받고 있다.

이 책은 국사편찬위원회 소장 『강계지』 7권 4책 및 『여암전서』의 편찬에 기본 자료로 활용되었다. 그리고 조선 후기 역사지리학 및 국방지리학을 연구하는 데 중요한 자료로 평가받는다.

길이 중요시되는 시대적인 흐름에 따라 영조 46년인 1770년에 신경준이 지은 『도로고(道路考)』에는 전국의 교통로와 장시를 비롯하여, 길에 관한 모든 정보들이 체계적으로 정리되어 있다. 『도로고』는 산천도리(山川道理) 등 지리에 밝았던 신경준이 4권 2책으로 완성한 책이다. 조선 후기 상업 경제의 변화와 사람과 물자의 이동이 도로를 통해 이루어지는 것에 착안하여 공간적인 흐름, 곧 유통과 그 결과인 유통로에 대해 쓴 이 책은 서문에서 책을 쓰게 된 동기를 다음과 같이 밝히고 있다.

조선조의 도리(道里)는 주척(周尺)에 의거하여 설정되었으나, 지역에 따라 이수(里數)가 일정하지 않고, 도로 표지나 시설의 배치가 불규칙하여 여행자에게 주는 불편은 물론 국정에 미치는 피해도 크다.

즉 정치와 군사, 행정과 상업 등 여러 부문에서의 사회경제적 변화와, 그에 따른 정확한 지리적 지식, 특히 도로에 대한 지식의 필요성에서 저술한 것임을 알 수 있다. 이 책은 훗날 『이정표(里程表)』와 『도로표(道路表)』 등 유사한 종류의 많은 저술을 있게 한 선구적인 업적으로 평가받는

다. 최창조 선생은 「여암 신경준의 지리학 해석」이라는 논문에서 이 책을 다음과 같이 평했다.

> 도로의 공익적 성격을 뚜렷이 부각시켰으며, 도로의 중요성을 인식하고, 도로를 최초로 본격적으로, 그리고 체계적으로 인식하여 『도로고』를 저술하였다. 사회와 경제가 발전함에 따라 그 중요성이 가장 먼저 점증되는 분야가 도로임을 간취하였으며, 환경지각의 개념을 알고 있었다. 중국 고제를 바탕으로 현실 문제를 개혁하고자 하였고, 실천성을 강조하였다. 정밀한 이론의 추구를 기했으며, 도로 이정(里程)에서도 정확한 측정을 요구하였다. 또한 도로의 중요성을 잘 인식하고 치정의 기본으로 치도(治道)를 내세웠다.

1976년 경인문화사에서 이전의 『여암유고』와 『여암전서』에 결본을 보충하여 영인한 『여암전서』에 수록되어 있으며, 원본은 국립중앙도서관에 소장되어 있다.

조선 시대의 중심 사상은 성리학이었다. 신경준은 성리학에 해박했으면서도 불교와 도가를 비롯한 온갖 학문에 정통했다. 특히 신경준은 선종(禪宗)에 대한 이해가 깊어서 여러 승려들과 깊은 교류를 가졌다. 그러한 결과물로 나라 곳곳에 흩어져 있는 절들의 위치를 일목요연하게 정리한 책이 바로 『가람고(伽藍考)』다. 『여암전서』의 별본 1책으로, 모두 520여 곳의 절이 수록되어 있다.

『가람고』를 지은 것은 불교를 가까이 한 신경준의 집안 내력 때문이기도 했다. 강천산 자락에 자리 잡은 강천사(剛泉寺)가 신경준 집안의 원찰이 된 것은 신경준의 10대조인 신말주의 부인 설 씨가 성종 13년인 1482년에 「부도암중건권선문」을 지어 보시한 부도암의 개명 사찰이기 때문이었다.

『동국문헌비고(東國文獻備考)』는 『증보문헌비고(增補文獻備考)』의 증보판으로서 『증보동국문헌비고』라고도 불린다. 총 16고(考) 250권의 방대한 분류서로, 상고 시대부터 조선 시대까지 모든 제도와 문물을 16개 분야로 나누어 연대순으로 정리한 백과사전이자, 국가를 다스리는 데 필수적인 기초 문헌이었다.

『여지고(輿地考)』는 17권으로, 고려에서 조선으로 이어지는 우리나라의 역사지리에 관련된 저작들을 종합 정리하는 자원에서 편찬된 책이다. 특히 조선 중기 이후에 전문적으로 우리나라 역사지리를 연구했던 한백겸과 유형원, 홍만종, 임상덕 등이 심혈을 기울여 연구한 성과물을 정리한 것이다.

역사지리학에 탁월한 업적을 남긴 신경준의 중요한 업적 중 하나가 지도다. 「동국여지도(東國輿地圖)」와 「동국여지도발(東國輿地圖跋)」, 「동국팔로도소지(東國八路道小識)」, 「어제여지도소서(御製輿地圖小序)」 등 지도의 감수를 맡았다.

영조가 1769년 『강역지(疆域誌)』 편찬에 대해 신경준에게 물었다. 그때 신경준은 360주에 이르는 조선의 각 읍에 지도를 따로 만들 것을 건의했는데, 아래의 글은 그때 임금과의 문답이다.

　　　　　　　　　　　　　　　　　　　　조선 천재 열전

"중국인들은 땅을 측량하고자 할 때에는 먼저 하늘을 측정합니다. 북극이 땅 위로 올라오고 땅 아래로 내려가는 것에 대해서는 모두 살펴 알고 있으므로 조금의 차이도 있을 수 없습니다"라고 하였다.

임금께서 말하기를 "내가 비록 이 이치를 잘 이해하기는 어렵지만 그대의 말을 들어보니 공부한 것이 극히 정밀함을 알겠다"라고 하였다.

신경준이 말하기를 "서양의 역법이 나온 이후에 동방의 역사가 정밀해졌습니다. 지리에 관해 말씀드리자면, 강이나 경계와 같이 큰 것과 양천(陽川)과 같이 작은 것이라도 모두 거기에 따라서 땅의 모양을 그린다면 이로써 그 지도를 완성할 수 있습니다. 단지 높낮이와 곧고 굽음이 같지 않을 뿐입니다"라고 하였다.

_『승정원일기』권 1300 영조 46년 1월 5일

이외에 저술한 책으로 1754년(영조 30년) 신경준이 증광시에 올라 을과로 급제할 때 답안으로 제출했던 정책안인 『거제책(車制策)』이 있다. 신경준은 삼국 시대 일상에 널리 쓰였던 수레가 조선 시대에 사용되지 않음을 비판하면서, 중국의 사례를 들어 운송수단으로 수레를 사용함으로써 경제적, 사회적 발전을 도모하고자 하는 뜻을 책에 담았다. 『거제책』에는 다음과 같은 의견이 실려 있다.

중국의 경우 부상대매(富商大買)들이 수레를 이용하여 천하를 주유하는데, 우리나라는 예전부터 지금까지 수레를 사용할 수 없어서 오로지 우마에 의존한다. 비용은 많이 드나 그 공은 적다. 그 이유가 무엇인가? 예전부터 사람들은 우리나라의 지세가 험하고 좁아서 수레 사용에 이롭지 못하다고 한다. 이는 그렇지 않다. 중국의 13성의 땅이 모두 다 평원인 것은 아니다.

임진란 때에 중국 병사들은 식사와 이동을 모두 수레에 의존했다. 어찌 우리나라에서만 수레의 이용이 이롭지 않다고 하겠는가. 우리나라에서는 관북과 해서에서 수레를 사용하는 자가 많다. 그런데 다른 도에서 사용할 수 없는 것은 무슨 까닭인가?

신경준은 융차(隆車), 수차(水車), 승차(乘車) 세 가지 수레를 잘 활용하면 군사상의 이익과 관개를 통한 가뭄 극복의 이익, 그리고 화물 운반의 이익을 얻을 수 있다고 보았다. 그러나 그 무렵 관료들이 우리나라 지형이 산지가 많기 때문에 수레를 활용해도 이익이 없다고 보는 것에 대해서 중국의 예를 들어 반박한 것이다. "중국의 땅도 전부 평원이 아니다. 그런데도 수레가 다니지 못하는 곳이 없다." 그리고 수레를 이용하지 못하는 것은 지형 때문이 아니라 우리나라의 기술 부족 때문이라고 지적하고 있다.

신경준은 수레의 제도는 필히 땅의 지형에 따라 다르다고 말하며, 그 이유를 "마치 배가 동해와 서해, 그리고 강화 지역에서 사용하는 배가 다르듯이"라고 했다. 지금부터라도 빨리 중국의 수레 제작법을 모방만 하지 말고, 우리나라 지형에 맞는 수레를 제작해야 한다고 했다.

신경준은 과거를 보는 데 필요한 성리학에만 몰두하고 실생활에는 관심을 갖지 않는 사대부들을 『거제책』에서 다음과 같이 질타하고 있다.

우리나라 선비들은 사장(詞章)의 공(功)으로 과거 합격을 위해 온갖 노력을 하다가 일생을 마치게 된다. 모든 사물에 대해 해박하고, 다양한 기술에 통하는 길에 대해서는 관심을 갖지 않는다. 그러면서도 산림에 은거하여 수양하는 자는 자주 그 뜻을 높이면서 큰 소리로 명물도수(名物度數)는 하찮은 일이라고 말한다.

(중략)

『서경』에 정덕(正德), 이용(利用), 후생(厚生)의 세 가지 일은 성인(聖人)이 편벽되게 폐하지 않았다는 것을 알 수 있다 하였는데, 진실로 일세의 선비들로 하여금 덕에 근거하고 또한 예(藝)를 잘 부리어서 격물(格物)의 공(工)을 다하게 함으로써 궁리(窮理)의 밝음에 도달하게 해야 할 것이다.

신경준이 편찬한 또 다른 고지도가 여러 가지 있다. 정식 명칭이 없기 때문에 편의상 「북방강역도(北方彊域圖)」와 「강화도 이북해역도(江華島以北海域圖)」로 구분한 이 지도는 신경준이 북청 부사, 강계 도호부사, 병조참지를 역임하면서 군사 목적으로 만든 지도다.

이외에 신경준이 지은 책으로『병선책(兵船冊)』과 양수기와 농업 수리학에 관한 책인『수차도설(水車圖說)』이 있다.

또한 신경준이 경기도 소사에 살고 있을 때 그곳 지명을 논제로 삼아 사물의 존재 원리를 탐구하고 인식하기 위해 쓴 책인『소사문답(素沙問答)』이 있다. 그중 몇 편을 보자.

바람, 구름, 소나무, 말의 무리들에 있어서, 형상과 색상이 비롯되는 바의 근원을 가지고서 음과 양의 조화의 묘를 탐구하고, 형과 색이 드러나는 차이를 가지고서 우리 유가들의 종지를 천명한다.

이제 사발 가운데에 탁한 물이 왕성하면, 그것이 사발의 주장이 되었다가 찌꺼기는 모두 한가운데로 모여드는 것이 그러하다. 한 번 열리고 한 번 닫히고, 한번은 쇠퇴하다가 한번은 자라니, 큰 풀무를 부는 것과 같으며 이빨들이 첩첩이 쌓인다.

그러므로 하늘에 붙어 있는 것은 그 형이 허하고, 땅에 붙어 있는 것은 그 형이 실하다. 처음에 생겨난 것은 그 형이 미미하지만, 뒤에 생겨난 것은 그 형이 확고하다. 무릇 토가 가장 나중에 생겨난 것이므로, 큰 것으로서 지극한 것이고 또 견고한 것이다. 사와 기가 응결하여 정이 된 것이 옥이다.

『소사문답』은 성리학에 얽매이지 않은 자유로움 속에서 논리학적 방법을 통해 사물을 인식하는 원리를 밝히고자 한 것으로, 신경준 자신의 과학적, 철학적 견해를 밝힌 저작이다. 조선 시대에 스승이 없이 혼자서 공부를 했던 사람들 중 특출한 사람이 몇몇 있다. 회재(晦齋) 이언적과 화담(花潭) 서경덕, 그리고 퇴계(退溪) 이황이 누구에게 사숙하지 않고 혼자서 공부했다. 그들은 스승 없이 혼자서 공부했기에 독특한 학풍을 창조할 수 있었던 것이다.

사람의 기술이란 남에게서 배운 것은 한계가 있게 마련이지만, 스스로 터득한 것은 그 응용이 무궁한 법이다. 더구나 곤궁하고 어려운 일은 사람의 심지를 굳게 하고 솜씨를 원숙하게 하는 법이다.

강희맹이 지은 「자득(自得)의 묘(妙)」에 나오는 글이다. 신경준 역시 특별한 스승이 없이 스스로 공부하여 문사철(文史哲) 모든 학문에서 독보적인 업적을 남겼다. 학문의 진리는 결국 누구의 지도가 아니라 혼자서 터득할 때 가장 큰 힘을 발휘할 수 있는 것이다. 그런 그에게 조선 시대의 과거 시험이나 성리학에만 매몰되어 있는 시대 풍조가 얼마나 답답했겠는가?

　　　　　　　　　　　　　　　　　　　　조선 천재 열전

우리나라의 과거 시험은 오직 사장 한가지의 길밖에 없으니 초야에 비록 기이한 재주와 기술을 가진 사람이 있어도 사장에 능하지 못한다면 쓸모 없는 사람이 되어버리니, 늙어서 죽을 때까지 그 사람은 얼마나 한스럽겠는가. 인재를 등용하는 길을 과거로만 한정하지 말고 새로운 문로를 열어서 효용의 길을 널리 구해야 할 것이라고 생각한다.

신경준이 『거제책』에 쓴 글이다. 신경준은 성리학에만 능한 사람을 등용하는 것보다 실용학문인 과학이나 기술에 능한 인물을 등용할 수 있는 길을 터놓아야 나라가 발전할 수 있다고 본 것이다. 신경준은 일찍이 다음과 같이 갈파했다.

대장부로 이 세상에 태어났으면 천하의 모든 일을 자신의 일로 삼아야 한다. 하나의 사물이나 일, 기예(技藝)까지도 모두 통달하지 못하면 대장부로서 부끄러워해야 한다.

그는 자신을 비롯한 사대부들의 학문이 격물(格物)에 그치지 않고 하찮은 기예까지도 모두 능통해야 한다고 말하며, 오늘날 인문학을 관통하는 주제인 '통섭'의 시대를 미리 예견한 것이다. 신경준은 개개의 사물들과 사건들을 접하면서 그 이치를 부지런히 탐구하는 작업이야말로 학문하는 사람의 바른 자세라고 보았다.

7. 후대의 평가

홍양호는 『이계선생집』에서 신경준이 우리나라의 산천과 도리에 더욱 밝았다고 강조하면서 신경준을 다음과 같이 평했다.

여암 신공은 큰 재주와 높은 식견을 지녔으면서도 넓고 깊이 찾는 노력을 더하여 (중략) 심오한 도리를 끄집어내지 않은 것이 없었으며, 백 가지의 학문을 모으되 자신의 도에 절충을 하였다. 말로 드러낼 때에는 넓어서 다함이 없고 선명하여 꼭 들어맞으며, 글로 나타낼 때는 이전 사람들의 말을 답습하지 않은 채 자신의 가슴속에 있는 것을 드러냈다.
규칙에 구차하게 속박되지 않으면서도 저절로 원칙에 벗어나지 않아 탁연히 일가로서의 학문을 이루었으니, 유가 드문 굉재며 희세의 통유다.

신경준은 당시 대부분의 사대부들과 달리 기예와 기술을 매우 중시했고, 명분과 허명을 좇지 않으면서 내용과 실질을 숭상했다.

꽃 중에 이름 없는 꽃이 많다. 무릇 사물이란 스스로 이름을 짓지 못하기 때문에 사람들이 이름을 지어줘야 한다. 아직 이름이 없다면 내가 이름을 지어줄 수 있지만, 반드시 이름을 지어야 할 필요가 있을까? 사람들이 사랑하는 것은 사물의 이름이라기보다는 이름 밖에 있는 그 무엇이다.
사람이 음식을 좋아하는 것은 이름이 좋기 때문이 아니며, 좋아하는 옷도 그 이름을 사랑하기 때문이 아니다. 맛있는 생선구이가 있다면 배불리 먹을 뿐, 어떤 고기인지 모른들 어떠랴. 가벼운 털옷이 있다면 그 옷을 입어 몸을 따습게 할 뿐, 어떤 짐승의 가죽인지 모른들 또 어떠랴.

내가 본 꽃에 이미 사랑을 느꼈다면 그 꽃의 이름을 모른다고 해서 뭐가 문제가 될 것인가? 그 꽃에 대해 사랑을 느낄 수 있는 그 무엇이 없다면 아예 이름을 지을 필요조차 없겠으나, 그 꽃에서 사랑을 느낄 만한 것이 있어 이미 그 사랑을 느꼈다면 구태여 이름을 지을 필요 또한 없지 않은가?

『여암유고』 권 10에 실린 「순원화훼잡설(淳園花卉雜說)」이라는 글이다. 이름이 없어도 이름을 몰라도 그 본질에는 아무런 모자람이 없다는 글로, 실용적인 신경준의 생각이 잘 드러나 있다.

여암 신경준은 평생에 걸쳐 수많은 저서를 지었고, 그중에서 지리학에 대한 저서들이 유난히 많았다. 지리학에 대한 지식의 해박함을 인정한 조정에서 그에게 우리 국토에 대한 여러 형태의 편찬 작업을 맡겼기 때문이었다. 학문이 뛰어나고 지식이 해박하여 여러 분야에 능통했던 신경준이 추구했던 학문은 실제 생활에서의 효용성과 이용후생을 목적으로 한 실용주의 학문이었다.

그 당시 대부분의 실학자들이 재야에서 활동했다. 그러나 신경준은 그들과 달리 국가적인 사업에 자신의 지식과 학문을 마음껏 발휘하여, 실학사상을 바탕으로 한 고증학적 방법으로 조선 후기 역사지리학에 큰 족적을 남긴 실천적 천재 지리학자였다.

정약용

유배지에서 새로운 길을 찾은 천재

(1762~1836)

1. 자라면 역법과 산수에 능통할 것이다

유배(流配)라고도 하고, 귀양이라고도 하는 험난한 세월을 1년도 아니고 2년도 아닌, 18년을 보낸 사람이 있다. 다산(茶山) 정약용이 바로 그다. 물론 27세에 유배를 가서 29년간 유배 생활을 했던 조정철이라는 인물도 있지만, 18년이라는 세월은 한 사람의 인생에서 엄청나게 긴 세월이다. 다산 정약용이 남녘의 끝자락 강진에서 18년간의 유배를 마치고 고향으로 돌아가게 된 배경을 조선 후기 유학자인 매천(梅泉) 황현은 다음과 같이 기록했다.

다산은 유배 생활 18년 동안 온갖 어려움을 겪었지만 불평한 기색을 전혀 드러내지 않았다. 일찍이 유배차 왔다가 서울로 돌아가는 사람을 송별하여 시 한 편을 부채에 써서 주었다. 그 기구(起句)에 "역정의 가을비 사람을 송별하기 더디다(驛亭秋雨送人遲)"라 하고, 다시 "이릉이 고향으로 돌아갈 기약이 없어라(李陵歸漢逐無期)"라고 썼다. 붓을 던지고 길게 읊노라니 처연히 눈물이 흘렀다. 그 사람이 서울에 도착하여 당시 재상을 뵙는 자리에서 별생각 없이 그 부채를 보이게 되었다. 재상이 깜짝 놀라며 "정 아무개가 아직도 이 세상에 노닐고 있단 말인가?" 하였는데, 이윽고 풀려나게 되었다.

그 선비가 아니었더라면 잊힌 존재로 살았을지도 모를 다산 정약용.

다산 정약용 옛집. 다산의 옛집은 1925년에 일어난 을축년 대홍수 때 떠내려가고, 새로 지은 집이다.

그가 도착한 고향이 현재 경기도 남양주시 조안면 능내리다. 다산이 살았
던 당시에는 경기도 광주군 초부읍 마현리였다. 다산의 생가는 1925년
을축년 대홍수 때 떠내려가 1975년에 새로 복원되었다. 다산이 태어났
던 능내리에 지은 ㅁ자 20칸 전통 한옥에 다산의 흔적은 남아 있지 않고
오른쪽에 사당이, 왼쪽에는 다산 생전의 유품을 수집 정리한 유물 전시관
이 있다.

　세월의 때가 묻지 않아 옛 맛을 느낄 수 없는 다산의 집 뒤편 '여유당
(與猶堂)'이라 새긴 빗머리돌을 지나 작은 언덕에 오르면, 정약용이 그의
아내인 숙부인 풍산홍씨(豊山洪氏)와 함께 합장한 묘가 나타난다. 소나
무가 병풍처럼 둘러쳐진 다산의 묘 앞에서 보면 팔당호의 출렁이는 물결
이 어른거린다. 이곳 마재에서 영조 38년인 1762년 6월 16일, 조선 후
기 대표적 문신이며 실학자였던 정약용이 태어났다.

　정약용의 본관은 나주였고, 자는 미용(美庸), 호는 사암(俟菴), 태수

(苔曳), 자하도인(紫霞道人), 철마산인(鐵馬山人), 다산(茶山), 여유당(與猶堂) 등이었는데, 다산은 유배지에서 얻은 호였고 "겨울 냇물을 건너듯이 네 이웃을 두려워하라"라는 뜻을 지닌 여유당은 유배지에서 돌아와 지은 호였다.

그가 태어나던 해는 사도세자가 폐위된 뒤 뒤주에 갇혀 죽은 해였다. 그 후 조정은 사도세자를 동정하는 시파(時派, 남인)와 반대하는 벽파(僻派, 노론)로 나뉘었다. 시파와 벽파의 싸움은 그 뒤 조선 정치사에 큰 영향을 끼쳤고, 다산의 생애에도 깊은 그림자를 던졌다.

압해정씨(押解丁氏) 재원과 어머니 해남윤씨(海南尹氏)의 넷째 아들로 태어난 다산의 선조들은 8대를 연이어 문과에 급제하여 옥당(玉堂)에 들었다. 그러나 고조, 증조, 조부의 3대에 이르러서는 벼슬길에 오르지 못했다. 정조의 즉위로 남인계에 벼슬길이 트이자, 다산의 아버지 정재원은 음사(蔭仕)로 벼슬에 올라 진주 목사까지 역임했다. 어머니 해남윤씨는 우리 국문학상 대표적 시조 시인으로 불리는 고산(孤山) 윤선도의 직계 후손으로, 조선 시대 삼재(三齋)의 한 분이던 공재(恭齋) 윤두서의 손녀다. 공재는 다산의 외증조가 되었기에 다산은 글마다 "우리 고산 선생, 우리 공재 선생"으로 호칭하며 외가를 자랑했다.

네 살 때부터 천자문을 배우기 시작한 정약용은 어려서부터 남달리 문장이 뛰어났다. 「자찬묘지명(自撰墓誌銘)」에 "어려서부터 영특하여 제법 문자를 알았다"라는 글을 남겼고, 일곱 살 무렵에 지은 시 한 편이 남아 있다.

작은 산이 큰 산을 가리우니(小山蔽大山)
멀고 가까운 거리가 같지 않음이로다(遠近地不同)

조선 천재 열전

그의 아버지는 정약용의 시를 읽고 "분수에 밝으니 자라면 역법(曆法)과 산수(算數)에 능통할 것이다"라고 예감하며 기뻐했다. 그때 마침 천연두를 앓았으나 한 점의 흉터도 없이 다만 오른편 눈썹 위에 약간의 흔적만이 남았다. '삼미' 즉 세 눈썹이 되었으므로, 삼미자(三眉子)라 불렸다. 그런 연유로 다산은 뒷날 10대 이전의 작품을 모아 『삼미집(三眉集)』을 엮었다.

다산의 어린 시절 이야기를 쓴 조선 후기 학자 매천 황현은 『매천야록』 권 1 '다산의 기억력'에 다음과 같은 내용을 실었다.

다산의 기억력은 절륜하여 세상 사람들은 계곡(谿谷) 장유에 비교했다. 정승 이서구가 어느 날 영평에서 대궐로 오다가 한 소년이 한 짐의 책을 말에 싣고 북한산의 절로 가고 있는 것을 만났다. 10여 일 후, 고향으로 돌아가는데, 다시 한 짐의 책을 싣고 나오는 지난번에 만났던 그 소년을 다시 만났다.

이서구가 그를 이상하게 여기고 물었다. "너는 무엇을 하는 사람인데 글은 읽지 않고 왔다 갔다 하고 있느냐." 그 소년이 대답했다. "벌써 다 읽었습니다." 이서구가 깜짝 놀라며 물었다. "말에 실은 책이 무슨 책이냐." "『강목(綱目)』입니다." "그래, 그런데 네가 어떻게 이 『강목』을 열흘 만에 다 읽을 수 있단 말이냐?" "읽었을 뿐만 아니라 다 외울 수도 있습니다."

이서구가 수레를 멈추고 책을 여기저기 뽑아서 그를 시험했다. 소년은 보지 않고 거의 다 외웠다. 그 소년이 바로 다산이다.

황현은 다산을 두고서 다음과 같이 평했다.

다산은 타고난 재분(才分)이 뛰어난 데다 백가(百家)에 관통했는데, 오직 실용(實用)에 힘썼기 때문에 그의 저술은 고인의 법도에 그대로 맞기를 구하지 않아서 약간 잡박한 병통이 있었다.

다산의 큰아들 학연이 추사(秋史) 김정희를 초청하여 『여유당집』을 고찰, 교정한 뒤 취사선택해서 확정 지어줄 것을 부탁했다. 추사가 그의 방대한 저작을 다 살펴보고 난 뒤 다음과 같이 말했다.

선생의 백세(百世) 대업은 진실로 위대합니다. 그 저작에 대해서 나는 실로 알지 못하는데, 어떻게 취사선택을 하겠습니까? 어찌 전고(全稿)를 그대로 보존하여 후세에 양자운(揚子雲, 한나라 때의 학자로 『태현경』을 지었다)을 기다리지 않겠습니까?

열세 살에 두보의 시를 베낀 뒤 그 운(韻)을 따라 수백 편의 시를 지어서 어른들로부터 칭찬을 받았던 다산은 열다섯 살이 된 1776년 2월 경상우도 병마절도사를 지낸 홍화보의 딸이었던 풍산홍씨와 혼인했다. 그 뒤 다산은 처가를 왕래하기 위해 두미협(斗尾峽)을 지나 배를 타고 서울 출입을 자주하면서 이가환, 이승훈을 통해 성호 이익의 저서를 접했다. 그해 영조가 죽은 뒤 왕위에 오른 정조는 벽파를 멀리하고 시파를 등용했다. 그때 다산의 아버지 정재원이 호조좌랑에 임명되었다.

그 무렵부터 다산은 누나의 남편이었던 이승훈, 당시 명망이 높았던 학자인 이가환 그리고 큰형수의 동생이었던 광암(曠庵) 이벽과 사귀었다. 청년 시절 다산에게 가장 많은 영향을 주었던 사람이 8년 연상의 이벽이었다. 그는 뒷날 한국 천주교에서 창립 성조로 받드는 인물이다. 다산은

윤선도의 고택인 해남 녹우당은 다산의 외갓집이다. 강진에 유배된 다산은 외가에서 책을 빌려다가 공부했다.

둘째 형 약전과 함께 "일찍이 이벽을 따랐다"는 기록을 남겼던 것에서 보듯이, 정조에게 『중용(中庸)』을 가르치다가도 의문이 있으면 이벽에게 자문을 구하곤 했다. 물이 흐르는 듯한 담론으로 사람들을 따르게 했던 그는 천주교를 전파하는 데 크게 활약했다. 한편 중국에 가서 서양 선교사에게 조선인으로 최초의 세례를 받은 이승훈은 다산의 매형이다. 최초의 천주교 교리 연구회장으로 순교한 정약종은 셋째 형이며, 윤지충은 외사촌 형이다. 이렇듯 다산의 주변 사람들은 한국 천주교의 창립을 주도한 사람들이었다. 정약용은 이가환, 이승훈 등과 교류했는데, 이가환은 이승훈의 외삼촌으로 경세치용학파 실학자였던 성호 이익의 종손이었다.

공리공론(空理空論)이 아닌 현실 문제를 다룬 이익의 책들을 읽으면서, 정약용은 평생을 통해 추구할 학문의 방향과 뜻을 세웠다. 16세가 되던 해 1777년 겨울 화순 현감으로 부임하는 아버지를 따라 호남에 간 다산은 화순 적벽과 무등산을 유람했고, 둘째 형 정약전과 함께 화순읍에서 멀지 않은 동림사에서 '얼음을 깨뜨려 세수하며' 공부했다. 다산이 열여덟 살이 되던 1779년, 당시 최고의 경학자였던 녹암(鹿庵) 권철신이 주도한 천진암(天眞庵)의 강학회에 참여했다. 그때 참석한 사람들이 권일신, 이승훈, 정약전, 정약종 등 남인계 학자들이었다. "기해년 천진암 주어사에서 눈 오는 밤중에 이벽이 이르러 불을 밝히고 경전을 담론했다"라는 기록이 있는데, 그해를 한국 천주교가 시작된 것으로 보고 있다. 다만 그 경전이 천주교 경전이 아니고 유학 경전이었을 것으로 보는 의견도 있다. 3년 뒤에는 아버지가 경상도 예천 군수가 되자 영남 지방을 유람했다. 이후 21세에 서울에 집을 사서 정착한 다산은 본격적으로 과거 공부와 학문 연구에 몰두했다.

2. 다산이 정조와 만나다

　1783년인 22세에 소과에 급제한 정약용은 진사가 되었다. 곧이어 생원이 되어 태학(太學)에 들어가 학문을 연구했다. 23세가 된 그 이듬해 정조가 성균관 유생들에게 『중용』의 해석에 관한 의문점 70조를 내려주고 유생들의 답변을 요구했는데, 정약용이 제출한 「중용강의」가 조선조 최고의 군사(郡師)로 손꼽히던 정조의 마음에 들게 되었다. 이때 조정에서는 '약용의 뒤에는 이인(異人)이 있다'는 이야기가 나돌기도 했는데, 그때 상황이 그의 「자찬묘지명」 집중본(集中本)에 실려 있다.

　　계묘년 봄에 경의진사(經義進士)로서 태학에 놀 제 위에서 중용강의 여조를 내리셨는데, 그때 나의 벗 이벽이 박아(博雅)로서 이름이 높았으므로, 그와 함께 이발 기발(理發 氣發)의 조대에 대하여 의논했던바, 이벽은 퇴계의 설을 주장했으나 나의 조대는 우연히 이율곡의 논한 바와 일치되었다. 퇴계는 오로지 심성을 위주로 하였으므로 이발 기발을 말했으나, 율곡은 도기(道器)를 통론했으므로 기발은 있으나 이발은 없다 하였다.

　다산은 이듬해 고향에서 큰형수의 1주기 제사를 지내고 서울로 돌아오던 두미협의 뱃길에서 이벽으로부터 처음으로 서교(西敎, 천주교)에 대하여 듣고 책을 얻어 보았다. 그 무렵 '요한'이라는 이름의 세례명을 얻었다고 하는데. 그때의 감회를 다음과 같이 피력했다.

갑진년 4월 보름에 맏형수의 제사를 마치고 나의 형제들은 이벽과 같은 배를 타고 물을 따라 내려왔다. 배 안에서 천지가 창조되는 시초나 육신과 정신이 죽고 사는 이치를 들으니, 황홀하고 놀라워 마치 은하수가 끝이 없는 것 같았다. 서울에 돌아오자 이벽을 따라가 『천주실의(天主實義)』와 『칠극(七極)』 등 몇 권의 책을 보고 비로소 기뻐하여 마음이 기울었다.

다산이 나중에 쓴 글에 따르면, 서교를 접한 후 넓게 알고 난 후부터 신기한 것을 좋아하던 성벽(性癖)으로 인해 여러 사람에게 자랑하는 등 한동안 상당히 몰두했다고 한다. 그러나 과거 공부에 바빠지고, 또 서교에서는 제사를 지내지 않는다는 설을 접하고부터는 전혀 돌아보지 않았다고 한다.

1785년인 을사년 이른 봄, 이벽의 주재로 명례방(지금의 명동성당 자리)의 김범우(역관과 의원을 겸업한 중인) 집에 수십 명이 모여 '설법교회'를 열었다. 그때 형조에서 그 집회 현장을 덮쳤다. 집회 참석자들은 정약용과 그 형인 정약전, 정약종, 그리고 이승훈, 권일신 등 한국 천주교 창립의 핵심 멤버들이었다. 그때의 사건을 을사추조(乙巳秋曹) 적발 사건이라고 부른다.

이때 김범우는 독하게 매를 맞고 밀양으로 귀양 가 죽음으로써 한국 천주교 순교자 제1호가 되었다. 형조에서는 이벽, 이승훈, 권일신, 정약용 등 명문 양반 출신들에 대해서 공권력을 행사하지 않았지만 문중의 추궁은 거세었다. 그중 문중으로부터 가장 혹독하게 질타를 받은 사람은 이벽이었다. 이벽의 아버지 이부만은 경주이씨의 문중 회의에 여러 번 호출되어 '오랑캐의 법도를 가르치는 사문난적(斯文亂賊)'을 족보에서 삭제하겠다는 위협을 받았다. 족보에서 삭제되면 양반의 지위를 잃고 관직에서도 추방되던 시절이었다. 이부만은 황해도 병마절도사를 지냈고, 이벽의 형과 아우도 무과에 급제하여 무관직에 올라 있었다.

이부만이 드디어 대들보에 노끈을 걸어 목을 매달았다. 이벽은 아버지의 죽음을 막기 위해 "그럼 안 나가겠습니다"라고 한발 물러섰다. 식음을 전폐한 이벽은 15일간 자신의 방 안에서 기도와 명상을 하다가 탈진해 죽었다. 1785년 음력 6월 14일, 그의 나이 32세였다.

다산은 이벽을 기리며 다음과 같은 만사(輓詞)를 썼다.

신선나라 학이 인간들 사이에 내려오니
흔연히도 신선의 풍채를 보였네
깃과 날개는 희기가 눈 같으니
닭과 집오리가 골내며 샘내네
울음소리는 우렁차서 구천을 진동시키고
내는 소리 밝고 맑아 풍진에 뛰어났네
가을 되어 돌아갈 때 맞아 홀연히 날아가 버리니
하염없이 슬퍼한들 무슨 소용 있으랴

을사박해의 회오리바람 속에서도 다산의 집안에는 별다른 타격이 없었다. 28세 봄 대과에 갑과(甲科) 2위로 급제한 정약용은 바로 초계문신(抄啓文臣)의 칭호를 얻었고, 명례방 근처에 있는 집의 뜰 안에 운치 있는 화단을 가꾸고 가장자리에 굵은 대나무를 둘러친 난간인 죽란(竹欄)을 만든 뒤 '죽란서옥(竹欄書屋)'이라는 이름을 지었다. 그리고 그와 친교를 맺었던 이치훈, 이유수, 한치응 등 열네 명의 뜻 맞는 선비들이 '죽란시사

(竹欄詩社)라는 풍류계를 맺고서 다음과 같은 규약을 정했다.

살구꽃이 피면 한 번 모이고, 복숭아꽃이 필 때와 한여름 참외가 무르익을 때 모이고, 가을 서련지(西蓮池)에 연꽃이 만개하면 꽃 구경하러 모이고, 국화가 피어 있는데 첫눈이 내리면 이례적으로 모이고, 또 한 해가 저물 무렵에 매화가 피면 다시 한 번 모이기로 했다.

서련지의 연못은 연꽃이 많은 데다 크기로 소문이 자자했는데, 죽란시사를 맺은 선비들이 동이 트기 전 새벽에 모여서 배를 띄우고 연꽃 틈에 대고는, 눈을 감고 숨을 죽인 채 무엇인가를 기다렸다. 그것은 바로 연꽃이 필 때 나는 소리였다. 잎이 필 때 청량한 미성을 내며, 꽃잎이 터지는 그 연꽃의 아름다운 소리를 듣기 위해서였다.

풍류계를 만들어 잘 놀면서 학문을 연마한 다산은 한림(翰林)인 예문관검열에 피선되었지만, 며칠 뒤에 피선 과정의 문제가 야기되어 최초의 유배길에 오른다.

해미현(충남 서산군 해미면)에서 열흘간의 유배 생활을 보내던 그는 곧바로 본직에 복귀해 본격적인 관직 생활에 접어들었다. 그러나 다산이 31세가 되던 1771년, 부친상을 당해 3년 동안 관직을 떠나게 되는데, 그 무렵 다산은 한강 배다리 역사의 규제를 만들어 올렸다. 한강 주교를 설계한 정약용은 그때부터 정조의 신임을 받게 되었다. 정조는 수원에 있는 그의 아버지 사도세자의 묘(현륭원)에 자주 참배했는데, 중국이나 일본과는 달리 그때까지 조선에서는 주교를 가설하는 기술을 갖추지 못해 몹시 안타까워하던 참이었다. 정조의 현륭원 능행은 단순한 행차가 아니었다.

조선 천재 열전

노론 벽파의 참소로 영조에게 죽임을 당한 사도세자를 신원(伸冤)한다는 것은 당시 정계의 주류를 이루던 노론 벽파의 기를 꺾는 일임과 동시에, 정조 자신의 왕권을 세우는 일이었다.

정조 15년 10월에 다산은 사헌부지평에 제수되었고, 겨울에 「시경의 (詩經義)」 800여 조를 지어 바쳐서 정조로부터 칭찬을 받으면서 엘리트 관료로 출세의 길을 달렸다. 하지만 호사다마(好事多魔)라고 했던가. 전라도 진산에서 '진산사건(珍山事件)'이 일어났다. 진산에 살던 진사 윤지충이 그의 모친의 신주를 불사르고 제사를 모시지 않았다가 전라감영에서 참수를 당한 사건이었다.

아래는 '전라도 관찰사 정민시가 죄인 윤지충과 권상연을 조사한 일을 아뢰다' 조에 형조판서 김상집과 참판 이시수 등을 불러 이른 내용이다.

이제 전라 감사가 조사해 아뢴 것을 보면, 윤지충과 권상연이 신주를 태워버린 한 조목에 대해서는 이미 자백하였다 하니, 어찌 이처럼 흉악하고 이치에 어긋나는 일이 있겠는가. 대저 경학으로 모범이 되는 선비가 없기 때문에 사람들이 점차 물들어 이처럼 오도되기에 이른 것이니, 세도(世道)를 위해서 근심과 한탄을 금할 수가 없다.

(중략)

대개 이번 일이 대부분 좌상이 아는 사람들 가운데에서 나왔기 때문에 외간에서는 혹 내가 좌상의 얼굴을 보아준다고 말하는 듯도 하다마는, 이 일이야말로 위정벽사(衛正闢邪)에 관계되는 것인데, 내가 어찌 한 대신을 위해서 치죄를 소홀히 하겠느냐.

조사하는 일이 아직 결말이 나지 않았을 뿐만이 아닌데 사학을 하는 자가 어찌 권과 윤뿐이겠는가. 그러나 지금 만약 낱낱이 조사하여 사람마다 따지고 든다면, 이는 가르치지 않고 처형하는 것과 비슷하게 될 것이다. 그러니 다만 마땅히 하나를 징계하여 백을 경계시키는 법을 써야 할 것이다.

『정조실록(正祖實錄)』15년 11월 7일 자

정조는 이들에게 사형을 명했고, 다산의 외사촌이었던 윤지충과 권상연은 전주 풍남문 밖에서 참형에 처해졌다. 그 사건의 전모는 곧 서울로 전해졌다. 진산사건은 커다란 정치적인 파장을 불러일으켰다. 정조는 서인을 견제하기 위해 남인을 등용했다. 진산사건이 일어나자 공서파(攻西派)는 권일신을 '천주교의 두목'이라고 지목하여 귀양을 보내 병사케 했다. 신해박해 이후 정약용은 천주교와의 관계를 청산했다. 정조 16년 아버지 정재원이 진주 목사 재임 중 병사했지만, 정약용은 왕명을 받들어 「화성성제(華城城制)」를 지어 올린 다음 수원성의 설계도를 작성했다. 삼년상을 치른 다산은 홍문관수찬에 복귀했다. 이후 정조 18년인 1794년에 경기도 암행어사로 연천 지방을 암행했다. 이때 정약용은 헐벗고 굶주린 채 수탈당하고 있던 농민들의 참상을 있는 그대로 보게 되었다.

시냇가에 뚝배기처럼 찌그러진 집이 있어
북풍에 이엉 걷히고 서까래만 앙상해라
마른 목은 따오기 모양으로 길쭉하고
병든 살갗 주름져 닭살 같구나

적성촌의 가난한 농가를 그린 시와 기민시(飢民詩), 구절구절 백성의 고통에 대한 막막한 슬픔과 현실에 대한 분노를 담은 시를 이때 썼다.

조선 천재 열전

암행어사를 마치고 돌아와 홍문관부교리에 오른 다산은 화성 축조 공사를 시행하면서 거중기를 발명했다. 이어 정조 19년 그는 34세의 나이로 정3품 당상관 동부승지에 올랐다. 하지만 그해 4월 중국인 신부 주문모의 밀입국 사건이 발생하자 공서파의 모함을 받아 7월에는 종6품의 홍주목 소재 금정도찰방으로 좌천당했다.

그때부터 다산은 천주교 관계자로 몰리게 되었다. 품계가 한꺼번에 6등급이나 강등하는 수모를 겪었던 그는 금정도찰방 재직 때 온양의 봉곡사에서 강학회를 주관하여 성호 이익의 유고를 정리했는데, 그때 성호의 종손인 이삼환에게 편지를 보내 존경심을 표했다.

아! 성호 부자(夫子)는 하늘이 내신 영걸스러우신 인재로서 도가 망하고 교화가 해이해진 뒤에 나서서 회재와 퇴계를 사숙하여 심성의 학문으로 경(經)을 삼고 경제의 사업으로 위(緯)를 삼아 수백여 편의 저서로서 후학들에게 아름다운 은혜를 베풀었습니다.

절망 속에서 새로운 희망의 불씨를 지피는 생활 철학이 정약용의 진면목이었다. 정조는 외직으로 쫓겨난 정약용을 그냥 버려두지 않고 그해 연말에 내직으로 불러들였다. 1796년 화성이 준공되었는데, 거중기와 녹로 등의 활용으로 국고금 4만 냥이 절약된 것으로 평가받았다. 그다음 해인 36세 때 정약용은 좌부승지를 제수받았다. 그 무렵 일화가 『여유당전서』에 실려 있다.

1797년 여름 석류꽃이 처음 필 무렵 내리던 부슬비도 때마침 개었다. 정약용은 고향 소내에서 천렵하던 생각이 간절했다. 조정의 허락도 받지 않

수원 화성. 정조 임금의 명을 받아 채제공과 함께 만들었던 수원 화성의 화홍문.

고 도성을 몰래 빠져나와 고향에 돌아왔다. 친척 친구들과 작은 배에 그물을 서둘러 싣고 나가 잡은 고기를 냇가에 모여 실컷 먹었다. 그러자 문득 중국의 진나라 장한이 고향의 농어와 순채국이 먹고 싶어 관직을 버리고 고향에 돌아갔다는 이야기가 생각났다. 그는 산나물이 향기로울 때라는 것을 깨닫고 형제 친척들과 함께 앵자산 천진암에 들어가 냉이, 고비, 고사리, 두릅 등 산채들을 실컷 먹으며 사흘이나 놀면서 20여 수의 시를 짓고 돌아왔다.

아무런 일이 없을 때라도 조정에서 어슬렁거리기라도 해야 불안하지

조선 천재 열전

않는 조정 관리들과 달리, 그의 가슴속엔 순진무구한 꿈들이 가득 차 있었던 것이다. 그러한 시절도 잠시, 다산은 또다시 서교 문제로 반대파의 탄핵을 받는다. 그는 신해박해 이후 "마침내 마음을 끊었다"라는 내용이 담긴 장문의 변방(辯訪)상소문을 올리고 사직했다.

3. 신유교옥이 일어나고

정조는 1797년 윤 6월 정약용을 다시 곡산 부사로 기용했다. 2년가량 곡산 부사로 일하는 동안 그는 군포를 감하고 호적을 고치고 교육을 일으키는 등 오랫동안 생각해온 바를 본격적으로 실행했다. 목민관으로 뛰어난 자질을 보인 그는 때마침 전국적으로 천연두가 창궐하자, 『마과회통(麻科會通)』12권을 지어 우리 역사상 처음으로 종두법을 소개했다.

천연두는 그 당시 공포의 질병이었다. 그는 슬하에 9남매를 두었는데, 천연두를 앓다 죽어 2남 1녀만 키웠다. 정조 23년인 1799년 그는 또다시 내직으로 들어가 마지막 벼슬이 된 형조참의를 제수받았으나, 반대파의 공세로 3개월 만에 물러난 뒤, 다음 해 봄 가족들과 함께 고향인 마재로 돌아왔다.

1800년 6월 28일, 정약용을 '미래의 재상감'으로 지목하며 총애했던 정조가 갑작스레 세상을 떠난다. 벽파를 견제하기 위해 시파를 옹호했던 정조의 죽음을 두고 최근까지도 독살설이 거론되고 있다. 아무튼 정조의 죽음으로 조정의 주도권은 벽파에게 넘어갔다. 곧바로 영조의 계비이자 골수 벽파 가문 출신인 정순대비(貞純大妃) 김 씨가 12세의 순조를 섭정하면서 수렴첨정(垂簾聽政)에 나섰다.

이런 상황에서 노론 벽파와 연합인 남인 공서파(攻西派)가 같은 남인의 신서파(信西派)를 몰아붙였다. 한해 전에 병사한 남인 시파의 영수 채제공(채제공의 서자 채홍근은 다산의 매형이다)의 관직(영의정)을 추탈하자

느니, 신서파는 모두 천주교 신자라느니, 그들이 모두 역모를 꾸미고 있다며 모두 목 베자는 논의가 벌어졌다.

순조 원년이었던 1801년 정순대비는 드디어 천주교 탄압을 위한 사학금령(邪學禁令)을 선포했다. 300여 명이 죽어간 이른바 신유사옥(辛酉邪獄)이 일어난 것이다.

사람이 사람 노릇을 할 수 있음은 인륜(人倫)이 있기 때문이요, 나라가 나라일 수 있음은 교화(教化)가 있기 때문이다. 오늘날 사학이라고 말해지는 것은 아비도 없고 임금도 없어 인륜을 파괴하고 교화에 배치되어 저절로 짐승이나 이적(夷狄, 오랑캐)에 돌아가 버린다. 엄하게 금지한 이후에도 개전의 정이 없는 무리들은 마땅히 역률(逆律)에 의거하여 처리하고, 각 지방의 수령들은 오가작통(五家作統)의 법률을 밝혀서 그 통 안에 만약 사학의 무리가 있다면, 통장은 관에 고하여 처벌하도록 하는데 마땅히 코를 베어죽여서 종자도 남지 않도록 해라.

이때 정약용의 셋째 형 약종이 1801년 1월 19일 교시서와 성구, 그리고 신부와 교환했던 서찰 등을 담은 책롱을 안전한 곳으로 운반하려다가 한성부 포교에 의해 압수당하는 사건이 벌어졌다. 2월 9일 전 공조판서 이가환, 전 천안 현감 이승훈, 전 승지 정약용을 국문하라는 사헌부의 대계가 올라간다.

오호 애통하도다. 이가환, 이승훈, 정약용의 죄악은 죽이기만 하고 말겠습니까. 이들 세 사람이 사학의 와굴(窩窟)인 까닭입니다. 이가환은 흉추의 핏줄로 화심(禍心)을 가슴에 감추고 뭇 원한을 품은 사람들을 유인하여서 자신이 교주(敎主)가 되었습니다. 이승훈은 그의 아버지가 사가지고 온 요서(妖書)를 전파하고 감심(甘心)으로 천주교 법리를 보호하는 것으로 가계(家計)를 삼았습니다. 정약용은 본래 두 추물(이가환, 이승훈)과 한 뱃속이 되어 협력하는 한 부분을 이루었습니다. 그의 자취가 이미 탄로되었을 때에는 상소하여 사실대로 자백하여 다시는 믿지 않겠다고 입이 닳도록 맹세했습니다. 그러나 몰래 요물을 맞아들이며 예전보다 더 심해졌으니 임금을 속였으며, 사리에 어둡고 완고하여 두려운 줄을 모릅니다. 금번 법부(法府)에서 압수한 그의 형제와 숙질이 주고받은 서찰에 이르러서는 그러한 것을 낭자하게 드러내 보여주니, 그 요흉(妖凶)한 정상은 만 사람의 눈인들 가리기 어렵습니다. 대체로 이 세 흉인(凶人)들은 모두 사학의 근저가 되오니 청컨대 전 판서 이가환, 전 현감, 이승훈, 전 승지 정약용을 곧 왕부(王府)로 하여금 엄하게 국문하여 실정을 알아내도록 하여 나라의 형벌을 쾌하게 바르소서.

결국 2월 16일, 이승훈, 정약종, 최필공, 홍교만, 홍낙민, 최창현 등 천주교의 주축들은 서소문 밖에서 목이 잘려 죽었고, 이가환, 권철신은 고문을 못 이겨 옥사하고 말았다. 죽음을 모면하고 귀양을 가야 했던 정약용의 상황이 『순조실록』에 실려 있다.

죄인 정약전, 정약용은 바로 정약종의 형과 아우다. 당초에 사서(邪書)가 우리나라에 들어오자 읽어보고는 좋은 것으로 여기지 않은 것은 아니지만, 중년에 스스로 깨닫고 다시는 더러움에 물들지 않으려는 뜻이 예전에 올린 상소문과 이번 국문받을 때에 상세히 드러나 있다. 차마 형을 증거할 수 없다고는 했지만 정약종의 문서 중에 그들 서로 간에 주고받았던 글 속

조선 천재 열전

에서 정약용이 알게 되는 것을 경계하고 있으니, 평소에 집안에서도 금지하고 경계했던 것을 증험할 수 있다. 다만 최초에 더러움에 물들었던 것으로 세상에서 지목을 받게 되었으니 약전, 약용은 사형의 다음 형벌을 적용하여 죽음은 면해주어, 약전은 강진현 신지도로, 약용은 장기현으로 정배한다.

4. 유배길에 오른 다산

다산이 사형을 면하고 정배를 가게 된 이유는 한 천주교도가 정약용의 셋째 형 약종에게 보낸 편지에 "자네의 아우(약용)가 알지 못하게 하게"라는 문구가 있었고, 약종 자신이 쓴 글 중에도 "형(약전)과 제(약용)가 더불어 천주를 믿을 수 없음은 나의 죄악이다"라는 구절이 발견되었기 때문이었다.

정약용은 "위로는 임금도 속일 수 없지만 아래로는 아우가 형을 증거할 수 없다고 형(약종)이 그러하니 오직 한 죽음이 있을 뿐입니다. 잘못된 형님이 한 분 있지만 형님이 그렇지 않다는 증거를 댈 수 없습니다. 다만 형제의 사이란 천륜이 애초에 무거운 것이니 어떻게 혼자만 착하다고 말하겠습니까. 함께 죽여주기를 바랍니다"라고 했고, 결국 유배에 처해졌다.

정약종은 그의 장남 철상과 함께 서소문 밖에서 처형되었다. 청국인 신부 주문모도 3월 11일 의금부에 자수하여 사형을 당했다. 신유년에 일어난 천주교 탄압 사건은 '신유사옥(辛酉邪獄)' 또는 '신유교옥(辛酉教獄)'이라고 부르고 있으나, 다산은 이 사건을 분명히 '신유사화(辛酉士禍)'라고 명명했다.

공소장에 의해 묻고 답변했던 신유추안(辛酉推案)에서 이가환은 그 자신이 교주가 아님을 극구 변명했다. 이승훈 역시 1785년 을사사건(乙巳事件) 이후에는 모든 책을 불살랐고 신해사옥 이후 예산에 가서 회오문(悔悟文)을 지어 정학(正學)으로 돌아온 뒤엔 다시는 믿지 않았다고 했다. 다산 또한 1797년 6월 정조에게 올린 상소장에서처럼 오래전에 손

떼었음을 분명하게 밝혔다. 하지만 유배길을 피할 수는 없었다.

장기현에서 귀양살이를 하던 정약용은 조정의 고관대작들이 "이(理)다, 기(氣)다"라고 떠드는 공론(空論)의 성리학을 풍자했던 시를 여러 편 지었다.

요즈음 선비들 성리학설만 즐겨 말하나
통치술과는 얼음과 숯이라네

산림에 숨어서 나오지도 못하고
나와 본들 남들의 웃음거리 된다네

마침내 경박한 사람들로 하여금
공무(公務)의 중심 일을 멋대로 맡긴다네

아옹다옹 싸움질 제각기 자기 외고집
객지에서 생각하니 눈물 울컥 솟는구나

산하는 옹색하여 삼천리인데
비바람 섞어치듯 다툰 지 이백 년

영웅들 그 얼마나 슬프게 꺾였는고
동포 형제 어느 때쯤 전답 싸움 부끄러워하리

넓디 넓은 은하수로 깨끗이 씻어내어
상서로운 햇빛을 온 천하에 비추리라

하지만 신유교옥은 그것으로 끝난 것이 아니었다. 그해 가을에 황사영 백서사건(帛書事件)이 일어났다. 백서사건이란 제천의 배론 토굴에 도피 중이던 황사영이 중국에 있는 프랑스 선교사에게 비단에 써서 보내려던 편지가 발견되어 빚어진 옥사였다. 편지의 내용은 청국 황제가 조선 국왕에게 천주교도 박해 중지의 압력을 가하도록 선교사들이 개입해달라는 청원이었다. 황사영은 즉각 체포되어 능지처참을 당했다. 황사영은 16세 때 진사시에 장원급제한 수재로, 정약용의 조카사위였다. 즉 정약용의 큰형인 약현의 딸이 황사영의 부인이다. 이때 황사영의 어머니와 부인은 거제도와 제주도로 쫓겨나 종살이를 해야 했고, 세 살짜리 아들까지 추자도에 버려졌다.

정약용, 정약전은 그해 10월 20일 저녁 또다시 체포되어 감옥에 갇히게 되었다. 공서파에서는 "천 명을 죽이더라도 정약용 한 사람을 죽이지 않으면 아무도 죽이지 않은 것과 같다"라고 하면서 억지로라도 죽이려 들었다. 그러나 "위반한 범죄 사실이 없는데 어떻게 그를 죽일 것인가"라는 반론이 뒤따랐다. 두 번째 죽음의 함정에서 빠져나온 다산은 11월 5일 아무 혐의가 없는 것으로 판명되었지만, 유배지 장소를 바꾸어 강진으로 또다시 유배길을 떠나게 되었다. 정약전도 신지도에서 흑산도로 유배지가 바뀌어, 두 형제는 오랏줄에 함께 묶인 채 다시 남도 끝자락으로 유배길을 떠나게 되었다.

5. 율정점에서 헤어진 두 형제

검푸르게 흐르는 한강을 건너고 금강(錦江)과 갈재를 넘어선 형제는 이별의 지점인 나주의 율정점(栗亭店)에 닿았다. 나주읍에서 북쪽으로 5리 지점에 있던 율정점에서 11월 21일 밤을 지낸 두 형제는 11월 22일 아침에 헤어졌다. 그날 헤어졌던 두 형제는 생존 시에 다시는 만나지 못했다.

> 따로 이은 가게 새벽 등잔불이 푸르스름 꺼지려 해
> 잠자리에서 일어나 샛별 바라보니 이별할 일 참담해라
> 그리운 정 가슴에 품은 채 묵묵히 두 사람 말을 잃어
> 억지로 말을 꺼내니 목이 메어 오열이 터지네

그때 지은 시가 바로 「율정별(栗亭別)」이다. 흑산도로 유배되었던 정약전은 1816년 6월 6일 흑산도에서 병들어 죽고 말았다. 1807년 다산은 강진에서 정약전이 보낸 편지 한 통을 받았다.

> 살아서는 증오한 율정점이여!
> 문 앞에는 갈림길이 놓여 있었네
>
> 본래가 한 뿌리에서 태어났지만
> 흩날려 떨어져 간 꽃잎 같다오

나주 들목인 율정점에서 정약전과 헤어진 다산은 나주 영산강을 건너 누릿재와 성전 삼거리를 지나 강진에 도착한 뒤, 강진읍 동문 밖의 할머니 집에다 거처를 정했다. 오두막의 이름을 '사의재(四宜齋)'라고 지은 그는 그 집에서 1805년 겨울까지 만 4년을 기식했다.

강진은 남쪽 변방으로 지역이 낮고 풍속이 고루했다. 이때에 그곳 백성들은 유배된 사람 보기를 마치 큰 해독처럼 여겨서 가는 곳마다 모두 문을 부수고 담장을 허물어뜨리면서 달아나버렸다. 그런데 한 노파가 나를 불쌍히 여겨 자기 집에 머물게 해주었다. 이윽고 나는 창문을 닫아걸고 밤낮으로 외롭게 혼자 살아가자 누구 하나 말 걸어주는 사람이 없었다. 그러나 오히려 기뻐서 혼자 좋아하기를 '나는 겨를을 얻었구나' 하면서, 『사상례(士喪禮)』 3편과 『상복(喪服)』 1편 및 그 주석(註釋)을 꺼내다가 정밀하게 연구하고 구극까지 탐색하며 침식을 잊었다.

『상례사전(喪禮四箋)』 서문에 기록했던 것처럼 본격적인 학문을 연구하고 저술 활동에 전념한 다산은 이곳에서 『상례사전』을 남겼다.

사의재란 내가 강진에서 귀양살이하며 살아가던 방이다. 생각은 마땅히 맑아야 하니 맑지 못함이 있다면 곧바로 맑게 해야 한다. 용모는 마땅히 엄숙해야 하니 엄숙하지 못함이 있으면 곧바로 엄숙함이 엉기도록 해야 한다. 언어는 마땅히 과묵해야 하니 말이 많다면 곧바로 그치도록 해야 한다. 동작은 마땅히 후중하게 해야 하니 후중하지 못한다면 곧바로 더디게 해야 한다. 이런 이유 때문에 그 방의 이름을 '네 가지를 마땅하게 해야 할 방'이라고 하였다. 마땅함이라고 하는 것은 의(義)에 맞도록 하는 것이니,

강진 사의재. 강진읍 동문 밖의 할머니 집에다 거처를 정한 뒤 오두막의 이름을 '사의재(四宜齋)'라고 지은 다산이 1805년 겨울까지 만 4년을 기식했다.

의로 규제함이다. 나이만 들어가는 것이 염려되고 뜻 둔 사업은 퇴폐됨을 서글프게 여기므로 자신을 성찰하려는 까닭에서 지은 이름이다.

다산은 1805년 겨울부터 강진읍 뒤에 위치한 보은산에 있는 고성사 보은산방으로 자리를 옮긴 후 그곳에서 주로 주역 공부에 전념했다. "눈에 보이는 것, 손에 닿는 것, 입으로 읊는 것, 마음속으로 사색하는 것, 붓과 먹으로 기록하는 것에서부터 밥을 먹거나 변소에 가거나 손가락을 비비고 배를 문지르던 것에 이르기까지 하나인들 『주역』이 아닌 것이 없었소"라고 썼던 시절이었다.

그다음 해 가을에 강진 시절 그의 애제자가 된 이청의 집에서 기거했다. 다산이 만덕산 자락 '다산초당(茶山草堂)'으로 거처를 옮긴 것은 유배 생활이 8년째 되던 1808년 봄이었다. 시인 곽재구는 다산초당 아랫마을에서 다산을 생각하는 시 한 편을 남겼다.

귤동리 일박

_곽재구

아흐레 강진장 지나
장검 같은 도암만 걸어갈 때
겨울바람은 차고
옷깃을 세운 마음은 더욱 춥다
황건 두른 의적 천만이 진을 친 듯
바다갈대의 두런거림은 끝이 없고
후두둑 바다오리들이 날아가는 하늘에서
그날의 창검 부딪는 소리 들린다
적폐의 땅 풍찬노숙의 길을
그 역시 맨발로 살 찢기며 걸어왔을까

(중략)

혼자 중얼거리다 문득 바라본
벽 위에 빛바랜 지명수배자 전단 하나
가까이 보면 낯익은 얼굴 몇 있을까
나도 모르는 사이에 하나하나 더듬어가는데
누군가가 거기 맨 나중에 덧붙여 적은 뜨거운 인적사항 하나

丁茶山 1762년 경기 광주산
깡마른 얼굴 날카로운 눈빛을 지님
전직 암행어사 목민관
기민시 애절양 등의 애민을 빙자한

유언비어 날포로 민심을 흉흉케 한

자생적 공산주의자 및 천주학 괴수

(후략)

다산초당은 본래 귤동마을에 터 잡고 살던 해남윤씨 집안의 귤림처사 윤단의 산정(山亭)이었다. 정약용이 다섯 살 되던 해 세상을 떠난 그의 어머니가 윤씨였고, 귤동마을 해남윤씨들은 정약용의 외가 쪽 먼 친척이었다. 유배 생활이 몇 해 지나면서 삼엄했던 관의 눈길이 어느 정도 누그러지자 정약용의 주위에는 자연히 제자들이 모여들었다. 그 가운데 윤단의 아들인 윤문거 3형제가 있어서 정약용을 다산초당으로 모셨던 것이다. 다산초당 시절 각별하게 지냈던 사람이 백련사(白蓮社)에 있던 혜장 선사였다.

혜장선사는 해남 대둔사 승려였다. 30세쯤 되었던 그는 두륜회(頭輪會, 두륜산 대둔사의 불교학술대회)를 주도할 만큼 대단한 학승으로 백련사에 거처하고 있었다. 정약용이 읍내 사의재에 살던 1805년 봄에 서로 알게 되어 깊이 교류했다. 정약용이 한때 보은산방에 머물며 주역을 공부하고 아들을 데려다 공부시켰던 것도 혜장선사가 주선했기 때문에 가능했다고 한다. 혜장은 다산보다 나이가 어린 승려였지만 유학에도 조예가 깊었으며 문재에도 뛰어났다. 1811년에 혜장선사가 죽자 다산은 비명(碑銘)을 쓰면서 『논어』 또는 율려(律呂), 성리(性理)의 깊은 뜻을 잘 알고 있어 유학의 대가나 다름없었다"라고 했다.

6. 다산초당에서 저술에 몰두하다

정약용이 사의재에서 지내던 때에는 혼자 책을 읽고 쓰면서 읍내 아전의 아이들이나 가끔 가르쳤을 뿐, 터놓고 대화할 만한 상대가 없었다. 정약용은 혜장과의 만남을 통해 막혔던 숨통을 틔울 수 있었다. 그와 토론하는 가운데 학문적 자극을 받고 외로움을 달랠 수 있었다. 더욱 중요한 일은 혜장을 통해 차를 알게 되었으며, 초의선사 의순과 교류가 시작되었다. 1812년 다산은 강진의 대부호로, 다산을 물심양면으로 도와주었던 윤광택의 손자인 윤창모에게 외동딸을 시집보냈다. 그 무렵 고향에 있는 아들들에게 다음과 같은 편지를 보냈다.

폐족의 자제로서 학문마저 게을리 한다면 장차 무엇이 되겠느냐. 과거를 볼 수 없는 처지가 되었지만 이는 오히려 참으로 독서할 기회를 얻었다 할 것이다. (중략) 너희들이 만일 독서하지 않는다면 내 저서가 쓸데없이 될 테고, 내 글이 전해지지 못한다면 후세 사람들이 다만 사헌부의 탄핵문과 재판 기록만으로 나를 평가할 것이다.

또 「시(詩)는 나라를 걱정해야」라는 글에서는 "임금을 사랑하고 나라를 근심하는 내용이 아니면 그런 시는 시가 아니며, 시대를 아파하고 세속을 분개하지 않는 내용이 시가 될 수 없는 것이며, 아름다움을 '아름답다' 하고 미운 것을 '밉다' 하며, 선을 권장하고 악을 징계하는 그러한 뜻

강진 다산초당. 다산이 만덕산 자락 '다산초당(茶山草堂)'으로 거처를 옮긴 것은 유배 생활이 8년째 되던 1808년 봄이었다.

이 담겨 있지 않은 내용의 시를 시라고 할 수 없는 것이다. 따라서 뜻이 세워져 있지 아니하고, 학문은 설익고, 삶의 대도(大道)를 아직 배우지 못하고, 위정자를 도와 민중에게 혜택을 주려는 마음가짐을 지니지 못한 사람은 시를 지을 수 없는 것이니, 너도 그 점에 유의하기 바란다"라 하였고 "자기 자신의 이해(利害)에 연연하면 그 시를 시라고 할 수가 없을 것이다"라는 편지를 보냈는데, 정약용이 아들들에게 유배지에서 피로 써 보낸 듯한 편지는 바로 그 자신의 그날그날의 삶의 자세이자 다짐이었을 것이다.

다산의 편지 중에 오늘날의 상황과 그때의 상황을 들여다볼 수 있는 또 다른 글이 「서울에서 살도록 하라」라는 글이다.

중국의 문명이나 풍속은 아무리 궁벽한 시골이나 먼 변두리 마을에서 살더라도 성인(聖人)이나 현인(賢人)이 되는 데 방해받을 일이 없으나, 우리나

라는 그렇지 않아서 서울의 문밖에 몇십 리만 떨어져도 태고처럼 원시 사회가 되어 있으니, 하물며 멀고 먼 외딴집에서야 말해 무엇하랴?

무릇 사대부 집안의 법도는 벼슬길이 한창 위로 올라 권세를 날릴 때에는 반드시 산비탈에 셋집을 내어 살면서 처사(處士)로써 본색을 잃지 말아야 한다. 그러나 만약 벼슬길이 끊어져 버린다면 당연히 서울의 번화가에 의탁해 살면서 문화의 안목을 넓히도록 해야 한다.

내가 요즘 죄인이 되어 너희들에게 아직은 시골에 숨어서 앞으로의 계획을 세우게 하였다만 사람이 살 곳은 오로지 서울의 십 리 안팎뿐이다. 만약 집안의 힘이 쇠락하여 서울 한복판으로 깊이 들어갈 수 없다면, 잠시 동안 서울 근교에서 살면서 과일과 채소를 심으며 삶을 유지하다가 자금이 점점 불어나면 서둘러 도시의 복판으로 들어간다 해도 늦지는 않을 것이다.

오늘날의 서울 경기, 그중에서도 강남으로의 인구 집중 현상과 그다지 궤를 달리하지는 않지만 그때나 지금이나 서울에 살아야 정치, 경제, 문화의 혜택을 고루 받을 수 있었음을 짐작하게 하는 글이다. 또 하나 재미있는 글이 있다.

세간의 모든 사물은 대개 변화하는 것이 많다. 초목 가운데 화약(花藥)은 바야흐로 그 꽃이 활짝 핀 시기에는 어찌 아름답고 좋지 않으리오마는, 그것이 말라 시들어버리면 정말로 환물(幻物)일 뿐이다. 비록 송백이 오래 산다고는 해도 수백 년을 넘기지 못하고 쪼개져서 불에 타지 않으면 바람에 꺾이고 좀이 먹어 없어지게 된다.

사물이 그러하다는 것을 사리에 밝은 식자(識者)들은 모두 안다. 그러나 유독 토전(土田)의 변환(變幻)에 대해서는 알고 있는 사람이 드물다. 세속에서 밭을 사며 집을 마련하는 자를 가리켜 박신대고 든든하다고 한다. 사람들은 토전이라는 것이 바람에 날려버리지도 못하고 불에 태우지도 못하고 도둑이 훔쳐갈 수도 없어, 천백 년이 지나도록 파괴되거나 손상될 우려가 없다고 생각하기 때문에 이러한 토전을 둔 사람을 든든하다고 한다.

그러나 내가 사람들의 토전의 권계(券契)를 보고 그 내력을 조사해보면, 어느 것이나 백 년 동안에 주인이 바뀐 것이 5~6번은 되고, 심한 경우에는 7~9번은 된다. 그 성질이 유동하여 잘 옮겨 다니는 것이 이와 같은데, 어찌 유독 남들에게는 가볍게 바뀌었지만 나에게만은 오랫동안 내 소유로 남아 있으리라고 믿어 두드려도 깨지지 않기를 바랄 것인가?

다산이 윤종심에게 준 「부유함을 바라지 않고 청빈한 삶의 길이 가장 옳은 것이다」라는 글이다. 다산은 제자인 윤종심에게 재산의 관리에 너무 마음 쓰지 말고 청빈하게 살 것을 권했다. 만약 다산이 요즈음 사람들의 땅에 대한 남다른 애착을 본다면 무어라고 말할까?

다산초당으로 온 후 정약용은 비로소 마음 놓고 사색하고 제자들을 가르치며 본격적으로 연구와 저술에 몰두할 여건을 갖게 되었다. 다산초당에서 백련사로 넘어가는 산책길과 귤동마을 앞 구강포 바다, 스스로 가꾼 초당의 조촐한 정원 속에서 유배객의 울분과 초조함을 달랠 수 있었다. 또한 유배 초기에 의도적으로 멀리했던 해남 연동리의 외가에서도 여러 가지 도움을 주었는데, 그 가운데 큰 도움은 윤선도에서 윤두서에 이르는 동안에 모아졌던 외가의 책을 가져다 볼 수 있었던 것이다.

정약용은 다산초당에서 "나무 한 그루, 풀 한 포기 병들지 않은 것이 없는" 이 땅과 그 병의 근원을 깊이 들여다보았다.

살아서 고향으로 돌아가느냐의 여부는 오직 나 한 사람의 기쁨과 슬픔일 뿐이지만, 지금 만백성이 다 죽게 되었으니 이를 장차 어찌하면 좋으냐.

정약용이 김공후에게 보낸 편지 「여김공후(與金公厚)」에 나오는 내용이다. 그는 실학과 애민의 길을 묵묵히 걸어가면서 그 당시 백성들이 직면했던 실상을 시로도 적었다.

애절양(哀絕陽)

갈밭 마을 젊은 여인 서러워라
현문(懸門) 향해 울부짖다 하늘 보고 호소하네

군인 남편 못 돌아옴은 있을 법도 한 일이나
예부터 남절양(男絕陽)은 들어보지 못했노라

시아버지 죽어서 이미 상복 입었고
갓난아인 배냇물도 안 말랐는데
삼대(三代)의 이름이 군적에 실리다니

달려가서 억울함을 호소하려도
범 같은 문지기 버티어 있고
이정(里正)이 호통하여 단벌 소만 끌려갔네

남편 문득 칼을 갈아 방 안으로 뛰어들자
붉은 피 자리에 낭자하구나
스스로 한탄하네 아이 낳은 죄로구나

잠실궁형(蠶室宮刑)이 또한 지나친 형벌이고
민(閩) 땅 자식 거세함도 가엾은 일이거늘

자식 낳고 사는 건 하늘이 내린 이치

하늘땅 어울려서 아들 되고 딸 되는 것

말 돼지 거세함도 가엾다 이르는데
하물며 뒤를 잇는 사람 있어서랴

부자들은 한평생 풍악이나 즐기면서
한 알 쌀, 한 치 베도 바치는 일 없으니

다 같은 백성인데 이다지 불공한고
객창에서 거듭거듭 시구편을 읊노라

소외되고 착취당하는 이 땅 민중들이 겪는 고통을 보다 못한 정약용은 「애절양」이라는 시를 쓰며 그들이 겪는 질곡의 세월에 동참했던 것이다.

유민(流民)들이 길을 메우자 마음이 쓰라리고 보기에 처참하여 살고 싶은 의욕마저 없어졌다. 생각건대 나야 뭐 죄지은 사람으로 귀양 와서 엎드려 있으며 인류의 대열에도 끼지 못하여 아무런 계책이 없지만 하는 수 없어 참상을 기록으로 남긴다.

7. 유배 풀려 고향 마재로 돌아가다

1818년 9월 18일 이태순의 간곡한 진정으로 드디어 유배가 풀린 다산은 '사람과 수레의 시끄러운 소리가 들리지 않는 유배지'에서 고향인 마재로 돌아갔다. 그 무렵 다산이 남긴 기록은 아래와 같다.

나는 가경 신유년(1801년)의 겨울 강진에 도착하여 동문 밖의 주막집에 우접(寓接)하였다. 을축년(1805년) 겨울에는 보은산방(寶恩山房)에서 기식하였고, 병인년(1806년) 가을에는 학래의 집에 이사가 살았다. 무진년(1808년) 봄에야 다산에서 살았으니 통계하여 유배지에 있었던 것이 18년인데, 읍내에서 살았던 게 8년이고 다산에서 살았던 것이 11년째였다. 처음 왔을 때에는 백성들이 모두 겁을 먹고 문을 부수고 담을 무너뜨리며 안접(安接)을 허락해주지 않았다. 그러한 때에 곁에서 보살펴주던 사람은 손, 황 등 네 사람이었다. 이로써 말하면, 읍내 사람들은 더불어 근심과 걱정을 함께했던 사람들이었다. 다산의 여러 사람들은 조금 평온해진 뒤에야 알게 된 사람들이었으니, 읍내 사람들을 어떻게 잊겠는가.

_『다신계약(茶信契案)』

그러나 다산이 강진에서 보낸 18년 동안의 유배 생활의 결과로 오늘날 우리는 『목민심서(牧民心書)』『흠흠신서(欽欽新書)』『경세유표(經世遺表)』를 비롯한 500여 권에 이르는 그의 저서와 사상을 민족의 유산을 가지게 되었다. 다산은 『목민심서』를 다 써갈 무렵인 1818년에 유배가 풀려 고향으로 돌아가 완성했고, 『흠흠신서』는 그다음 해에 완성했다.

정약용은 44권의 15책으로 된 『목민심서』 서문에 "군자가 학문하는 것의 절반은 수신(修身)하기 위함이요 절반은 목민(牧民), 즉 백성을 다스리기 위한 것인데, 요즘 지방 장관이라는 자들은 자기의 이익만 추구하는 데 바쁘다. 이 때문에 백성들은 곤궁하고 피폐해져 떠돌다가 굶어 죽은 시체가 구렁텅이에 가득하건만 지방 장관 된 자들은 좋은 옷과 맛있는 음식으로 자기만 살찌우고 있다"고 지적하고, 중국과 우리나라의 여러 책에서 목민에 관한 사적을 가려 뽑고 직접 들은 여러 가지 폐단과 소견을 적었음을 밝혔다.

다산은 『경세유표』의 저작 동기를 "우리의 구방(舊邦)을 새롭게 개혁해보려는 생각에서 저술한 것이다"라고 했고, 『흠흠신서』는 30권 10책으로 된 형법서다. 살인사건을 조사하고 심리하고 재판하여 처형하는 과정을 밝힌 내용으로, 다산의 생명 존중 사상과 공정성이 가장 잘 드러난 저술이다. 그리고 다산은 『목민심서』 서문을 이렇게 끝맺었다.

심서(心書)라 한 것은 무슨 까닭인가? 백성을 다스릴 마음은 있지만 (유배지에 있는 몸으로) 몸소 실행할 수가 없기 때문에 이렇게 이름 지은 것이다.

다산초당을 떠난 다산이 고향인 마재에 돌아온 것은 1818년 10월이었다. 서학이라고 통칭되던 천주교에 연루되어 공직에서의 파면과 다른 당파로부터의 끊임없는 모함과 질시로 점철되었던 그의 생애에 결정적 역할을 했던 대부분의 사람들이 잠들고 있는 곳이 앵자산 중턱의 천진암이다. 마재에서 천진암까지는 지척이다.

대성당 부지 동쪽의 앵자산 기슭에는 '조선교구 설립자 묘역'이 있는데 흡사 정약용 집안의 가족 묘지를 방불케 한다. 그곳에는 조선교구의 설립자인 정하상의 묘가 있다. 정하상은 정약종의 둘째 아들이며, 정약용의 조카다. 어려서 서울로 이사하여 살았던 정하상은 1801년 아버지와 그의 형 철상이 일곱 살 때 서울 서소문에서 순교하자, 누이동생 정혜와 어머니를 모시고 낙향했다.

20세에 서울에 올라온 정하상은 여신도 조중이의 집에 머물면서 신유박해로 폐허가 된 조선교구의 재건과 성직자 영입 운동을 현석문, 유진길과 함께 추진했다. 그 뒤 1816년 동지사 통역관의 하인으로 북경으로 들어간 정하상은 그곳에서 주교를 만나 세례와 견진성사를 받았으며, 선교사를 조선에 파견해줄 것을 청원했다. 북경교구의 사정으로 선교사가 파견되지 못하자 아홉 차례에 걸쳐 북경을 내왕하면서 청원을 계속했다. 1825년에는 유진길과 함께 연명으로 로마 교황에게 직접 청원문을 올려 조선 교회의 사정을 알렸고, 1827년에는 교황청에 접수되었으며, 1831년 9월 9일에 조선교구의 설정이 선포되면서 초대 교구장에 브뤼기에르 주교가 임명되었다. 1835년에는 변방 신부, 1936년에는 샤스탕 신부, 그리고 1937년에는 조선교구 2대 교구장인 앵베르가 주교로 임명되었다. 정하상은 가까운 장래에 조선인 최초의 신부로 예정되었지만, 1839년 기해박해가 일어나며 앵베르 주교가 순교하고, 정하상도 가족과 함께 7월에 체포되어 9월 22일 순교하고 말았다.

정하상은 1925년 로마 교황에 의해 복자위에 올랐으며, 1984년 시성이 되었다. 정하상 묘 바로 밑에는 정약용의 조부모와 부모 묘가 있고, 1981년에는 충주에서 발견되어 옮겨진 정약전의 묘, 그리고 이벽의 부모와 동생 부부, 누이의 묘가 있다. 곳곳에 흩어져 있던 묘들을 천주교 측에서 찾아내 이장한 것이다.

다산 정약용은 천주교 측에서 보면 배반자였다. 하지만 또 다른 의미에서 볼 때는 한국 천주교의 은인이기도 했다. 정약용과 그의 가문이 없었다면 이렇게 한국 천주교의 역사를 알 수 있었을까.

다산이 18년 만에 유배에서 풀려 고향에 돌아왔을 때는 함께 활동했거나 사랑했던 사람들은 이미 이 세상 사람이 아니었다. 남겨진 재산 또한 별로 없었다. 회갑을 맞은 다산이 자신의 일생을 정리한 「자찬묘지명」에서 "내가 서술한 육경사서로 자기 몸을 닦고 일표이서로 천하 국가를 다스릴 수 있으니 본말을 갖춘 것이다"라고 자부했지만 "알아주는 사람은 적고 꾸짖는 자가 많으니 만약 천명(天命)이 인정해주지 않는다면 비록 한 햇불로 태워버려도 좋다"고도 했다. 자신의 삶과 사상이 수용되지 않는 현실을 안타까워한 것이다.

그는 가난 속에서 지조를 굽히지 않고 더욱 학문을 연마하면서 때로 청평산, 용문산 등지로 유람을 다니며 보신(保身)했는데, 그를 기다리고 있던 것은 쓸쓸한 적막과 고적감뿐이었다.

8. 후대의 평가

유락(流落)된 7년 이래 문을 닫고 홀로 웅크리고 앉아 있노라니 머슴과 밥 짓는 계집종조차도 함께 말도 걸어주지 않더이다. 낮 동안 보이는 거라고 는 구름과 파란 하늘뿐이요, 밤새도록 들리는 거라고는 벌레의 울음이나 댓잎 스치는 소리뿐이라오.

정약용은 친구에게 이렇게 토로했다. "책을 안고 돌아온 지 3년이나 되었지만 함께 읽어줄 사람도 전혀 없습니다"라면서 가슴에 사무친 외 로움을 토해냈다. 특히 "우리 집 대문 앞을 지나면서도 들어오지 않는 거 야 이미 정해진 관례이오니 원망하지 않으나, 천하에서의 괴로움은 남 은 기쁜데 나는 슬퍼함이며, 가장 한스러움이란 나는 그를 생각하지만 그 는 나를 까맣게 잊고 있는 경우랍니다"라고 썼다. 다산의 글처럼 그 당시 내로라하던 사람들은 다산의 집을 지나치면서도 애써 외면하고 지나갔 다. 그는 깊고도 깊은 고독 속에서 『흠흠신서』 30권과 『아언각비(雅言覺 非)』 3권을 저술했다. 다산은 유배에서 풀려 마재로 돌아온 지 17년 만인 1836년 2월 22일에 75세의 나이로 세상을 떠났다. 유해는 뒷산에 묻혔 는데, 장례 절차는 그가 직접 지은 『상례사전』에 따랐다.

장지(葬地)는 집의 동산으로 하고 지관(地官)에게 물어보지 마라. 광(壙)을 만들 때에는 회(灰)로 쌓지 말고, 하관할 때 회를 채워 넣는다. (중략) 석물은 지나치게 세우지 마라. 그 나머지는 『상의절요(喪儀節要)』를 어겨서는 안 된다.

무당과 풍수학을 믿지 않았던 그였다. 그래서 지관도 부르지 않았는데, 다산의 묏자리가 명당이라고 소문이 자자하여 찾는 사람들이 줄을 잇고 있다. 그의 유배지였던 강진과 그의 고향인 마재에는 지금도 다산을 기리는 이들의 발길이 이어지고 있다.

다산이 불행한 시대 상황을 꿋꿋이 헤쳐나가지 못했더라면 우리는 시대를 뛰어넘는 나라의 스승을 만날 수 없었을 것이다. 파란만장한 삶을 살면서 광대한 저술을 남겨서 완성된 다산학에 대해 매천 황현은 "백성을 살리고 나라를 경영할 수 있는 유용한 학문으로 모두가 후세의 법"이라고 평했고, 국문학자였던 정인보는 "선생 1인에 대한 연구는 곧 한국사의 연구요, 한국 근대사상의 연구요, 조선의 심혼(心魂)의 연구이며, 전 조선의 성쇠존멸(盛衰存滅)에 관한 연구다"라고 하여, 그의 사상이 한국 근대사상 형성의 기초임을 지적하고 있다.

    흥이 나면 뜻을 움직이고(興到卽運意)
    뜻이 나타나자 바로 쓴다(意到卽寫之)
    나는 조선 사람이어서(我是朝鮮人)
    조선 시를 즐겨 짓는다(甘作朝鮮詩)

이런 시를 남긴 정약용은 무엇보다 그 당시 헐벗고 굶주린 이 땅의 민중과 이 나라를 사랑했던 사람이었다. 그러한 애국심이 다산의 사상적 기초를 이루고 있음을 우리는 크게 주목해야 할 것이다.

조선 천재 열전

다산은『동호론(東胡論)』에서 다음과 같이 말했다.

『사기(史記)』에 '동이는 어질고 선하다'라고 하였는데, 그러한 이유가 있다.
조선은 정동(正東)에 위치해 있기 때문에 예(禮)를 좋아하고 무(武)를 천하
게 여겨 차라리 약할지언정 포악하지는 않으니, 군자의 나라다.

다산은 이 글에서 우리나라가 우수한 문화와 평화를 갈망하는 민족임
을 주장한 것이다. 그런 바탕 위에 세워진 그의 학문은 현재 '다산학(茶山
學)'이라는 이름으로 세계적 관심이 되고 있다. 또한 그 자취가 서린 현장
은 후학들의 발길이 끊이지 않고 있다.

김정희

실사구시로 추사체를 완성한 천재 중의 천재

(1786~1856)

1. 날 때부터 이가 나 있던 아이

마음과 마음을 이어주던 편지가 어느 사이 사라져버렸다. 이메일이나 문자, 그리고 메신저를 비롯한 인터넷이 대세인 세상에서 한 자 한 자 정성껏 백지를 메우는 편지. 더군다나 보내고 받는 시간이 너무 오래 걸리는 편지를 어느 누가 선호하겠는가? 하지만 불과 200여 년의 세월 저편에서는 편지가 사람과 사람의 마음을 이어주던 중요한 징검다리였다.

추사(秋史) 김정희는 조선의 사대부들 중 유독 편지를 많이 쓴 사람이다. 추사는 평소에도 불경을 읽고 선(禪)을 중요시했기 때문에 가깝게 지내는 스님들이 많았다. 백파와, 차로 이름이 자자한 초의가 그들이다. 유배지인 제주도 대정에서 김정희는 초의선사에게 다음과 같은 편지를 보냈다.

편지를 보냈지만 한 번도 답을 받지 못하니 아마도 산중에는 반드시 바쁜 일이 없을 줄 상상되는데 혹시나 세체(世諦)와는 어울리고 싶지 않아서, 나처럼 간절한 처지인데도 먼저 금강(金剛)을 내려주는 것인가.
다만 생각하면 늙어 머리가 하얀 연령에 갑자기 이와 같이 하니 우스운 일이요, 달갑게 둘로 갈라진 사람이 되겠다는 것인가. 이것이 과연 선에 맞는 일이란 말인가.
나는 사(초의선사)를 보고 싶지도 않고 또한 사의 편지도 보고 싶지 않으나, 다만 차(茶)의 인연만은 끊어버리지도 못하고 쉽사리 부수어버리지도 못하여 또 차를 재촉하니, 편지도 보낼 필요 없고 다만 두 해의 쌓인 빚을 한

꺼번에 챙겨 보내되 다시 지체하거나 빗나감이 없도록 하는 게 좋을 게요.

외롭고 고적하기만 한 적소(謫所)에서 편지를 보내도 답장은 없고, 더더구나 차마저 한 해를 건너뛰어 보내니, 얼마나 서글프겠는가. 답장도 필요 없으니 밀린 빚이나 빨리 보내라는 추사 김정희의 고독이 엿보이는 편지다. 이 편지를 보면 앙탈을 부리는 열대여섯 살 소년을 보는 것 같기도 하고, 고독과 쓸쓸함에 절어 있는 위대하지만 가냘픈 한 인간의 진면목을 보는 것 같아 가슴 아프기 이를 데 없다.

김정희라는 이름보다 추사나 완당(阮堂), 또는 100여 개가 넘는 아호로 더 알려진 김정희는 '추사체'로 상징되는 조선 후기 서예의 거대한 산맥이다. 그뿐만 아니라 유교의 경학에도 조예가 깊어서, 그의 실사구시설은 우리나라의 학술사에 큰 영향을 끼쳤다.

추사는 근거 없는 지식이나 선입견으로 학문을 해서는 안 됨을 주장했다. 그 당시 조선의 사대부들과 달리 종교에 관심이 많았고, 특히 불교에 깊은 이해와 조예를 갖고 있었기 때문에 북경에서 귀국하는 길에 불경 400여 권과 불상 등을 가져와 마곡사에 기증하기도 했다.

신라의 김생과 고려의 탄현, 안평대군과 함께 우리나라 4대 명필로 꼽히는 김정희는 독특한 추사체(秋史體)를 유배지 제주에서 창조했다. 특히 예서(隸書)와 행서(行書)에 새로운 독보적 경지를 구축했다. 그는 함흥 황초령(黃草嶺)에 있는 신라 진흥왕 순수비를 고석(考釋)하고, 1816년에는 북한산 비봉에 있는 석비(石碑)가 조선 건국 시기에 무학대사가 세운 것이 아니라 진흥왕 순수비이며, '진흥'이란 칭호도 왕의 생전에 사용한 것임을 밝혀냈다.

추사가 태어난 충남 예산군 신암면 용궁리 용산 월궁마을의 추사 고택.

김정희는 정조 10년인 1786년 6월 3일에 충청남도 예산군 신암면 용궁리 용산 월궁에서 태어났다. 김정희의 집안은 조선 시대의 훈척(勳戚) 가문 중 하나인 경주김문(慶州金門)이었다. 훗날 병조판서가 된 김노경과 군수를 지낸 유준주의 딸 사이에서 맏아들로 태어났다.

김공 정희는 자가 원춘(元春)이며 완당 또는 추사라고 호(號)하였는데, 경주김씨다. 어머니 되시는 유씨 부인께서 임신한 지 24개월이 지나서 나았는데, 이해는 정종(正宗) 병오년이었다.

추사의 제자인 민규호가 지은 『완당김공소전』의 첫머리에 실린 글이다. 24개월 넘어 나온 추사는 이미 날 때부터 이가 나 있었다고 한다.

또 하나의 이야기는 추사가 태어날 무렵, 집 뒤편에 있던 우물물이 줄어들고 뒷산인 팔봉산의 나무들이 시들시들하다가 추사가 태어나자 다시

조선 천재 열전

샘물이 콸콸 솟고 나무들도 살아났다고 한다. 이러한 이야기가 전해지는 것은 그가 어린 시절부터 평범한 인물이 아니었음을 보여준다.

그의 8대조인 김적은 찰방을 지냈으며, 7대조인 김홍욱은 인조 때에 진사에 오른 뒤 병자호란 때에는 임금을 모시고 남한산성으로 들어갔고, 효종이 즉위하자 예조참의와 관찰사를 지냈다. 그러나 소현세자(昭顯世子) 빈(嬪)인 강씨 사건이 일어났을 때 직언을 하다가 효종의 노여움을 사서 국문을 받다 죽었다. 훗날 효종은 그의 죄를 풀고 관작도 다시 내렸다.

김정희의 고조인 김흥경은 영조 때에 영의정에 올랐으므로 그의 후손들이 대를 이어 권세를 누리게 되었다. 그의 아들 김한신이 영조의 둘째 딸을 맞아 임금의 사위가 되었다. 그는 사람됨이 영민했으며, 고전을 즐겨 읽고 글씨에도 능하여 예술적 감각이 탁월했다.

영조는 그에게 충남 예산군에 별사전을 내렸는데, 그곳에 있던 화암사(華巖寺)가 김씨 일가와 밀접한 관계를 갖게 된 것은 그때부터였다.

김정희의 조부인 김이주는 의정부우참찬에 이르렀고, 김정희의 생부인 김노경은 이조와 병조판서를 지낸 뒤 중국에 두 차례나 사신으로 가서, 그곳의 학자들과 학문을 교류했다.

김정희는 큰아버지 김노영이 아들이 없자 양사(養嗣, 양자로 들어가서 그 집의 대를 이음)가 되었는데, 노영의 벼슬은 대사헌에 이르렀다.

김정희의 가문은 대대로 높은 벼슬에 많이 올랐을 뿐만 아니라 성품이 강직한 사람들이 많아서 화를 입은 사람 또한 많았다. 김정희의 가문은 안팎이 종척(宗戚, 왕의 종친과 외척을 아울러 이르던 말)으로, 그의 나이 스물넷에 문과에 급제하자 조정에서 축하를 할 정도로 권세가 높았다.

어려서부터 영민했던 김정희는 노는 것도 남달랐다. 그의 집에서 용산을 우러러보며 꿈을 키웠고, 선대부터 인연이 깊었던 화암사를 찾아가 승려들과 가까이 지내며 불경을 읽기도 했다. 김정희는 가문의 축복을 한 몸에 받으며 자랐고, 첫돌이 지나자마자 말과 글을 터득했으며, 세 살 때에는 붓을 잡고 글을 쓰는 흉내를 냈다고 한다.

어느 날 아버지 김노경이 아들이 노는 것이 하도 귀여우므로 어떻게 대처하는가 보려고 추사의 등 뒤로 살며시 돌아가 붓을 잡아챘다. 그런데 추사가 어찌나 붓을 야무지게 꼭 잡고 있었던지 붓을 빼앗기는커녕 추사의 몸이 딸려왔다고 한다.

어린 시절부터 범상치 않은 추사의 행동거지를 보고 집안에서는 크게 될 인물이라 여겨 추사의 교육에 온 힘을 다 기울였다. 추사는 어려서 고향을 떠나 조부와 부친이 관직에 있던 서울의 장동에 살면서 유교의 경학을 배우면서 서도에 전념했다.

김정희가 여섯 살이 되던 해 입춘첩(立春帖)을 쓰는 것을 본 당시 41세의 박제가가 크게 경탄하면서 "내가 장차 그를 가르쳐서 큰사람을 만들겠노라"라고 말했다고 한다. 강효석이 지은 『대동기문(大東奇聞)』에도 그와 비슷한 이야기가 나온다.

추사의 나이 일곱 살 때 입춘첩을 써서 대문에 붙였다. 그때 좌의정이던 채제공이 집 앞을 지나다가 그 글씨를 보고 들어가 보니 김노경의 집이었다. 그는 다짜고짜 물었다. "저 대문에 붙인 글씨가 대체 누구 것이요?" 김노경이 "내 아들이 쓴 글씨요"라고 답하자 채제공이 말했다. "이 아이는 훗날 반드시 명필로 이름을 떨치겠소, 그러나 만일 글씨를 잘 쓰면 그 명(命)이 기구하겠으니, 글씨를 그만두게 하고, 만일 문장이 뛰어나면 반드시 귀한 사람이 될 것이오."

조선 천재 열전

이것 역시 김정희가 글씨로 세상에 그 이름을 떨쳤지만 그 명성에 걸맞은 벼슬은 못하고 참판에 이르렀고, 생애의 오랜 나날을 유배지에서 보냈기 때문에 만들어진 이야기일 것이다.

추사의 나이 열 살 때 큰아버지인 김노영이 후사가 없자 양자로 들어갔다. 그러나 2년 뒤에 양아버지가 갑자기 세상을 떠나는 바람에 다시 아버지에게로 돌아왔다. 그 사건은 추사를 어려서부터 애늙은이 같은 진중함을 갖게 만든 연유였다.

열다섯 살에 이희민의 딸인 한산이씨와 결혼하여 그때부터 학문에 열중했다. 열여섯 살 때부터 추사는 실학의 거두 초정(楚亭) 박제가에게 학문을 배웠다. 박제가는 비록 서출 신분이었지만 규장각검서로 발탁되었던 인물로 시서화(詩書畵)의 3절로 이름을 드날리던 명사였다. 특히 그는 박지원이나 홍대용, 이덕무 등과 교류가 깊었으며 『북학의(北學議)』라는 저서를 지은 당대의 뛰어난 실학자였다. 추사의 실학은 그에게서 비롯되었다.

뛰어난 천품을 지닌 김정희는 소년 시절부터 스승인 박제가로부터 청나라 수도인 연경의 발달된 문물과 그곳 학자들의 왕성한 학문에 대해 듣고는, 그곳 생활을 동경의 대상으로 삼았다. 그때부터 국내 학자들과의 교류보다는 중국 학자들과 교류를 열망하게 되었는데, 그때의 마음이 담긴 글이 남아 있다.

> 탄식한 나머지 새로운 생각이 일어나니(慨然起別想)
> 사해에 지기를 맺고 싶구나(四海結知己)
> 서로 마음을 통할 사람이 있다면(如得契心人)
> 가히 죽어도 한이 없으리라(可以爲一死)

하늘 아래 명사가 많다고 하니(日下多名士)

부럽기 그지없어라(艶羨不自已)

추사의 나이 스무 살에 아버지 김노경이 과거에 급제했다. 그 사실을 알게 된 순조는 영조의 사위인 월성위의 손자가 과거에 급제한 것을 축하하여 월성위 묘에 제사를 지내주기도 했다. 그러나 세상의 이치는 즐거움만 있는 것이 아니라는 말처럼, 그해 추사의 아내가 스무 살의 나이로 세상을 떠났고, 스승인 박제가 역시 유배지인 종성에서 돌아오자마자 세상을 떠났다. 그 시기가 추사에겐 생애 처음으로 맞는 시련의 시기였다.

추사는 스물세 살인 1808년 둘째 부인 예안이씨와 다시 결혼했고, 그때부터 집안에 좋은 소식이 연달아 들려왔다. 순조 9년(1808년), 추사의 나이 스물네 살에 사마시에 합격하여 생원이 된 것이다. 사마시에 급제한 그해 추사가 그처럼 기다리던 기회가 찾아왔다. 호조참판으로 재직하고 있던 아버지가 동지부사로 임명장을 받고 청나라 연경으로 가게 된 것이다. 김정희는 자제군관 자격으로서 연행에 동행했다.

오늘날에는 세계 어느 나라를 가건 하루 안에 닿을 수 있다. 특히 북경은 두어 시간이면 닿을 거리지만, 그 당시는 한 달 반에서 두어 달에 걸친 긴 여정을 통해 가야 닿는 곳이었다. 그해 말에 북경에 도착한 김정희는 제일 먼저 스승 박제가가 3차 연행 때 만나 절친하게 지냈던 청나라의 젊은 학자인 조강을 만났다.

조강은 사행길에 이미 박제가와 유득공, 남공철 등과 만났던지라, 금세 10년 지기였던 것처럼 가까워져서 마음속에 간직한 학문과 문장을 논할 수 있었다.

조선 천재 열전

2. 평생에 걸친 스승 옹방강과 완원을 만나다

조강의 소개로 만난 사람이 서송이었다. 그는 과거에 급제한 수재로 지리학에 밝아서 전당문관(全唐文館)에 근무하며 『하남지(河南志)』같은 지리책을 편찬하고 있었다. 그의 소개로 오래전부터 스승 박제가한테 들어서 알고 있던 당대의 석학 옹방강(翁方綱, 1733~1818)과 완원(阮元, 1764~1849)을 만나게 되었다.

옹방강은 금속학의 일인자였으며, 중국 최대의 총서 『사고전서(四庫全書)』의 편찬 위원으로 활동했다. 각지의 고시관(考試官)과 시학(視學)을 거쳤으며, 경학과 문장에 능통했다. 특히 금석문(金石文)과 서화(書畵), 시에 조예가 깊었던 그는 희귀한 금석문과 진적(眞蹟)을 8만여 점이나 보유하고 있었다.

그 무렵 청나라의 학풍은 한대의 학문을 숭상하고, 송과 명의 이학을 배척하는 것이었다. 그러나 옹방강은 그 어느 편에도 기울지 않고 한대와 송나라까지 포괄적으로 공부했던 인물이다.

북경에서 새해를 맞이한 추사는 1810년 1월에 옹방강을 찾아갔다. 그때 옹방강의 나이는 78세였고, 추사는 25세였다. 추사는 옹방강의 품격과 학문의 깊이에 놀라움을 금하지 못했다. 옹방강도 젊은 청년인 추사의 기백과 학문에 대한 열정, 그리고 추사의 경학에 대한 조예에 놀랐다. 그때 옹방강은 추사를 "경술문장해동제일(經術文章海東第一)"이라고 칭찬했다. 추사는 그의 스승인 박제가를 비롯한 여러 학자들로부터 들었던 수많은 진기한 금석(金石)과 탑본(榻本), 법첩(法帖) 등을 옹방강의 서재에서 보고 경탄을 금하지 못했다. 한과 송의 학문을 절충하는 옹방강의 경학과, 그의 금석과 서화에 관한 해박한 학식은 훗날 추사에게 지대한 영향을 끼쳤다. 옹방강의 집에서 별도로 사귄 사람이 그의 아들이었다. 그 중에 추사와 나이가 같았던 옹수곤은 아버지를 본받아서 문장과 서예, 금석문에 밝은 사람이었다. 그는 추사에게 조선의 금석문 탑본을 보내줄 것을 간곡히 청했다.

완원 역시 그 당시 추사에게 많은 영향을 끼쳤던 인물이다. 그는 당시 경학의 대가로서 추사의 실사구시설을 비롯하여 추사의 한학에 지대한 영향을 끼쳤다. 그는 내각학사와 각 부(部)의 시랑과 각지의 학정, 총독과 내각의 대학사를 거친 뒤, 태자의 태부(太傅)가 된 인물이다. 그는 청나라 말기에 학문을 장려하는 정치 풍토에서 수많은 학자를 길러냈다. 그가 젊은 시절에 지은 『고공기차제도해(考工記車制圖解)』는 사신으로 왔던 유득공이 보고 감탄했다는 글이다. 추사가 찾아갔을 때 완원은 49세의 장년이었다.

완원은 그가 엮은 여러 책들 중 『경적찬고(經籍纂詁)』와 『십삼경주소교감기(十三經註疏校勘記)』 등의 경서를 선물했다. 이 책들은 오늘날에도 경학을 연구하는 데 없어서는 안 될 귀중한 서적이다. 김정희의 승설학인(勝雪學人)이라는 아호는 이때 완원이 내놓은 승설차(勝雪茶)를 마신 데서 유래한 것으로, 훗날 김정희는 이 아호를 그의 작품 속에서 즐겨 사용했다.

추사가 이 인연을 어찌나 소중히 여겼는지는 호를 옹방강의 호 담계(覃溪)와 보소재(寶蘇齋)를 본떠 보담재(寶覃齋)라고 하였으며, 완원의 '완' 자를 따서 완당(阮堂)이라는 호를 쓴 것을 보면 알 수 있다. 훗날 추사

조선 천재 열전

는 유배지인 제주에서 자기의 초상화에 제(題)하며 아래와 같이 두 사람을 회고하고 있다.

> 담계는 '옛 경전을 즐긴다'라고 말했고, 운대는 '그렇다고 말해도 나 또한 그렇다고 말하지를 않는다'라고 하였으니, 두 분의 말씀이 나의 평생을 다한 것이다.
>
> _『완당집』 권 6

그러나 후세 사가들은 청나라의 발달한 문물과 옹방강이나 완원 같은 학자를 지나치게 숭상했던 것을 문제점으로 지적하고 있다. 추사의 편지를 보면 연행을 다녀온 뒤로는 조선을 '답답하고 촌스러운 나라'로 여기면서 끊임없이 북경의 화려한 문물을 그리워했음을 알 수 있다.

추사가 실학자이면서도 정치적으로 보수적이었던 것은 그의 가문이 노론에 속했기 때문이기도 하다. 추사는 옹방강이나 완원 외에도 수많은 청나라 학자들을 만났다. 그중에는 박제가, 유득공과 함께 만난 일이 있는 이정원과 오숭량, 그리고 그림으로 이름을 떨치고 있던 주학년과 왕희손 등이 있었다. 왕희손은 이때 김정희와 맺은 인연을 잊지 않아서 조선의 사신들이 연경에 오면 잊지 않고 조선관을 찾아가 김정희를 비롯해 그 당시 친교를 맺었던 사람들의 안부를 물었다.

추사가 북경에 머물렀던 기간은 매우 짧았지만, 그동안 청의 학자들로부터 얻은 성과는 매우 컸다. 그때부터 완당이라는 호를 더 많이 쓰게되었다. 귀국한 뒤에도 중국에서 만났던 학자들은 물론이거니와 다른 학자들과 서신 교환을 통해 추사의 학문은 날이 갈수록 일취월장했다. 특히 두 스승인 옹방강과 완원은 추사를 지극히 아껴서 그 뒤에도 인편을 통하여 그들의 저서를 보내왔고, 추사의 학문에 지대한 영향을 끼쳤다.

옹방강은 당시 나이가 여든이 넘었음에도 추사가 경학에 관하여 물을 때마다 수천 자가 넘는 친서를 보내 추사의 물음에 답해주었다. 그들과의 각별한 인연은 추사의 선배인 신위가 북경에 사신으로 가게 되었을 때, 추사가 보낸 편지에도 드러난다.

자하 선배가 만 리를 거쳐서 중국에 가는 길에 굉장한 풍경과 훌륭한 건물들이 많이 있을 것입니다. 그러나 그 경치들은 한 사람의 옹방강을 만나는 것만 같지 못할 것입니다.

추사는 그토록 추앙해 마지않았던 그들에게서 한나라와 송나라 때 비첩을 기준으로 하는 고증학의 세계와 실사구시(實事求是)를 배운 것이다. 추사는 중국에서 돌아온 뒤에도 그들과 소식을 전하며 학문을 연구했고, 옹방강에게 옛 비문의 탁본을 보낼 겸, 많은 옛 비석을 조사했다.

그중 북한산 비봉에 있는 무학대사의 비라고 알려진 비석을 친구 김경연과 함께 찾았던 때가 1816년 7월, 추사의 나이 서른한 살 때였다. 오래전부터 이 비에는 다음과 같은 전설이 서려 있었다.

무학이 어명을 받고 삼각산에 올라 도읍터를 살피는데, 그 남쪽이 아름답고 빼어나서 산맥을 따라 걷다가 문수봉에 이르러 보니 산맥이 두 갈래로 갈라져 있었다. 그래서 그 중 서쪽 산맥을 타고 얼마쯤 더 걸었다. 그런데 산봉우리에 이르자 낡은 돌비석에 '무학은 잘못 찾아 여기에 왔구나(無學枉尋到此碑)'라는 한자가 새겨져 있었다. 무학이 깜짝 놀라 이는 자기가 잘못 찾아올 것을 미리 알고 계시해 놓은 도선국사의 소행임에 틀림없다고 생각했다. 그리고 문수봉으로 되돌아와 보현봉 줄기를 타고 그 남쪽에 이르러 마침내 북악 아래 명당을 얻었다.

그 당시만 해도 그저 신비스럽기만 했던 옛 비석이라, 그 비석에 얽힌 전설은 사실로 여겨져 더 이상 연구 대상이 아니었다. 그 비석을 제대로 고증한 인물이 바로 추사 김정희였다.

추사는 「진흥왕의 두 비석에 대하여 상고하다」라는 제목으로 황초령과 북한산에 있던 진흥왕의 두 비석에 대한 글을 지었다. 그중 북한산에 있던 진흥왕 순수비에 대한 추사의 글을 보자.

> 신라 진흥왕 순수비는 지금 경도의 북쪽으로 20리쯤 되는 북한산 승가사(僧伽寺) 곁의 비봉(碑峯) 위에 있다. 길이는 6척 2촌 3푼이고 너비는 3척이며 두께는 7촌이다. 바위를 깎아서 민받침으로 삼았고, 위에는 방첨을 얹었는데, 지금은 그 방첨이 밑에 떨어져 있다. 전액이 없고 음기도 없다. 비문은 모두 12행인데 글자가 모호하여 매 행마다 몇 자씩인지를 분별할 수가 없다. 아래로는 제6행의 상(賞) 자와 제8행의 사(沙) 자가 글자의 끝이 되었고, 위로는 현존한 제1행의 진(眞) 자가 가장 높은데, 그 이상 분별할 수가 없다.
>
> (중략)
>
> 이 비문에 연월(年月)이 마멸되어 어느 해에 세워졌는지 모르겠다. 그러나 「진흥왕 본기」에 의하면 남천주를 설치한 때가 비렬홀주(比列忽州)를 폐한 때와 서로 같은 해인데, 황초령의 비가 비렬홀주를 폐하던 해에 세워졌다고 보면, 이 비도 의당 남천주를 설치하던 때에 세워졌어야 한다. 그러나 이 비에는 남천군주(南川軍主)라는 글자가 있으니, 반드시 남천주를 설치

한 이후에 세워졌을 것이다. 또 진흥왕의 재위 기간이 37년이고 보면, 그 것이 세워진 때는 29년에서 37년에 이르기까지의 사이에서 벗어나지 않 는다.

(중략)

이 비는 아무도 아는 사람이 없어 요승 무학이 잘못 찾아 여기에 이르렀다 는 비(妖僧無學枉尋到此之碑)라고 잘못 칭해왔다. 그런데 가경(嘉慶, 청나라 인종의 연호) 병자년 가을에 내가 김군 경연과 함께 승가사에서 노닐다가 이 비를 보게 되었다. 비면에는 이끼가 두껍게 끼어 마치 글자가 없는 것 같 았는데, 손으로 문지르자 자형이 있는 듯하여 (중략) 탁본을 한 결과 비신 은 황초령비와 서로 흡사했고, 제1행 진흥의 진(眞) 자는 약간 민멸되었으 나 여러 차례 탁본을 해서 보니, 진 자임에 의심할 여지가 없었다. 그래서 마침내 이를 진흥왕의 고비(古碑)로 단정하고 보니, 1200년이 지난 고적 이 일조에 크게 밝혀져서 무학비라고 하는 황당무계한 설이 변파되었다. 금석학이 세상에 도움이 되는 것이 바로 이와 같은 것이다. 그러니 이것이 어찌 우리가 밝혀낸 일개 금석의 인연으로 그칠 일이겠는가.

김정희와 김경연은 비의 좌측에 다음과 같은 글씨를 새겼다.

"이는 신라 진흥왕의 순수비다. 병자년 7월에 김정희와 김경연이 와서 읽 었다(此新羅眞興王巡狩之碑. 丙子七月金正喜金敬淵來讀)" 하고, 또 예자(隸字) 로 새기기를, "정축년 6월 8일 김정희와 조인영이 함께 와서 남아 있는 글 자 68개를 면밀히 살펴보았다(金正喜趙寅永審定殘字六十八字)" 하였다.

_『완당집』

조선 천재 열전

추사는 그 뒤에도 북한산의 진흥왕 순수비에 대한 연구를 게을리하지 않았다. 그러한 결과 여러 가지 의문점을 해소하게 되었다.

비바람 몰아치는 가운데 그리운 사람을 생각하니, 그리운 정을 풀 수가 없습니다. 형은 무슨 생각을 하면서 문을 굳게 닫고 혼자 지내십니까?
그런데 재차 비봉의 고비를 가져다가 반복하여 자세히 살펴보니, 제1행 진흥대왕 아래 두 글자를 처음에는 구년(九年)으로 보았는데, '구년'이 아니고 바로 '순수(巡狩)' 두 글자였습니다. 또 그 아래 '신(臣)' 자 같이 생긴 것은 '신' 자가 아니고 바로 '경(境)' 자이니, 이것을 전부 통합해보면 곧 '진흥태왕 순수관경(眞興太王巡狩管境)' 여덟 자가 되는 것입니다. 이 예(例)는 이미 함흥 초방원의 북순비(北巡碑)에 나타났습니다.
_『완당전집』제2권 「조운석 인영에게 주다(與趙雲石 寅永)」

그와 함께 추사는 순수비에 나오는 '남천(南川)'이라는 지명의 유래를 다각도로 연구, 검토하여 비가 만들어진 연대를 정확하게 밝혀냈다.

또 제8행에는 '남천'이라는 두 글자가 있는데, 이 두 글자는 바로 이 비의 고실(故實)에 있어 가장 중요한 곳입니다. 진흥왕 29년에 북한산주(北漢山州)를 폐하고 남천주(南川州)를 설치하였으니, 이 비는 의당 진흥왕 29년 이후에 세운 것이지, 진흥왕 16년에 북한산주에 순행하여 봉강(封疆)을 척정(拓定)할 때 세운 것이 아닙니다.

북한산의 비봉에 있던 의문의 비는 추사에 의해 신라 진흥왕 순수비로 밝혀진 것이다. 추사는 그 뒤 북한산의 순수비와 황초령의 순수비를 일연이 지은 『삼국유사(三國遺事)』와 한 글자 한 글자 비교하여 긴 글을 썼다. 그것이 바로 추사의 대표적인 글이라고 평가받는 「예당금석과안록(禮堂金石過眼錄)」이다. 『완당집』에 「진흥이비고(眞興二碑攷)」라는 제목으로 실려 있는 이 글은 총 7,000여 자에 이르는데, 글자의 판독과 문장의 해석, 그리고 서체의 탐구와 비석의 형태에 대한 연구가 담겨 있다. 특히 『삼국사기(三國史記)』와 『문헌비고(文獻備考)』를 비롯한 역사서와 비교하는 치밀함을 보여주는 고증학 논문이라는 평을 받고 있다.

현재 국보 제3호로 지정되어 국립중앙박물관에 진열되어 있는 진흥왕 순수비는 추사의 혜안과 집념이 이룬 우리나라 금석학 연구의 금자탑이다. 진흥왕 순수비를 온전히 세상에 알린 추사는 그해에 「실사구시설(實事求是說)」을 지었다.

『한서(漢書)』 「하간헌왕전(河間獻王傳)」에 이르기를 '사실에 의거하여 사물의 진리를 찾는다(實事求是)'라 하였는데, 이 말은 곧 학문을 하는 데 있어 가장 중요한 도리다. 만일 사실에 의거하지 않고 다만 허술한 방도를 편리하게 여기거나, 그 진리를 찾지 않고 다만 선입견을 우주로 한다면 성현(聖賢)의 도에 있어 배치(背馳)되지 않을 것이 없을 것이다.

그런데 진(晉), 송(宋) 이후로는 학자들이 고원(高遠)한 일만을 힘쓰면서 공자를 높이어 '성현의 도가 이렇게 천근(淺近)하지 않을 것이랴'라고 하며, 이에 올바른 문경을 싫어하여 이를 버리고 특별히 초묘고원(超妙高遠)한 곳에서 그것을 찾게 되었다.

그래서 이에 허공을 딛고 올라가 용마루 위를 왕래하면서 창문의 빛과 다락의 그림자를 가지고 사의(思議)의 사이에서 이를 요량하여 깊은 문화와

방구석을 연구하지만 끝내 이를 직접 보지 못하고 만다.

그리고 혹은 옛것을 버리고 새것을 좋아하여 갑제(甲第)에 들어가는 을을 가지고, '갑제가 이렇게 얕고 또 들어가기 쉽지 않을 것이라'고 여기어 별도의 문경을 열어서 서로 다투어 들어간다. 그리하여 이쪽에서는 실중(室中)에 기둥이 몇 개라는 것을 말하고, 저쪽에서는 당상(堂上)에 기둥이 몇 개라는 것을 변론하여 쉴 새 없이 서로 비교 논란하다가 자신의 설(說)이 이미 서린(西鄰)의 을제(乙第)로 들어간 것도 모르게 된다. 그러면 갑제의 주인은 빙그레 웃으며 말하기를 '나의 집은 그렇지 않다'라고 한다.

대체로 성현의 도는 몸소 실천하면서 공론(空論)을 숭상하지 않는 데에 있으니, 진실한 것은 의당 강구하고 헛된 것은 의거하지 말아야지 만일 그윽하고 어두운 속에서 이를 찾거나 광활한 곳에 이를 방치한다면 시비를 분변하지 못하여 본의를 완전히 잃게 될 것이다.

그러므로 학문하는 방도는 굳이 한 송의 한계를 나눌 필요가 없고 굳이 정현(鄭玄), 왕숙(王肅)과 정자(程子), 육구연(陸九淵)과 설선(薛瑄), 왕수인(王守仁)의 문호를 다툴 필요가 없이, 다만 심기(心氣)를 침착하게 갖고 널리 배우고 독실하게 실천하면서 '사실에 의거하여 진리를 찾는다'라는 한마디 말을 오로지 주장하여 해나가는 것이 옳을 것이다.

_『완당전집』제1권「진흥왕의 두 비석에 대해 상고하다」

추사와 동시대를 살았던 민노행이 추사의 「실사구시설」을 읽고 다음과 같은 글을 남겼다.

그런데 그가 논한 고금의 학술의 변천 내력이며 문경(門逕)과 당실(堂室)의 비유는 순수하거니와, 그 사이에 또 한유(漢儒)들을 추론하여 '경전(經傳)의

훈고(訓詁)에 대해서 모두 스승으로부터 가르침을 받은 것이 있어서 정실 (精實)함을 잘 갖추었다'라고 한 말에 대해서는 나 또한 무릎을 치며 이렇게 감탄한다.

추사는 그의 나이 34세가 되던 해, 윤 4월 1일에 문과에 급제했다. 그 사실을 안 순조는 월성위 봉사손의 문과 급제를 축하하기 위해 추사에게 음악을 내려주고 월성위 묘에 치제(致祭)케 했다. 추사의 아버지 김노경 은 조정의 요직을 두루 거쳐 그의 나이 38세인 1823년에는 이조판서를 거쳐 공조판서가 되었고, 그해 추사는 규장각대교가 되었다.

추사의 나이 41세인 1826년에 충청우도 암행어사가 되었다. 추사는 그때 비인 현감 김우명을 봉고파직시켰는데, 그것이 화근이 되었다. 인간 의 인연이란 질기고 질긴 것이어서, 추사가 두 차례 시련을 당할 때 김우 명이 공격에 앞장선 것이다.

1830년 8월 추사가 동부승지를 제수받았고, 아버지 김노경이 평안 감사에서 물러나 있는데, 김우명이 김노경을 탄핵하고 나섰다. 결국 윤상 도 옥사사건의 배후 조종 혐의에 연루되어 귀양을 가게 되는 시련을 맞았 다. 그때 김노경의 나이 64세였고, 추사의 나이 45세였다. 학문과 벼슬에 서 탄탄대로를 달리던 추사에게 닥친 최초의 좌절이자 시련이었다.

아버지 김노경이 절해고도로 유배를 당하자, 추사는 의연하고 도량이 있었음에도 불구하고 슬픔이 너무 깊어 사는 것이 사는 것 같지 않았다. 그는 밤이면 밤마다 잠도 자지 않고 울면서 하늘에 기도를 드렸다. 김노 경이 유배에서 풀릴 기미가 보이지 않자, 추사는 1832년 2월 26일에 임 금의 행차길에 나아가 꽹과리를 치는 격쟁(擊錚)으로 임금께 직접 호소 하기도 했다. 날이 추우나 더우나 옷도 갈아입지 않다가 아버지 김노경이

조선 천재 열전

4년 만에 유배에서 풀려 돌아오자 비로소 옷을 갈아입었다.

아버지의 유배로 인하여 추사 자신도 일시 관직에서 밀려났으나, 순조의 배려로 다시 복귀하게 되었다. 1836년에 병조참판을 거쳐 성균관 대사성이 되었고, 조인영, 권돈인과 삼두 체제를 이룰 만큼 정치적으로도 영향력을 행사했다. 추사의 나이 55세인 1840년 6월에 동지부사에 임명되어 꿈에도 그리던 연행길에 다시 오르게 되었다.

3. 추사에게 시련의 세월이 다가오다

이때 조정에서는 왕후 김씨가 정사에서 물러나며 세도 정권이 풍양조씨에게서 안동김씨에게로 옮겨졌다. 따라서 양파 간에는 치열한 권력의 암투가 벌어졌다. 안동김씨가 10년 만에 윤상도 옥사를 다시 거론하여, 이번에는 추사 자신이 연행길은커녕 9년에 걸친 제주도 유배길에 오른다. 유배를 가는 길에 두 가지 전설 같은 이야기가 만들어졌다.

전주에 도착해서 전라도에서 서예로 이름이 높던 창암(蒼巖) 이삼만을 만났다. 이삼만은 이광사의 글씨를 보고 서예를 배운 사람으로 그 명성이 서울에까지 이르지는 못했지만, 전라도 인근의 사찰에서는 그의 글씨를 수도 없이 받아다 걸었다. 지리산 천은사의 '보제루(普濟樓)'와 곡성 태안사의 적인선사 혜철 스님의 부도로 오르는 계단의 작은 문 위에 걸린 '배알문(拜謁門)'이라는 글씨도 이삼만의 글씨다.

그때 이삼만의 나이는 71세였다. 이삼만은 나라 안에서 명성을 떨치고 있는 추사를 만나게 되자 자신의 글씨를 보여주며 평을 부탁했다. 한참 동안 글씨를 지긋이 바라보던 추사가 말문을 열었다. "노인장께서는 이 지역에서 글씨로 밥은 먹고 살겠습니다." 추사에게 수모를 당하는 것을 지켜본 이삼만의 제자들이 추사를 두들겨 패려고 하자, 이삼만이 제자들을 가로막았다. 그리고 추사가 문을 나서자 말했다. "저 사람이 글씨를 잘 아는지 모르지만, 조선 붓의 헤지는 멋과 조선종이에 스미는 맛은 잘 모르는 것 같다."

추사와 교류를 나누었던 초의선사가 머물렀던 해남의 일지암.

전주에서 남원과 나주를 지나 해남에 도착한 추사는 대둔사의 일지암
에서 초의선사를 만나게 되었다. 그때 그는 대둔사에 걸린 원교(圓嶠) 이
광사의 대웅보전 현판 글씨와 '침계루(枕溪樓)'라는 글씨를 보고는 "저런
촌스러운 글씨를 달고 있느냐"라며 '대웅보전(大雄寶殿)'이라는 글씨를
써 준 뒤, 이광사의 글씨를 떼어내고 나무에 새겨 달게 했다. 원교 이광사
는 동국진체(東國眞體)의 대가로서, 당시 글씨에서 겸재 정선과 같은 존
재라고 할 수 있었다.

그러나 추사는 그의 글씨가 마음에 안 들었던지 「원교필결 뒤에 쓰다
(書圓嶠筆訣後)」라는 글을 남겼다.

원교의 필결에 이렇게 말했다. "우리나라는 고려 말엽 이래로 다 언필(偃
筆)의 서다. 그래서 획의 위와 위의 왼편은 호(毫) 끝이 발라가기 때문에 먹
이 짙고 미끄러우며, 아래와 바른편은 호의 중심이 지나가기 때문에 먹이
묽고 까끄러움과 동시에 혹은 다 편고(偏枯)가 되어 완전하지 못하다.

추사와 이광사의 글씨에 대한 일화가 전해오는 해남 대흥사 대웅보전.

이 설이 하나의 횡획을 사분해서 벽파하여 세미한 데까지 분석한 것 같으
나 가장 말이 되지 않는다. 위에는 단지 왼편만 있고 바른편은 없으며, 위
로는 단지 바른편만 있고 왼편은 없단 말인가.

(중략)

원교의 글씨를 보니 현완(縣腕)하고서 쓴 게 아니다. 무릇 글자를 쓸 때 현
완하고 현완하지 않은 것은 자획의 사이를 보면 그림자도 도망갈 수 없는
것인데, 어찌 속일 수 있으랴. 원교에게 친히 배운 여러 사람들도 역시 다
알지 못한다. 이러했기 때문에 필결 속에는 현완에 대한 한 글자도 미치지
않은 것이니, 현완을 한 연후에야 붓 쓰는 것을 말할 수 있다.

추사는 뒤를 이어서 그것이 원교의 허물만이 아니고, 원교의 천품이
남달리 초월하여 그 재주는 지녔으나 학문(學文)이 없기 때문이라고 보
았다. 또한 원교가 고금의 법서와 선본을 얻어 보지 못했고, 대방가(大方

조선 천재 열전

家)에 나아가서 취정을 못했기 때문에 다만 초이한 천품만 가지고서 그 고답적인 오견(傲見)만 세우며 재량을 할 줄 모른다고 비판했다.

그런 생각을 가지고 있으니, 원교의 '촌스러운' 글씨가 추사의 마음에 들지 않았던 것이다. 그리고 '무량수각(無量壽閣)'이라는 글씨를 써서 대웅전 바로 옆 선방에 걸게 했다. 그러나 9년여의 유배 생활을 마치고 돌아가는 길에 다시 대둔사에 들른 추사는 그때 자신의 생각이 잘못되었음을 깨달았다. "지난번에는 내가 잘못 생각했다"라고 말한 다음 자신의 글씨를 내리고 다시 원교의 글씨를 걸게 했다.

추사가 자기 글씨에 대한 자부심에서 벗어나게 된 것은 고난과 고통 속에서 보낸 유배 생활이 있었기에 가능한 일이었다. 훗날 서울의 사대문 중 하나로 국보 제1호로 지정된 '숭례문(崇禮門)'의 글씨는 이수광이 지은 『지봉유설』에 세종대왕의 큰형인 양녕대군이 썼다고 알려져 있지만, 다른 사람이 썼다고도 한다. '숭례문'이라는 글씨를 좋아했던 사람이 바로 추사였다. 과천에서 오갈 때면 항상 이 문 앞에서 황홀해하면서 해가 저무는 줄도 모르고 현판의 '숭례문'이라는 글씨를 쳐다보고 또 쳐다보았다는 일화가 있다.

추사는 곧바로 완도로 갔고, 그곳에서 제주도로 가는 뱃길에 올랐다. 그때 제주도로 건너가던 과정이 사촌 동생 명희에게 보낸 편지에 자세히 실려 있다.

내가 떠난 그날은 행장을 챙겨서 배에 오르니 해는 이미 떠올랐었네. 본래 그 배가 다니는 데는 북풍으로 들어갔다가 남풍으로써 나오곤 하다가 동풍도 역시 들고나는 데는 모두 이롭다고 하더군. 이번에는 동풍으로 들어

추사가 제주도 유배길에 닿아서 동생에게 편지를 보냈던 제주 회북포.

가는데, 갈수록 풍세(風勢)가 잇달아 순조로워서 정오 사이에 바다의 거의 삼분의 일이나 건너가 버렸네. 오후에는 풍세가 꽤나 사납고 날카로워서 파도가 일렁거리고 배가 따라서 오르내리니, 배를 처음 타본 여러 사람들은 금오랑(金吾郎)으로부터 우리 일행에 이르기까지 그 배에 탄 초행인들이 모두가 현기증이 일어나 얼굴빛이 변하지 않는 사람이 없었네.

그러나 나는 종일 뱃머리에 있으면서 나 혼자서 밥을 먹고 키잡이나 뱃사공들과 더불어 고락을 함께하여 바람을 타고 파도를 헤치려는 뜻이 있었다네. 이 죄 많은 사람을 돌아보건대 어찌 감히 스스로 존재할 수 있겠는가. 실상은 임금님의 신령스러운 힘이 멀리 미친 것이며, 저 푸른 하늘 또한 나를 가련히 여기시어 도와주신 듯하였네. 저녁놀이 질 무렵에 곧장 제주성(濟州城)의 화북진(禾北鎭) 아래에 도착하니 이곳이 곧 배를 내리는 곳이었네.

제주도 사람들이 모두 말하기를 "북쪽의 배가 날아서 건너왔도다. 해 뜰 무렵에 배가 떠나서 석양에 도착한 것은 60일 동안에 보지 못한 일이었다고 하더군. 또한 오늘의 풍세로 배를 이와 같이 부릴 수 있었다는 것 역시 생각지도 못한 일이라고 하네. 나 역시 스스로 이상스럽게 생각하는데, 알지 못하는 속에서 또 하나의 험난한 위험을 경험한 것이 아니겠는가.

_『완당전집』 제 2권

추사를 실은 배가 정박한 곳으로부터 주성(州城)까지는 10리였다. 날이 저물어 그날 밤은 그대로 화북진 아래 민가에서 하룻밤을 자고, 다음 날 아침 성으로 들어가서 아전 고한익의 집에 머물렀다.

대정은 제주성에서 서쪽으로 80리 떨어진 곳이다. 그 이튿날은 큰바람이 불어서 길을 나서지 못했고, 그다음 날이 초하루였다. 바람이 그친 까닭에 이동하기에 좋은 날이었다. 지금이야 제주 어느 곳이건 마을들이 많이 들어섰지만, 그 당시에는 민가를 만나기도 어려웠다. 추사의 글을 다시 보자.

밀림(密林)의 무성한 그늘 속을 지나는데 겨우 한 가닥 햇빛이 통할 뿐이나 모두 아름다운 수목(樹木)들로서 겨울에도 푸르러서 시들지 않았으며, 간혹 단풍 든 수풀이 있어도 새빨간 빛이라서 또한 육지의 단풍잎들과는 달랐네. 매우 사랑스러워 구경할 만하였으나 정해진 일정으로 황급히 길을 매우 바쁘게 갔으니, 하물며 어떻게 흥취를 돋을 수가 있었겠는가. 대체로 고을마다 성의 크기는 말(馬)만큼이나 작았네.

추사는 대정에 도착하여 군교(軍校)인 송계순의 집을 얻어 머물렀다.

그 집은 당시 대정읍에서도 그나마 가장 나은 집이었다. "온돌방은 한 칸 이며, 남쪽으로 하얀 툇마루가 있고, 동쪽으로는 작은 정주(鼎廚)가 있으며, 정주의 북쪽에는 또 두 칸의 정주가 있고, 또 고사(庫舍) 한 칸이 있었다"라고 기록되어 있다.

추사가 받았던 유배형은 가시울타리 안에 가두는 위리안치형이었다. 그래서 추사의 적거지(謫居地)에는 가시울타리를 쳐야 했다. 다시 추사의 편지를 보자.

위리안치는 이 가옥 터의 모양에 따라서 하였는데, 마당과 뜨락 사이에 또 한 걸어 다니고 밥 먹고 할 수가 있으니, 거처하는 곳은 내 분수에 지나치다 하겠네. 주인 또한 매우 순박하고 근신하여 참 좋네. 조금도 괴로워하는 기색이 없는지라 매우 감탄하는 바일세. 이 밖의 잡다한 일들이야 설령 불편한 점이 있다 하더라도 어찌 그것을 감내할 방도가 없겠는가?

추사는 몇 년이 지나 강도순의 집으로 거처를 옮겼고, 나머지 유배 생활을 대체로 그 집에서 보냈다. 강도순의 집은 1948년 4·3항쟁 때 불에 타버리고 빈터만 남아 있던 것을 1984년 강도순의 증손이 고증을 받아 다시 지었다.

추사는 이곳에서 배움을 받으러 오는 지역 청년들에게 학문과 서예를 가르쳤고, 작은 별채인 모거리에서 추사체를 완성했다. 그가 제주도에 유배된 지 3년째 되는 1842년 11월 13일, 그의 아내 예안이씨가 세상을 떠났다는 부음을 받았다. 그때 김정희의 마음은 어떠했을까? 몸은 비록 떨어져 있지만 자나 깨나 남편을 위해 찬물(饌物)을 보냈던 아내. 김정희는 그런 아내에게 이런 편지를 보내곤 했다.

조선 천재 열전

이번에 보내온 찬물은 숫자대로 받았습니다. 민어는 약간 머리가 상한 곳이 있으나, 못 먹게 되지는 아니하여 병든 입에 조금 개위(開胃)가 되었고, 어란(魚卵)도 성하게 와서 쾌히 입맛이 붙으오니 다행입니다. 여기서는 좋은 곶감을 얻기가 쉽지 않을 듯하오니 배편에 사오 접 얻어 보내주십시오.

이렇게 수도 없이 보냈던 편지를 이제 다시는 아내에게 보낼 수 없게 된 것이다. 그는 하늘이 무너지고, 땅이 꺼지는 듯한 절망과 슬픔 속에서 시 한 편과 가슴에 사무치는 제문을 지었다.

월하노인 통해 저승에 하소연해
내세에는 우리 부부 바꾸어 태어나리
나는 죽고 그대만이 천리 밖에 살아남아
그대에게 이 슬픔을 알게 하리

김정희는 아내의 부음 소식을 듣고도 머나먼 타향 유배지에서 갈 수 없을 뿐만 아니라 살면서도 잘해주지 못한 일들이 떠오르자 위와 같은 시를 지은 것이다. 그 내용은 중매의 신인 월하노인(月下老人)에게 하소연해 다시금 죽은 아내와 부부의 연을 맺게 해달라는 것이었다. 그는 만년에 스스로를 다음과 같이 노래했다.

지내온 30년을 곰곰이 생각하니
헤어져 움츠리고 지내지 않은 적이 있었던가
그대처럼 오래 산 사람은 늘 건강하리라지만
이제야 비로소 내 가련함을 알겠구나

김정희의 내종 사촌 민규호는 추사가 머물고 있는 제주도를 두 번이나 방문했다. 그때 추사가 머물고 있는 집의 상황을 다음과 같이 기록했다.

귀양을 사는 집에 머무르니 멀거나 가까운 데로부터 책을 짊어지고 배우러 오는 사람들이 장날같이 몰려들어서 겨우 몇 달 동안에 인문이 크게 개발되어 문채(文彩) 나는 아름다움은 서울풍이 있게 되었다. 곧 탐라의 거친 풍속을 깨우친 것은 공으로부터 비롯된 것이다.

조선 천재 열전

4. 유배지에서 추사체를 창조하다

지나가는 사람도 볼 수 없는 가시울타리 속에 갇힌 유배지의 고독과 절망 속에서 김정희는 오늘날 우리가 '추사체(秋史體)'라고 부르는 독특한 경지의 글씨를 창조해냈다. 조선 후기 정치가인 박규수는 추사체를 다음과 같이 평했다.

> 추사의 글씨는 여러 차례 변화했는데, 제주도 유배 시절에 완성되었다. 추사의 글씨는 본래 중국 고대의 비문 글씨와 옹방강의 글씨를 닮아 지나치게 기름졌으나, 유배 후에는 특정 글씨체에 구속되는 것이 없이 스스로 일가(一家)를 이루었다.

'날이 차가워진 뒤에야 소나무와 잣나무의 푸르름을 안다'라는 뜻을 지니고 있는 「세한도(歲寒圖)」는 추사가 제주 시절 그린 그림이다. 빈집 한 채의 양옆에 소나무와 잣나무가 절개를 상징하듯 고고하게 서서 대칭을 이루고 있는 「세한도」는 작자의 감정을 최대한 절제하고 내용을 지극히 단순하게 표현하면서 나머지는 텅 빈 여백으로 남겨놓았다.

인생의 말년에 바다 멀리 외딴섬에 유배되어 있는 자신의 고독과 비애의 감정을 고결한 경지에 이르게 했다는 평을 받는 「세한도」는 제자인 이상적을 위해 그린 그림이다.

집 나오면 즐겁고
집에 들면 시름이라
미친 노래 곤드레로
40년을 보내었네

이 시를 남긴 이상적은 역관(譯官, 통역관)이었다. 그는 스승인 추사가 유배 생활을 하고 있는 것을 안타깝게 여겨 중국에 가면 아무리 값비싼 책이나 벼루, 먹이라도 사서 제주도로 보냈다. 추사는 이상적의 변함없는 의리를 소나무와 잣나무의 지조에 비유하여 「세한도」라는 길이 남을 작품을 그려 보내 그 뜻을 밝혔다.

이상적은 스승에 대한 감사의 뜻으로 이 그림을 연경으로 가지고 가 청나라의 명사 16명에게 찬시(讚詩)를 받았으며, 그 찬시를 받게 된 경위를 이 그림에 담았다. 그 뒤 조선으로 돌아온 이상적은 추사의 문인인 김석준과 오세창 등으로부터 글을 받게 된 경위를 그림에 담았다.

추사에게 있어서 제주도 유배는 무수한 고통의 나날이었다. 하지만 추사는 유배 생활을 통해 자신의 삶과 예술을 되돌아보았고, 그 신산스런 세월을 통해서 독자적인 사상과 예술의 세계로 나아갈 수 있었다.

추사는 유독 유배지에서 편지를 많이 보냈다. 그중 추사가 동생 상희에게 보낸 편지를 보면 더욱 가슴이 아프다.

세선(歲船) 편에 부친 김치 항아리 등속은 과연 아무 탈 없이 도착하였네. 그래서 몇 년 동안에 처음으로 김치의 맛을 보게 되니, 매우 상쾌함을 느끼어 내 입에는 너무 과람한 듯하였네. 나주 목사가 또 이번 인편에 약간

제주시 대정읍에 있는 추사 유배지. 위리안치형을 받은 추사가 9년간 고난의 세월을 견디면서 추사체를 완성했고, 국보 중의 국보인 「세한도」를 창작한 장소가 바로 이곳이다.

의 김치 항아리를 보내왔는데, 이 또한 지난번처럼 패손되지 않아서 위장을 틔워 줄 수 있을 듯하네.

또한 「권이재돈인에게 주다(與權彝齋敦仁)」라는 여덟 번째 편지를 보면 유배지에서 받는 편지가 반갑기도 하지만 얼마나 두렵고 가슴이 떨리는 일인지를 미루어 짐작할 수 있다.

이 죄인은 지난번에 또 넷째 자씨(姊氏)의 경악스런 부음이 갑자기 내도하는 바람에 혼이 나서 앞이 캄캄하고 바다 하늘은 아득하기만 하니, 이 무슨 정황이겠습니까. 북쪽에서 서신이 오면 비록 '평안(平安)'이라는 두 글자가 보이더라도 매양 서신을 손에 잡을 때마다 마음이 당황해집니다. 그런데 더구나 친척과 옛 친구의 생사에 관한 비감이 이토록 사람을 괴롭히니, 이는 마치 마귀의 야유가 이 한 가지 경우를 가지고 연극의 각본처럼 서로 번갈아 내 앞에 나타나는 것 같기도 합니다. 그리하여 이것이 허깨비라는 것을 분명히 알면서도 그때마다 고락(苦樂)과 비환(悲歡)에 따라 변천하는 바가 되고 맙니다.

궁하면 변하고, 변하면 통하는 것이 바로 소식(消息)의 지극한 이치인데, 나의 경우는 궁함이 아직 궁함이 다 되지 못하고, 변함이 아직 변함이 다 되지 못해서 그런 것이란 말입니까?

이 얼마나 가슴 아프고 슬픈 일인가. 편지가 도착하면 기쁨이 앞서야 하는데, 불길한 느낌에 가슴부터 두근거린다니.

현종온 추사가 유배 중인데도 가끔씩 글씨를 써서 보내라고 했는데, 그에 대한 글이 막냇동생 상희에게 보낸 편지에 실려 있다.

> 죄는 극에 달하고 과실은 산처럼 쌓인 이 무례한 죄인이 어떻게 오늘날 이런 일을 만날 수 있단 말인가. 다만 감격의 눈물이 얼굴을 덮을 뿐이요, 말이나 글로 표현할 수 있는 것이 아니네. 더구나 나의 졸렬한 글씨를 특별히 생각하시어 종이까지 내려주셨으니, 임금의 은혜(龍光)에 대해신산(大海神山)이 모두 진동을 하네.
>
> _『완당집』제2권 「막냇동생 상희에게」

유배지인 제주에서 추사는 많은 제자들을 가르쳤다. 물론 추사만이 그랬던 것이 아니라 기묘사화로 인해 제주로 왔던 김정을 비롯한 학자들 또한 제자들을 길러냈다. 그러나 육지에서 멀리 떨어진 제주도는 말 그대로 낙후 지역이라서 향학열이 높지 않았다. 그런 실정을 안타까워했던 추사는 배우고자 하는 이들을 성심성의껏 가르쳤다. 그때 추사에게 가르침을 받은 제자들이 강사공, 강도순, 이시형을 비롯해 여러 명이었다. 추사는 그의 제자 중에 재주가 남다른 이시형을 부탁하는 글을 양자인 상무에게 보냈다.

여기 이시형이라는 사람은 나이가 젊고 재주가 뛰어나 결단코 학문을 하고자 하는 사람이다. 그 뜻이 자못 예리하여 막을 수 없으므로 올려 보내니 함께 공부하도록 하여라. 비록 그 견문이 넓지 않다 하더라도 만약 갈고닦게 한다면 족히 이곳의 책을 읽지 않는 사람들 중에서는 뛰어난 사람이 될 수 있을 것이다.

재능 있는 사람을 키우고자 하는 추사의 인간애를 엿볼 수 있는 편지다. 그런 추사의 마음을 제대로 파악할 수 있는 글이 바로 「인재설(人才說)」이다.

하늘이 인재를 내리는 데 있어서는 애당초 남북이나 귀천의 차이가 없으나, 누구는 이루고 누구는 이루지 못하는 경우가 있는 까닭은 무엇인가? 모든 사람이 아이 적에는 흔히 총명한데, 겨우 제 이름을 기록할 줄 알 만하면 아비와 스승이 전주(前住)와 첩괄(帖括)로 그를 미혹시키어, 종횡무진하고 끝없이 광대한 고인들의 글을 보지 못하고, 한번 혼탁한 먼지를 먹음으로써 다시는 그 머리가 맑아질 수 없게 되는 것이 그 첫째다.
다행히 제생(諸生)되었더라도 머리가 둔하여 민첩하고 통달하지 못함으로써 아무런 보람도 없이 어렵게 시장(試場)을 나오다가 오랜 뒤에는 기색(氣

色)조차 쇠락해져 버리니, 어느 겨를에 제한된 테두리 밖을 의논할 수 있겠는가. 이것이 그 둘째다.

사람이 비록 재주가 있더라도 또한 그의 생장한 곳을 보아야 한다. 궁벽하고 적막한 곳에서 생장하여 산천(山川), 인물(人物)과 거실(居室), 유어(遊御) 등에서 크게 드러나고 높고 웅장함과 그윽하고 특이하고 괴상하고 호협한 일들을 직접 목격하지 못함으로써 마음이 세련된 바가 없고 흉금이 풍만해지지 못하면, 이목(耳目)이 이미 협소함에 따라 수족(手足) 또한 반드시 굼뜨게 되는 것이니, 이것이 세 번째다.

이상의 세 가지가 사람으로 하여금 재력(才力)이 꺾이고 다해서 비통한 지경에 이르게 하는 것이 왕왕 이와 같다.

그러므로 나이 많은 고루한 유생(儒生)도 문(文)이 꼭 없을 수는 없으나, 귀로는 많은 것을 듣지 못했고, 눈으로는 많은 것을 보지 못했음으로 촌스럽고 고루한 지식만을 내놓게 되니, 천하의 광대한 문에 비한다면 어찌 다시 문이 있다고 할 수 있겠는가? 문의 묘(妙)는 남의 것을 따라 흉내나 내는 그런 것이 아니고, 자연의 영기(靈氣)가 황홀하게 찾아오고 생각하지 않아도 이르러 와서 그 괴괴하고 기기함을 어떻게 형용할 수 없는 것이다.

_『완당전집』제1권 '설(說)'

추사가 꼬집듯이 쓴 이 글의 내용이 그 당시 사대부들의 풍조였다. 추사는 다시 사대부들을 강하게 꼬집는다.

그리하여 지금에 이르러서는 글을 읽고 이치를 담론하는 선비들이 헛된 말만을 간직하여 길을 헤매며, 그것으로 세월을 다 보내면서 되돌아올 줄을 모르고, 한창 또 이 일을 좋아하여 늙음이 닥쳐오는 줄도 모른다. 그래

조선 천재 열전

서 이른바 실용시비(實用是非)라는 것에 대해서는 까마득히 벌써 잊어버리고 있는 실정이니 아, 애석하도다.

「실사구시설」의 「후서를 첨부하다(附後敍)」에 실린 글이다. 당시 나라에서 인재를 제대로 등용하지 않고 있는 풍조를 개탄한 내용이다.

추사의 유배 기간이 길었으므로 그 머나먼 적소(謫所)인 제주도의 대정까지 추사를 찾아왔던 사람들이 적지 않다. 초의선사와 허련은 안부 차 찾아온 것이고, 조선 후기 개화 사상가 강위는 추사에게 학문을 배우고자 찾아와 공부했다.

5. 백발이 성성한 채 유배에서 풀려났지만

9년간의 유배 생활을 마친 1848년 12월 6일, 마침내 추사가 유배에서 풀려났다. 그날『조선왕조실록』에는 다음과 같은 글이 실려 있다.

하교하기를 이목연, 조병현, 김정희를 석방하라.

_ 현종 14년 12월 6일

추사에게 이 소식이 당도한 것은 보름이 지난 12월 19일이었다. 유배 생활을 정리하고 추사가 대정을 떠난 날은 1849년 정월 초이레 날이었다. 완도에 도착한 추사는 해남 대둔사에 가서 초의선사를 만나 회포를 풀고, 올라오는 길에 백파선사와 만나고자 했지만 일정이 여의치 않아 만나지 못했다. 전주에 들러 이삼만의 집을 찾았으나, 그는 이미 3년 전에 가고 없었다. 세월은 사람을 기다려주지 않았다.

유배에서 돌아온 뒤 2년간은 별다른 기록이 남아 있지 않다. 강상에 머물며 오랜 친구들과 유유자적하며 시와 글, 그림을 벗하며 살았으나, 그 무렵 그의 살림살이가 피폐해져서 집안 살림을 건사하기도 힘들었던 듯하다.

그러다 2년 후인 신해년에 다시 시련이 닥쳐왔다. 오랜 친구이자 영의정이었던 권돈인이 예론으로 배척을 받았고, 그때 권돈인을 배척했던 사람이 추사가 실제로 그 예론에 참여했다고 고했다. 결국 추사는 7월 22일 함경도 북청으로 또다시 유배형을 받았다.

머나먼 북방 북청으로 유배길에 오를 때 추사의 나이 66세였다. 추사의 동생들 또한 늙어서 백발이 성성했다. 두 동생은 추사의 손을 잡고 말도 못한 채 통곡했고, 친척들이나 그를 모시던 관리들도 물끄러미 바라보며 슬픔에 겨워 울부짖었다. 그 소리가 장옥(場屋)을 진동시키자, 추사가 정색을 하며 두 동생에게 말했다. "못난 사람은 논할 것도 없거니와 자네들 같이 글을 읽은 사람들도 이러하단 말인가."

추사는 두 동생을 달래며 위로한 뒤 손수 책 상자를 정연하게 정돈하고서 유배길에 올랐다. 그때의 심사가 몇 달 뒤 권돈인에게 보낸 편지 속에 남아 있다.

나는 동쪽에서 꾸고 서쪽에서 얻어 북청으로 떠날 여비를 겨우 마련했지만, 아우 명희와 상희는 그 가난한 살림에 어디에서 돈이라도 마련하기나 했는지 모르겠습니다.

_『완당전집』 제3권 「권돈인에게, 스물여섯 번째 보내는 편지」

젊은 사람도 가기 힘든 머나먼 여정, 더더구나 입신양명(立身揚名)도 아닌 죄인의 몸으로 노구를 이끌고 가는 유배길이 얼마나 힘겨웠을까. 북청에 도착한 추사는 권돈인에게 다음과 같은 편지를 보냈다.

저는 28일의 홍수에 막히고, 30일의 비바람을 겪고 나서 이곳 성동(城東)의 자작나무 굴피집에 도착하여 겨우 남은 목숨을 부지하고 있습니다. 그런데 갑자기 동지 이후부터 황달기가 얼굴에 나타나서 완연히 일개의 황면

노담(黃面老曇)이 되었으나, 의약을 쓸 길이 없어 꼭 죽는 줄만 알았습니다.
_『완당집』제3권「권돈인에게, 스물여섯 번째 보내는 편지」

북청에서의 유배 생활은 제주도보다 훨씬 나았다. 그때 마침 후배이자 제자인 윤정현이 함경도 관찰사로 부임해왔다. 윤정현은 추사의 부탁을 받아 황초령비를 복원했다. 유배 생활에 접어든 지 만 1년을 넘은 1852년 8월 13일, 추사에게 해배의 명이 내려졌다. 유배가 풀렸다는 소식을 제일 먼저 전해준 사람은 흥선대원군이었다.

서울로 돌아온 추사는 파란 많았던 벼슬살이를 접고 여생을 보내기 위해서 관악산 밑에 있는 과천의 과지초당으로 돌아왔다. 70세에는 과천 관악산 기슭에 있는 선고묘(先考墓) 옆에 가옥을 지어 수도에 힘썼다. 그때 추사가 흥선대원군에게 보낸 편지들이 여러 통 남아 전한다.

척공(戚功, 인척 사이를 뜻함)은 초목 같은 얼마 남지 않은 목숨이 어느덧 70세가 되어 맵고 쓴 고통이 갈수록 지루하기만 한데, 스스로 자신을 돌아보아도 추하게 느껴지니, 남들은 반드시 나를 보면 구역질을 할 것입니다. 그런데도 이런 후한 대접을 입으니, 그늘진 산골짜기에 따뜻함이 이른 것 같습니다. 이렇게 황량하고 춥고 적막한 곳의 누추한 집에 그 누가 말 한마디나마 전해주겠습니까.

추사는 광주에 있는 봉은사(奉恩寺)로 가서 나무로 만든 집을 짓고 구계(具戒)를 받고 승복을 입었다. 선비로서 중이 되었지만 그 누구도 그의 행동을 비난하지 않았다. 한철을 봉은사에서 보낸 뒤, 과천과 봉은사를 오가며 여생을 보냈다. 그 시절에 수많은 글씨를 남겼는데, 추사는 그 당

조선 천재 열전

시 많은 사람들이 쓰는 글씨의 속됨을 못마땅해했다.

요즘 사람들의 속된 글씨를 보면 모두 객기를 부려 비양(飛揚)하는 것만
을 숭상하여 초소에 이르러서는 마침내 하나의 부적을 만들고 마는 실
정이다.

_『완당집』제7권「잡저」

추사는 글씨란 기(氣)와 흥(興)이 넉넉하고 고르게 가라앉은 비움(虛)
속에서 나와야 좋은 글씨가 될 수 있다고 보았다.

옛사람이 글씨를 쓴다는 것은 바로 저절로 쓰고 싶어서 쓴 것이다. 글씨
를 쓸 만한 때는 이를테면 왕헌지 '산음설도(山陰雪棹)'에서 흥을 타고 갔다
가 흥이 다하면 돌아오는 그 기분인 것이다. 때문에 가고 머무는 뜻에 따
라 조금도 구애받는 것이 없으며, 서취(書趣) 역시 천마(天馬)가 공중을 나
는 것과 같다. 그런데 지금 글씨를 청하는 자들은 산음에 눈이 오고 안 오
고를 헤아리지 않고, 또 왕헌지를 강요하여 곧장 대규의 집으로 향해 가는
식이니 어찌 답답하지 않겠는가.

_『완당집』제8권「잡지」

추사가 마지막 남긴 글씨는 죽기 사흘 전에 쓴 봉은사 경판전에 걸린
'판전(板殿)'이다. 그리고 1856년 10월 10일에 세상을 떠났다. 그의 나
이 71세였다. 유명 직전에 그를 찾았던 문인에 의하면 별세하기 하루 전
날에도 집필을 멈추지 않았다고 한다.

6. 후대의 평가

추사가 서거한 1856년 10월 10일로부터 30년이 지나 『철종실록 (哲宗實錄)』을 편찬할 때, 실록의 사관은 추사에 대해 이런 글을 남겼다.

철종 7년, 10월 10일 갑오, 전 참판 김정희가 죽었다. 김정희는 이조판서 김노경의 아들로 총명하고 기억력이 투철하여 여러 가지 책을 읽었으며, 금석문과 그림과 역사에 깊이 통달했고, 초서, 해서, 전서, 예서 할 것 없 이 참 경지를 깨쳤다.

때로는 하지 않아도 될 일을 잘했지만, 사람들은 그것을 비판할 수 없었 다. 그의 작은 동생 명희와 함께 훈지처럼 서로 화답하여 울연(蔚然)히 당 세의 대가가 되었다.

젊어서부터 영특하여 이름을 드날렸지만, 혹은 세상으로부터 쓰임을 당 하기도 하고, 혹은 세상의 버림을 받기도 하며 나아가기도 하고 물러나기 도 하였다. 세상 사람들이 그를 송나라의 소동파에 비유한다.

조선 시대 사관은 인물평에 있어 인색하기로 유명했다. 대부분 젊은 사관들이 꼬장꼬장하게 사필을 휘둘러서 대부분의 인물들은 죽은 뒤에도 그들의 붓끝을 피해갈 수 없었는데, 유독 추사에 대해서만은 진심에서 우 러나온 칭찬을 한 것이다.

당시 세상에 떠돌았던 말 중에 김정희가 이상한 책을 가지고 있는데,

조선 천재 열전

깊숙한 곳에 감추어 일체 보이지 않는다는 말이 있었다. 그 말을 전해들은 김정희는 웃으며 다음과 같이 말했다.

어찌 세상 밖의 책을 내가 가졌겠는가. 백가(百家)의 책을 두루 읽는 동안에 지니게 된 좋은 글 중에서 몇 줄을 취하거나 몇 자를 정선하여 모아 이룬 것이네. 비록 한만(汗漫)할지라도 이것이 비이(秘異)한 글이 된 것이네.

김정희는 그 누구보다 독서를 많이 한 사람이었다. 그는 벌레 소리 하나도 무심히 듣지 않는 다정다감한 사람이었다. 하지만 세속의 잣대에는 그다지 신경 쓰지 않는 넓은 안목을 가지고 세상을 살아갔다.

항상 우환이 있어도 싫을 것이 없고, 희락(喜樂)만 있어도 좋을 것이 없으니, 무의미하게 살아가는 것이 좋다.

그의 세상을 살아가는 자세이자 지혜였지만, 세상의 세파는 그를 그대로 담담하게 살도록 내버려두지 않았다.

명문가 집안에서 태어나 전반기 삶은 순조로웠지만, 한번 길이 어긋난 뒤부터 추사의 인생은 시련의 연속이었다. 그래서 『완당전집』에 나오는 「적천리설(適千里說)」은 여러 가지 의미를 담고 있는 글이다.

지금 대체로 천리 길을 가는 사람은 반드시 먼저 그 경로(經路)의 소재를 분변한 다음에야 발을 들어 걸어갈 뒷받침으로 삼을 수 있는 것이다. 그런데 막 문을 나섰을 때에 당해서는 진실로 갈팡질팡 어디로 갈 줄을 모르므로, 반드시 길을 아는 사람에게 물어야 할 것이다.

그런데 마침 바르고 큰길을 알려주고 또 굽은 길로 가서는 안 된다는 것을 세세히 가르쳐주는 사람을 만났을 경우, 그 사람이 정성스럽게 알려주기를 "그 굽은 길로 가면 반드시 가시밭으로 들어가게 되고, 그 바른길로 가면 반드시 목적지에 이를 것이다"라고 하리니, 그 사람의 말이야말로 성심을 다했다고 이를 수 있겠다.

그러나 의심이 많은 사람은 머뭇거리며 과감히 믿지를 못하여 다시 딴사람에게 물어보고 또다시 딴사람에게 묻곤 한다. 그러면 성심(誠心)을 지닌 곁에 있는 사람들은 모두 묻기를 기다리지도 않고서, 그 길의 곡절(曲折)을 빠짐없이 열거하여 나에게 일러주되, 오직 자신이 잘못 알았을까 염려해서 사람마다 모두 같은 말을 하기까지에 이르는데, 이 정도면 또한 충분히 믿고 뒤질세라 서둘러 길을 달려갈 수 있을 것이다. 그러나 그 사람은 더욱 의심하여 생각하기를 "나는 감히 남들이 옳게 여긴 것을 따를 수 없고, 남들이 모두 그르게 여긴 것도 나는 또한 참으로 그른 줄을 모르겠으니, 나는 모름지기 직접 경험해보리라" 하고서 자기 마음대로 가다가 함정에 빠져들어 구해낼 수 없게 되고 만다.

그러나 종말에 가서야 자신이 미혹(迷惑)된 것을 깨닫고 되돌아온다 하더라도, 이때는 또한 이미 시간을 허비하고 심력(心力)을 소모해버린 터라 자못 시간의 여유가 없어 낭패를 당하게 되는 것이니, 어떻게 하면 남들이 명백하게 일러준 말에 따라 힘써 행하여 공(功)을 쉽게 거둘 수 있을까?

_『완당전집』 제1권

한 시대를 풍미한 천재로 태어났지만 살아 있을 당시 절망과 질곡의 세월을 보낼 수밖에 없었던 추사가 이 세상을 떠난 뒤, 많은 사람들이 추사를 기리는 글을 지었다.

조선 천재 열전

내가 어렸을 적에 선배들이 국조의 인물을 논하면서 완당 김선생을 송나라 때의 소문충(蘇文忠, 소식)에 비유하는 말을 들었었다. 조금 자라서는 더욱 전에 보지 못했던 것을 들었고, 겸하여 그의 유집을 얻어 읽어보니, 그제야 비로소 그의 세상에 뛰어난 재주와 나라를 빛낼 만한 솜씨가 소문충과 똑같고, 해박한 견문과 많은 학식으로 명성이 천하에 가득한 점도 소문충과 똑같고, 임금이 권우를 일찍 입어 화려한 관직을 역임하다가 중간에 화고(禍故)를 만나 머나먼 변방에 유찬되었으나 영고 득실을 마음에 개의치 않고 물상(物象) 밖에 초연히 우뚝 선 것도 한결같이 소문충과 다름이 없음을 알게 되었다. 그러니 선배들의 말이 참으로 나를 속이지 않았다.

비록 세상에서 선생을 칭찬하는 이들은 하나같이 기예(技藝)만을 들어 "필가(筆家)의 웅호(雄豪)다, 고증학이 풍부하다"고만 말할 뿐이고, 스스로 선생을 깊이 안다고 자부하는 사람은 고작 "시는 정예하고 강강하며 문 또한 간결하여 세속의 비속한 투식을 벗어나 고인(古人)의 경지에 올랐다"고 하는 데 불과하니, 이런 정도뿐이라면 어떻게 참으로 선생을 안다고 이를 수 있겠는가.

「완당선생전집서」를 쓴 김녕한의 글이다. 이어서 그는 추사가 고난을 겪게 된 연유를 다음과 같이 밝히고 있다.

강하고 모난 성품과 고고하고 개결한 행실이 절로 재능을 감추고 세속과 혼동하여 남들과 함께 진퇴를 해서 봉록과 지위를 보전하지 못하였다.

정인보 역시 「완당선생전집서」에서 추사를 다음과 같이 평했다.

그리하여 곤궁하거나 현달함에 개의하지 않고, 죽고 사는 것을 한 가지로 보아 담박하여 영위하는 것이 적어서 비록 재미를 붙였던 것이라도 전과 같이 여겨버렸다. 그러나 이는 그렇게 하려고 해서 그런 것이 아니요, 바로 성품이 조용하고 밝고 유유자적한 데서 온 것이니, 자신이 다스리는 일에만 전심하는 자들에 비유한다면 기리가 멀다고 이를 만하겠다.

이어서 정인보는 추사의 고매한 정신을 다음과 같이 기리고 있다.

아, 선비가 고인(故人)을 희망하여 외로이 학문을 닦아서 이미 널리 배움으로 말미암아 깊은 경지에 이르렀는데도 묻혀버리고 세상에 알려지지 않는다면, 의당 한이 없을 수가 없을 것이다.
그러나 무식한 사람들에게 전파되어 참으로 알아주기를 기필할 수 없는 경우라면 도리어 영원히 묻혀 그 깊은 아름다움을 잘 보전하여 무식한 자들의 일에 수다하게 더럽혀지지 않는 것이 더 나을 것이다. 더구나 기세를 인연하여 그 경중의 견해를 남과 똑같이 하거나, 또한 외부로부터 들은 것만 있고 스스로 주견을 지니지 못한 자라면 어찌 그와 더불어 공을 논할 수 있겠는가.

남병길이 남긴 「완당척독서(阮堂尺牘書)」의 글을 보자.

내가 정묘년 여름에 뜻밖의 질병에 걸려 겨울까지 처박혀 있으면서 질병을 잊을 방도를 생각하여 공의 척독을 수집해서 장차 간행을 하려고 하였는데, 어느 날 꿈에 공이 와서 말하기를 "그대는 어찌하여 이 늙은이의 추한 것을 폭로하는가? 이것은 바로 이 늙은이가 손 가는 대로 마음 내키는 대로 한만하게 수응수답(酬應酬答)한 것들인데, 어째서 이토록 장황하게 일을 벌이는가?" 하였다.

그래서 나는 대답하기를 "선생 같은 학식으로 세상에 전하는 것이 얼마나 됩니까. 시는 약간 정도가 있고 문도 전한 것이 드문데, 오직 이 척독은 비록 해타(咳唾)의 나머지라고는 하지만, 혹은 경사, 백가와 고문, 시사를 논하였고, 금석과 해례, 명물을 고증하면서 고금을 드나들어 우뚝이 홀로 경지에 들어감으로써, 향상(香象)과 문표(文豹)가 지묵 사이에 분주하여 은은히 비추이니, 문장의 전형이 바로 여기에 있지 않습니까. 진실로 이것은 숙상(鷫鸘, 서방을 지키는 신조)의 날개 하나나 큰 고기 솥의 고기 한 점에 불과합니다"라고 하자, 공이 말하기를 "응 그렇지 않다. 어찌 그렇겠는가. 나는 그렇다는 것을 모르겠다"라고 하였다.

이때에 몸을 뒤척여 꿈을 깨고 나니 등잔불은 희미하고 빈방에는 밝은 빛이 생겼다.

정묘년 남지일(南至日)에 남병길이 서하다.

신석희는 완당의 글씨와 시를 두고 다음과 같이 평했다.

일찍이 들으니 파공(坡公, 소동파)이 말하기를 "형체를 닮은 걸로 그림을 논하는 자는 소견이 아동과 큰 차이가 없는 것이요, 시를 짓는데도 어떤 시를 기필하는 자는 정히 시를 아는 사람이 아니라오"라 하였는데, 공의 글씨와 그림에 나아가서 공의 시를 알 수 있는 것도 또한 이와 같은 것이다. 세상에는 진실로 서화(書畵)나 시문(詩文)을 배우는 것이 마치 부처를 배우는 것과 같은 점이 있으니, 남들은 한창 물가에서 소를 찾거나 산중에서 매실이 익기를 기다리는데, 공은 한 번의 방할(棒喝, 선가의 문답에서 깨닫지 못하는 제자에게 몽둥이를 후려치거나 큰소리로 꾸짖는 수행법)로 정법안장(正法眼藏)을 얻어버린 것이다. 그런데 나 같은 사람은 행작하던 중으로 싫증이 나서 돌아와 이제는 절을 떠난 노추(老雛)가 되었으니, 이런 처지로도 가섭이 미소를 지으며 신광(神光)을 체득한 것을 논할 수 있겠는가.

_「담연재시집서(覃揅齋詩集序)」

평생을 친구로서 의지하고 살았던 권돈인은 김정희의 글씨를 다음과 같이 논했다.

완당이 제주로 유배된 이후의 글씨는 마치 자미(子美)의 기주(夔州) 이후로 지은 시나 자후(子厚)의 유주(柳州) 이후로 지은 문(文)과 같다고 하였는데, 나는 말하건대, 그의 시 또한 그의 글씨와 같아 그 신통하게 깨달은 오묘함이 절로 변화가 무궁함에 예스럽고 기이하여 담박함을 다 수합할 수 없는 것이 있다고 하겠노라.

추사의 문인인 민규호가 『완당김공소전(阮堂金公小傳)』에서 추사를 평한 글을 보자.

공은 저술하기를 좋아하지 않아서 젊은 시절에 엮어놓은 것들은 두 차례에 걸쳐 다 불태워버렸고, 현재 세상에 전하는 것은 평범하게 왕복했던 서신에 불과한 것이다. 그러나 도의(道義)의 바름과 심술(心術)의 밝음과 경례(經禮)의 발휘에 있어 공의 대략을 알 수가 있다.

　　　　　　　　　　　　　　　　　　　　조선 천재 열전

추사는 군자가 천하를 다스리는 데에 있어서는 사람으로 하여금 각각 그 정을 얻고 각각 그 욕심을 이루되 도의에 어긋나지 말아야 한다고 주장했다.

> 군자가 홀로 있을 때에는 인(仁)을 생각하고, 공적으로 말을 할 적에는 의(義)를 말하며, 행동거지를 모두 예(禮)에 맞게 하는 것이니, 할 수 있는 힘을 다하는 것을 충(忠)이라 하고, 밝힌 것을 그대로 실천하는 것을 신(信)이라 하며, 베푸는 것을 균평하게 하는 것을 서(恕)라 하는데, 이것을 점차로 이루어서 인(仁)하고 또 지(智)하게 되는 것이 바로 사(私)와 폐(蔽)를 벗어난 것이다.

「사폐변(私蔽辯)」의 일부분이다. 추사는 글씨(書)와 그림(畵)의 일치를 주장했다. 하지만 글씨나 그림이나 원래부터 법식이 있는 것이 아니라 도(道)에 이르면 자연히 우러나온다고 했다. 추사가 그린 「부작란(不作蘭)」은 그가 추구했던 서화관을 잘 드러내 보여주는 작품이다.

추사는 옹방강의 서체를 따라 배우면서 그 연원을 거슬러 올라가 조맹부와 소동파, 안진경 등의 서체를 익혔다. 추사는 더 깊이 파고들어 한나라와 위나라 시대의 여러 예서체(隷書體)에 서도(書道)의 근본이 있음을 깨달았다. 그때까지 나온 모든 서체의 장점을 기본으로 하여 보다 나은 독창적인 길을 창출한 필체가 바로 '졸박청고(拙樸淸高, 서투른 듯하면서도 맑고 고아하다)'라는 평을 받고 있는 추사체다.

난해의 상징으로 알려져 있는 추사체는 말년에 그가 제주도에 유배되었을 때 완성되었다. 추사체는 타고난 천품에다 무한한 단련을 거쳐 이룩한 고도의 이념미의 표출로서, 거기에는 일정한 법식에 구애되지 않는 법

식이 있다. 유홍준은 『완당평전』에서 추사체에 대해 다음과 같이 말하고
있다.

추사를 함부로 논하기 어려운 첫 번째 이유는 추사의 글씨, 이른바 추사체
를 함부로 이해하기 어렵다는 데서 시작된다.

추사체는 다양하고 기이하기 때문에 어떤 글씨를 과연 추사체라고 하
는지 정의 내리기조차 매우 어렵다.

추사의 예서(隸書)나 해서(楷書)에 대하여 잘 알지 못하는 자들은 괴기(怪奇)
한 글씨라 할 것이요, 알긴 알아도 대충 아는 자들은 황홀하여 그 실마리
를 종잡을 수기 없을 것이다.
원래 글씨의 묘(妙)를 참으로 깨달은 서예란 법도를 떠나지 않으면서 또한
법도에 구속받지 않는 법이다. 글자의 획이 혹은 살지고 혹은 가늘며, 혹
은 메마르고 혹은 기름지면서 험악하고, 얼핏 보면 옆으로 삐쳐나가고 종
횡으로 비비고 바른 것 같지만, 거기엔 아무런 잘못이 없다.
추사 선생이 소사(蕭寺)에서 남에게 써준 '영어산방(穎漁山房)'이라는 편액
을 보니 거의 말(斗)만 한 크기의 글씨인데, 혹은 몸체가 가늘고 곁다리가
굵으며, 혹은 윗부분은 넓은데 아래쪽은 좁으며, 털처럼 가는 획이 있는가
하면 서까래처럼 굵은 획도 있다. 마음을 격동시키고 눈을 놀라게 하여 이
치를 따져본다는 게 불가하다.
마치 머리를 산발하고 의복을 함부로 걸쳐서 예법(禮法)으로는 구속할 수
없는 것과 같았다. (중략) 감히 비유해서 말하자면 불가(佛家) 도가(道家)에
서 세속을 바로잡고자 훌쩍 세속을 벗어남과 같다고나 해야 할까.

조선 천재 열전

추사와 동시대를 살았던 초산(樵山) 유최진의 「추사 글씨 편액에 부쳐」라는 글에서 추사체의 특징을 설명한 글이다.

붓을 쥐고 있는 너의 손목에 힘을 공급하고 있는 팔목을 생각하라. 그 팔목에 균형을 주고 있는 어깨를 생각하라. 네 오른쪽 어깨의 균형을 잡아주는 왼쪽 어깨를 생각하라. 양 어깨의 균형을 주는 척추와 하체를 생각하라. 그러나 너의 온몸을 통오하고 있는 것은 머리(정신)임을 명심하라. 한 획은 곧 정신이 긋는 것이다.

글자 한 획 한 획이 바로 정신임을 설파한 글로 『완당집』에 실려 있다. 추사는 예술가로서도 타고난 기인이면서, 동시에 모든 학문을 다 섭렵했다. "추사 선생이 진심으로 공부한 것은 13경(經), 그중에서도 『주역(周易)』이었다." 추사의 제자인 민규호의 증언이다.

추사의 학문의 핵심은 실천에 있었다. 성리학적 공론을 배격하고 실질과 실용을 중시했기 때문에 진흥왕 순수비나 그 외의 사실에서 보듯 금석학이나 역사학도 실증을 통해 분석했다.

그는 시도(詩道)에 대해서도 당시의 고증학에서 그러했듯이 철저한 정도(正道)의 수련을 강조했다. 스승인 옹방강으로부터 소식과 두보에까지 폭넓게 이어지는 것을 시도의 올바른 이상으로 삼았다. 추사의 시상이 실사구시에 충실했던 것은 지극히 당연한 일이다. 추사가 심혈을 기울여 지은 『시선제가총론(詩選諸家總論)』을 보면 추사가 추구했던 시론을 여실히 볼 수 있다.

추사의 화풍(畵風)은 대체로 소식으로부터 이어지는 철저한 시서화(詩書畵) 일치의 문인 취미를 계승하고 있다. 특히 추사는 난(蘭)을 잘 쳤다. 추사는 난을 치는 법을 예서를 쓰는 법에 비겨서 말했다.

가슴속에 청고고아(淸高古雅)한 뜻이 있어야 하며, 그것이 문자의 향기(文字香)와 서권의 기(書卷氣)에 무르녹아 손끝에 피어나야 한다.

지고한 이념미의 구현에 근본을 두고 있는 추사의 서화관과 이론은 지금까지도 탁월한 이론으로 회자되고 있다. 추사의 예술은 조희룡과 허유 그리고 흥선대원군 이하응과 전기 등 수많은 사람들에게 지대한 영향을 미쳤다. 당시 서화가로서 그의 영향을 받지 않은 사람이 거의 없을 정도로 조선 후기 예원(藝苑, 예술가들의 사회를 이르는 말)을 풍미했다.

큰 글자는 작은 글자 쓰듯 하고, 작은 글자는 큰 글자 쓰듯 한다.

추사의 편지에 실린 글이다. 추사를 일컬어서 시서화를 다 이룬 사람이라고 평하지만 오랜 유배 생활로 인생에 회한이 찾아올 때 얼마나 적막하고 절망적이었는지를 가늠해볼 수 있는 글이 김병학에게 준 편지에 실려 있다.

나같이 허물어지고 쓰러진 신세는 말할 것조차 없지만 매양 생각하면 나아갈 경지가 끝이 없으니, 어느 때나 능히 미칠지 모르겠소, 머리털만 하얗고 이룬 것은 없으니, 확락(廓落)하여 가련만 하오. 두뇌가 가득 찼을 때에는 무엇이 꺼려서 나아가지 못했는지 모르겠소.

아무리 혁혁한 업적을 이루었을지라도 지내놓고 나면 아쉬움만 남

는 것이 인생이다. 추사의 일생 희로애락이 깃든 업적이 문집『완당집
(阮堂集)』과『금석과안록(金石過眼錄)』,『완당척독(阮堂尺牘)』등의 저서
로 남아 있다. 추사의 주요 그림은「묵죽도(墨竹圖)」,「묵란도 (墨蘭圖)」,
「세한도」등이 있으며, 충남 예산에 있는 그의 집은 지방문화재로 보존되
어 있다.

황현

조선을 지킨 마지막 천재

(1885~1910)

1. 유복했던 성장기를 지내고

동학농민운동을 처음에서부터 끝까지 자세하게 기록한 『오하기문(梧下紀聞)』의 첫 부분 「수필(首筆)」은 이렇게 시작된다.

아아! 화변(禍變)이 온다는 것이 어찌 우연한 일이겠는가? 나라가 잘 다스려지고 어지러워지는 것은 운수가 있고, 일이 막히거나 태평스러운 것도 때로는 서로 뒤바뀐다. 이것은 비록 시운(時運)이나 기화(氣化)가 한결같이 정해진 것이어서 바꿀 수 없는 것이라고 하지만, 또한 사람들 일의 잘잘못에 기인하기도 하는 것이니, 대개 오랫동안 쌓이고 쌓인 형태가 그렇게 만드는 것이요, 하루아침이나 하루 저녁에 갑자기 이루어지는 것은 아니다.

한 개인의 삶도 그렇지만 한 나라의 운명도 우연히 이루어지는 것은 아니다. 모든 것이 우연 같은 필연에 의해 이루어지는 것인지도 모른다. "인간의 위대성을 나타내는 나의 공식은 운명애다. 필연적인 것은 감내하고, 그리고 사랑해야 한다. 나는 앞으로 긍정하는 자가 되고자 한다. 눈길을 돌리는 것이 나의 유일한 부정이 될 것이다"라고 말한 니체의 '운명애(運命愛)'처럼, 한 나라의 운명과 자신의 운명을 동일시한 채 전체를 걸어버린 사람이 바로 매천(梅泉) 황현이었다.

한말(韓末)에 전라도 광양 땅에서 어린 시절을 보내면서 천재로 이름 날렸던 매천 황현이 벼슬길에 오르지 않고 한 생애를 보내다가, 500년 사직의 조선 왕조가 무너졌을 때 한 시대에 책임을 지고 생을 마감한 것 역시 운명이었는지도 모른다.

빼어난 시인이자, 역사가이며 그 시대 최고의 문장가로 이름을 날렸던 황현은 1855년 12월 11일, 전라남도 광양현 서석촌에서 아버지 황시묵과 풍천노씨의 3남 2녀 중 장남으로 태어났다.

황현의 본관은 장수(長水), 자는 운경(雲卿), 호는 매천(梅泉)이다. 그의 선조는 신라 때 시중 벼슬을 지냈던 황원이었고, 세종 때 영의정을 지냈던 황희 정승과 임진왜란 당시 진주성을 지키다가 장렬하게 전사한 황진이 그의 10대조였다. 그리고 8대조인 황위는 병자호란 당시 남원에서 의병을 일으켜 큰 전과를 거두었다. 이렇듯 수많은 인물들을 배출한 사대부 가문이었지만 8대조 이후로 관직에 오른 사람이 없어 황현 대에 이르러서는 실질적으로는 몰락한 잔반(殘班)이었다. 벼슬길이 끊어진 그의 선대 조상들은 남원으로 내려와 살았는데, 매천의 조부는 몰락한 사대부의 후예로 글은 읽지 못했지만 재산을 모으는 데 일가견이 있어, 꽤 많은 땅을 소유하여 그 일대에서 제법 부자라는 소리를 들었다.

그의 아버지 황시묵은 학문을 좋아하긴 했지만 가문을 일으켜 세울 만한 사람은 못 되었다. 그러나 큰아들인 매천을 위해 천여 권의 서적을 구입해 주면서 아들의 학업에 힘을 기울였다. 매천은 어려서부터 재능이 뛰어나고 총명하여 글을 한 번만 보면 곧 터득했다.

매천이 5세가 되던 어느 날이었다. 집안의 어른들이 모두 출타한 뒤 혼자 남은 매천은 하루 종일 창과 벽에다 숯으로 글씨와 비슷한 것을 빈 자리 하나 없이 채워놓았다. 집으로 돌아와 그것을 본 아버지는 매천이 나중에 반드시 문장가로 이름을 크게 떨칠 것이라고 마음속으로 생각했다. 일곱 살에 서당에 입학하여 시를 읽기 시작한 황현은 하루가 다르게 일취월장했는데, 그의 나이 열한 살에 무리 지어 날아가는 기러기를 바라보며 시 한 편을 지어 주변 사람들을 놀라게 했다.

날아가는 기러기가 우짖는 소리는
어디든지 다 같게 퍼질지라도
또한 일에 열중하는 사람들은 듣기가 어려우니
한가하게 노는 사람들은 그 소리를 먼저 들을 수 있다

부러울 것 없이 자란 매천은 아버지가 그에게 쏟은 교육에 대한 열정 덕분에 수많은 서적들을 읽을 수 있었다. 그 책들을 통해 깊이 있는 공부를 할 수 있었다. 그는 어려서부터 행동이 단정했고 음성이 맑았으며, 천성이 결백하여 불의를 보면 참지 못했다.

매천의 나이 15세에 이르러 광주에서 열린 본도시에 응시했고, 17세에는 순천영에서 열린 백일장에 나갔다. 그때 그의 필법이 하도 뛰어나서 장내에 있던 응시자들이 모두 '광양의 황신동'이라고 떠들어, 그 소문이 호남 전역에 널리 퍼졌다.

매천이 향시에 가는 도중에 생긴 일화가 하나 남아 있다. 큰비가 내려 강물이 범람하자, 매천이 품삯을 주고 사람들을 산 뒤 좌우에서 붙들고 강을 건너가게 했다. 그때 두 사람이 매천의 두 손을 잡으려고 하자 매천이 뿌리치면서 "내가 위급하게 되면 그대들은 내 손을 놓고 달아날 것이 아닌가? 내가 그대들의 손을 잡아주겠네" 하고서 두 사람의 손을 꼭 잡고 세차게 흐르는 강물을 건너갔다고 한다.

17세에 해주오씨 오정석의 딸과 결혼한 매천은 스무 살이 되던 해에

조선 천재 열전

큰 뜻을 품고 서울로 상경했다. 서울에서 그는 그 시대에 내로라하던 문사들을 사귀게 되었다. 그때 처음 만난 사람이 조선 말기 문신이자 대문장가로 이름을 날리고 있던 이건창이었다. 이건창은 5세에 문장을 구사할 만큼 재주가 뛰어나 신동이라는 말을 들었다. 천성이 강직하여 부정과 불의를 보면 추호도 용납하지 않았다. 1893년 함흥부의 난민을 다스리기 위하여 안핵사로 파견된 그는 관찰사의 죄상을 명백하게 가려내어 파면시켰다. 그렇기 때문에 고종이 지방관을 보낼 때 "그대가 가서 잘못하면 이건창이 갈 것이다"라고 할 정도로 공사를 집행하는 정도(正道)가 당당했다. 그 당시 매천은 자신이 지은 시 한 편을 가지고 이건창을 만났다. 매천의 시를 본 이건창은 뛰어나다고 극찬했다. 그의 문장에 대하여 이건창은 『명미당집(明美堂集)』에서 이렇게 말했다.

어느 때 어떤 사람이 와서 여러 사람의 시를 여러 수 외면서 들려주었으나 별로 흥미가 끌리는 것이 없더니, 끝으로 다음과 같은 글귀가 나왔을 때 나는 그만 손으로 무릎을 치고 읊게 된 것을 미처 깨닫지 못하게 되었다.

이건창을 그처럼 놀라게 했던 시는 "두 줄 성근 버들, 한 물굽이 모래 펄에, 소매를 스치는 떨기의 들국화들이여"라는 시였다.
이건창을 통해 황현이 만났던 사람들이 개성 출신의 문사 창강(滄江) 김택영과 추금(秋琴) 강위 등이었다. 황현은 그 뒤 이건창이나 김택영과는 스승이자 친구처럼 평생에 걸쳐 절친한 친교를 맺으며 지냈다. 이건창은 매천을 만났던 그 당시의 일을 다음과 같이 술회하고 있다.

그는 나이 스물일곱인데도 이른바 뛰어난 인재요, 보통 사람과는 다른 데가 있었다. 처음에 운경은 그 시골에서 문사(文辭)를 공부하다가 아무래도 듣는 것이 부족하다고 생각하고서, 서울의 태학에 모인 사람들과 만나고 자 도보로 천리 길을 걸어서 서울에 왔던 것이다.

그때 나는 운경의 시에 대하여 말한 것이 있었으므로 그가 나를 찾으려 했으나 마침 나는 죄를 짓고 귀양 가는 몸이 되어 만나보지 못했다. 그 후에 운경은 서울에서 지내다가 1년 후에 내가 적소에서 돌아오자 크게 기뻐하여 시와 문을 가지고 서로 사귀었는데, 나는 한번 보아도 몹시 기뻐서 옛날부터 사귄 친구와 같았다. 그래서 그 후로 그는 내 집에서 많이 유숙했다.

_『명미당집』「송운경서(送雲卿序)」

그들과 더불어 시를 발표한 매천은 사람들로부터 주목을 받기는 했으나 몰락한 사대부의 후예인 그에게 입신출세의 길은 열리지 않았다. 그의 나이 스물여덟인 1883년(고종 23년)에 과거에 응시하여 초시에 장원으로 합격했다. 하지만 매천이 몰락한 가문의 이름 없는 시골 출신이라는 사실을 알게 된 시관 한장석이 그를 차석으로 뽑았고, 그러한 사실을 알게 된 매천은 회시와 전시에 응시하지 않고 곧바로 귀향했다. 절망과 실의만을 안고 귀향한 그는 다시 구례의 지리산 자락으로 집을 옮긴 후 출사를 단념하고 초야에서 글을 읽고자 했다.

그러나 평생 동안을 아들이 벼슬에 오르기를 갈망했던 아버지의 마음은 그게 아니라서 매천에게 다음과 같이 말했다. "과거에 급제하고 못 하고는 비록 운수가 따라야 하는 것이나, 내 생전에는 과거를 폐하지 말고 내가 죽은 후에는 네 마음대로 해라." 그 말을 들은 매천은 아버지의 명을 어기지 못하고 1888년 생원 회시에 응시했다. 그때 시관은 정만조의 팔촌 동생인 정범조였다. 정만조는 정범조에게 말하기를 "이번 과거에 매천이 응하는데, 만일 그가 장원이 되지 않으면 이번 과거는 과거랄 것이 없습니다"라고 말했다고 한다. 그 말을 들은 정범조가 매천의 글을 보고는 곧바로 그의 뛰어남을 알아보았고, 결국 매천이 과거에서 장원으로 급제했는데 그때 그의 나이 서른넷이었다.

2. 두문불출, 학문에 힘쓰다

그가 서울에 머물러 있을 때의 일이다. 위당(威堂) 신헌과 향농(香農) 신정희 부자와 무척 가까이 지내고 있었는데, 위당이 어느 날 매천에게 바둑을 두자고 하자, 매천은 "대감께서는 바둑을 잘 무르신다는 소문이 있으니 저는 두지 않겠습니다"라고 말했다. 이 말을 들은 위당은 "자네에게는 절대로 무르지 않겠네"라고 하여 비로소 바둑을 두어 매천이 여러 번을 이겼다는 일화가 남아 있다. 그 당시나 지금이나 높은 벼슬아치들에게는 일부러 저주는 게 세태인데, 소신껏 행동한 매천의 이야기를 들으면 그가 얼마나 강직한 성품이었는지를 알 수 있다.

매천은 또한 그가 교류를 나눈 절친했던 친구가 유배를 당했거나, 또는 작고했다는 부음을 들으면 아무리 먼 곳이라도 마다 않고 달려가서 가족들을 위로하고 통곡했는데, 이건창이 말년에 사람들로부터 외면을 받고 은거하고 있던 중에 병이 들어 위독해지자 탄식하기를 "한 번만이라도 매천을 봤으면 죽어도 한이 없겠다"라고 했다. 그러나 세상일이 어긋나기를 잘해서 그가 매천과 만나지 못하고 세상을 하직했다는 소식을 듣자, 매천은 전라도 구례에서 강화도의 사곡까지 달려가 조문했고, 일본의 대마도에서 면암(勉庵) 최익현이 순절했다는 소식을 듣자 멀리 충청도까지 달려가 조문했다.

그 당시 조선의 운명은 바람 앞에 촛불처럼 위태로웠다. 안으로는 흥선대원군과 명성황후가 첨예하게 맞서고, 수구와 개화의 갈등이 고조되었다. 대외적으로 조선은 이미 미국, 영국, 청나라 등 열강의 각축장이 되어 있었다. 임오군란(壬午軍亂)과 갑신정변(甲申政變)이 일어났고, 한성조약(漢城條約)이 맺어졌으며, 영국 함선이 거문도를 점령했다. 청나라의 적극 간섭 정책 아래 수구파 정권의 가렴주구와 부정부패 역시 날로 극심했다.

민씨 일파의 세도 정치가 극에 이르렀다. 부정부패와 재정의 낭비로 국고는 텅텅 비어 매관매직(賣官賣職)이 성행했다. 그러한 상황을 잘 알고 있던 매천은 벼슬길을 버리고 다시 고향으로 돌아왔다. 매천은 그 뒤 벼슬길을 버린 것뿐만 아니라 가까이 지낸 문사들과의 교우 관계마저도 끊어버리고 말았다.

그의 나이 서른여섯이 되던 해, 지금의 구례군 광의면 월곡리 만수산에 집을 마련한 매천은 서재에 3,000여 권의 서적을 쌓아놓고 두문불출하며 책을 읽으면서 저술에만 전념했다. 시골에 묻혀 학문에만 몰두하는 매천을 안타깝게 여긴 이건창, 김택영, 정만조 등은 서울로 돌아오기를 여러 번 청했다. 하지만 매천은 응하지 않았다.

박정양이 주미공사로 부임할 때 이건창이 매천을 수행원으로 추천했다. 그러나 매천이 "나는 수행원이란 벼슬에 익숙하지를 못합니다"라면서 거절하자, 이건창은 "과연 매천은 걸사(傑士)로다. 그에게 있어서 문장은 그다음 일이다"라고 탄식했다.

그 뒤 구례 군수 박항래가 성균관 박사시를 권유했다. 그러나 매천은 "나는 탕건을 잊은 지 오래되었네"라고 말하며 벼슬길에 눈길을 주지 않았다고 전해진다. 당대의 문장가이자 고관이었던 신기선, 이도재 같은 인물들이 조정에 들어와 어려운 나라를 위해 일했으나, 세상이 잘못되었다는 것을 이미 알고 있었던 매천은 이를 거절하고 응하지 않았다. 다만 김

조선의 마지막 선비인 매천 황현이 『매천야록』과 조선 후기의 상황을 가감 없이 서술한 『오하기문』을 집 필힌 구례군 광의면 월곡리의 매천사.

택영이나 이건창과의 교류는 계속 이어갔다.

나라는 날이 갈수록 외우내환에 휩싸였고, 매천은 일체 서울로의 발을 끊고 두문불출하면서 오직 저술에만 힘썼다. 서울에 있는 절친한 친구들은 그러한 매천을 그대로 두지 않았다. 매천에게 "다시 상경하여 구국 운동에 참가하라"라는 편지를 보내어 서울로 돌아오기를 권하면, 매천은 "그대들은 어찌 나를 도깨비 같은 나라의 미치광이 틈 속에 끌어들여 같이 미치광이가 되게 하려느냐"라고 탓하며 거절했다. 매천이 계속해서 거절한 것은 "세상이 어지러울 때는 정계에 나아가지 않는다"라는 유교적인 군자의 도리를 지키고자 했던 것이다.

당시 매천이 구례에서 취할 수 있는 것은 그 누구와도 만나지 않고 오

조선 천재 열전

로지 책을 읽는 것밖에 없었는데, 그가 외출을 하는 경우는 책을 구하러 나갈 때뿐이었다. 매천은 어느 곳 누구의 집에 좋은 책이 있다는 소식만 들리면 아무리 먼 곳이라도 찾아갔으며, 그 책의 가격이 아무리 비싸도 책을 사지 않고서는 돌아가지 않았다고 한다. '옛말에 책을 가까이 하면 가난하게 산다'라는 말이 있듯이 매천의 집안 형편은 날이 갈수록 궁색해져 갔지만 매천은 개의치 않았다.

이 무렵 벼슬을 사직한 김택영은 중국 화이난 지방의 남통주(南通州)라는 곳으로 망명길을 떠나면서 여러 차례 편지를 보내어 동행할 것을 청했다. 그러나 그때 마침 종갓집의 형이 작고하여 종질을 돌볼 수밖에 없었고, 가난한 집안 형편 때문에 여비 마련도 수월하지 않아 뜻을 이루지 못했다.

홀로 남은 매천은 지리산 자락에서 난세를 살면서도 처신을 깨끗이 했던 사람들 중 한나라의 충신, 위나라의 관녕, 진나라의 장한과 도잠, 당나라의 사공도, 송의 양진중, 가현옹, 사고와 명의 고염무, 위희 등 열 사람의 행적과 형상을 시로 읊어 열 폭의 병풍을 만들어 세우고, 항상 아침저녁 바라보며 마음을 바르게 지니고자 다짐했다.

3. 『오하기문』과 『매천야록』

죽을 때까지 이 마을을 떠나지 않았던 매천은 곤궁함과 외로움 속에서 풍전등화의 위기에 놓인 조선의 실정을 세세히 기술한 『매천야록(梅泉野錄)』을 쓰기 시작했다.

매천이 쓴 『오하기문』이나 『매천야록』은 오지영의 『동학사』나 다른 여타의 저작들처럼 그 당시 상황을 이해하는 데 필수불가결한 작품이라는 것에 이의를 제기할 사람은 없을 것이다. 하지만 일부에선 『매천야록』에 대해 그 당시 매천이 풍문에만 의거해 쓴 풍문록(風文錄)에 지나지 않는다고 말하기도 한다. 그러나 여러 가지 정황으로 볼 때 매천은 고향에서 신문과 관보를 통해 그 당시 우리나라의 상황을 정확하게 관찰하며 『오하기문』과 『매천야록』 같은 저술을 남겼을 것으로 추정된다.

『오하기문』은 매천이 지은 조선 말의 야사(野史)로 개항 무렵부터 1907년 12월까지의 역사가 편년체 형식으로 엮여 있으며, 제1 필에서 7 필까지로 구성되어 있다. 19세기 당쟁의 폐해와 세도정치의 폐단 그리고 동학농민운동의 발생 원인과 결과를 기록했다. 일제의 침략과 항일의병 등의 활동 상황도 상세히 다루고 있다.

매천은 1894년에 일어난 동학농민운동에 대해서는 지극히 부정적이었다. 동학(東學)의 무리를 동도(東徒)라고 규정한 그는 동학군들을 섬멸 소탕해야 한다고 여겼다. 그것 때문에 매천에 대해 부정적인 생각을 갖고 있는 사람들이 더러 있기도 하다. 그러나 매천은 엄연한 유학자였다.

기존의 틀 안에서 개혁을 꿈꾸었던 조선 왕조의 지식인이었기 때문에, 그 점을 염두하고 매천을 평가해야 한다.

『매천야록』은 고종이 즉위한 1864년 전후부터 기술된 편년체의 한말 역사서. 이로부터 1910년 한일합방 조약이 발표될 때까지 전후 48년간의 조선 왕조 말기와 대한제국의 전모를 다루고 있다. 이 시기에 펼쳐지는 파국으로 치닫는 국내외 관계를 중심으로 사회, 민족, 문화 등 각 부분의 모든 사실을 종횡으로 취급하고 있는데, 유려한 문체와 풍자적인 야사체로 표현된 격조 높은 글이다.

매천이 『매천야록』을 쓰기 시작한 시기를 대부분 1894년으로 보고 있다. 매천이 회시를 보고 1890년 귀향한 뒤 나라의 현실에 환멸을 느껴 역사적 현실을 기록하고자 했던 것으로 보인다. 가령 '아관파천(俄館播遷)'에 대하여 그는 "충의에서도 아니고 일본을 배척하기 위해서도 아니고 단순한 권력투쟁 이외에는 아무것도 아니다"라고 기술하고 있으며, 의병에 대해서도 "기의의 첫 동기는 찬양할 만하지만 진실로 나라를 사랑하는 의장이나 의병은 몇 사람 안 되고 대부분은 일하기 싫어하는 자들이 떼 지어 다니며 약탈과 강간을 자행하는 광도나 다름없다"라고 폐단을 지적했다.

의병에 대한 일제의 야만적 진압 방법에 대해서는 "사병을 그물을 치듯 해놓고 촌락을 샅샅이 수색하고 집집마다 뒤져서 조금이라도 혐의가 있으면 죽였다"라고 기록했다. 또한 매천은 그 당시 벼슬을 사고파는 행위를 『매천야록』 권1에 다음과 같이 기록했다.

초시를 매매하기 시작할 때에는 200냥도 받고 300냥도 받아 그 값이 고르지 않았다. 500냥을 달라면 사람들이 혀를 내밀었다. 갑오년 이전의 몇 차

덕진공원의 김개남 장군 추모비. 매천이 지은 『오하기문』에 동학의 지도자 김개남의 동학 활동과 그의 체포 과정이 자세히 실려 있다.

례 과거는 천여 냥을 달래도 사람들이 아무렇지 않게 생각했다. 회시는 대략 만여 냥을 받았으니, 돈이 차츰 많아짐에 따라 그 돈 값어치가 천하게 되었기 때문이다.

"사람마다 주사요, 집집이 참봉이다(人人主事家家參奉)"라는 말이 공공연하게 나돌 정도로 문란했던 그 당시 나라 상황은 벼슬을 사고파는 것만으로 그치지 않았다. "자던 소가 웃는다"라는 옛말처럼 남의 집 개에게도 벼슬을 내려주고 벼슬 값을 독촉하는 웃지 못할 일이 일어났던 시절이었다. 아래의 글은 『매천야록』 권 1 하(下)에 실린 「강아지 복구(福狗)에게도 벼슬을 주고 벼슬 값을 독촉하다」라는 글이다.

조선 천재 열전

충청도 바닷가 집안에 과부가 살았는데 늙었다. 살림은 다소 여유가 있었지만 자녀를 두지 못하였다. 개 한 마리와 함께 살았는데, 이름을 복구라고 불렀다. 지나가던 나그네가 복구라 부르는 소리를 듣고는 남자의 이름으로 알았다. 그래서 강복구(姜福狗)라는 이름으로 감역에 억지로 뽑혀 삭가(索價, 얽어맨 벼슬 값이라는 뜻)가 이르렀다. 과부가 탄식하면서 "손님께서 복구를 보시겠소?" 하고는 소리 내어 크게 부르니, 개 한 마리가 꼬리를 흔들며 달려왔다. 나그네도 또한 크게 웃으며 돌아갔다. 이로 말미암아 충청도에 개 감역이 있게 되었으니, 다른 일들도 추측할 수가 있다.

또한 나라 안에서 존경받는 명문 집안인 이순신과 송시열 집안의 후손들에 대해서 『매천야록』 권 1 상(上)에서 「충무공과 우암의 후손들 가운데 청렴한 자가 없다」는 글을 남겼다.

선유(先儒)로는 우암을 추앙하고 충훈(忠勳)으로는 충무공을 추앙하는데, 조정에서 그 후손을 융숭하게 대접하여 다른 명신의 집안과는 비교가 되지 않았다. 그런데도 두 집안의 후손들은 벼슬하면서 탐욕스런 일을 많이 저질러 청렴결백하다고 소문난 자가 없었다.

또한 『매천야록』 권 1의 「노론 출신의 서얼들이 출세하다」라는 글에는 서얼 출신들을 벼슬에 등용하면서 빚어진 문제점이 열거되어 있다.

서얼을 속칭 초림(椒林)이라고 하는데, 후추 맛이 얼얼하기 때문이다. 다른 말로는 일명 편반(偏班), 신반(新班), 건각(蹇脚, 절름발이), 좌족(左族), 점족(點族)이라고도 부른다. 서얼은 보잘것없고 비천해서 아무리 재상의 아들로

명성황후 생가. 매천이 지은 『매천야록』에 명성황후를 비롯한 그 당시 이야기가 자세히 실려 있다.

태어났다 하더라도 품계의 등급이 겨우 중인과 맞먹기 때문에, 이들을 통틀어 중서(中庶)라고 부른다. 이들은 벼슬길이 제한되어 있어서 단지 배부름만 영위할 뿐이다.

어쩌다 무관에 종사한다 하더라도 영장이나 중군에 그치며, 영막에 의지하면 비장이 되고, 군청에 근무하면 책실이 된다. 늙을 때까지 못난 그대로 아무런 일도 할 수가 없어 그 천함이 더욱 심해진다. 그래서 뜻이 있는 자는 흰 머리로 굶을 바에야 차라리 숨어 사는 것을 고상하게 여겼다.

재주가 그대로 시들었으니 유식한 것이 오히려 걱정이었다. (중략) 그래서 드디어 격식을 깨고 서얼 차별 없이 인재를 등용하자는 의논이 있게 된 것이다. (중략) 그러나 조정에서 다퉈가며 신분을 깨뜨리자던 개혁이 결국은 재능 있는 자를 뽑는 것이 아니라 임금의 사인(私人)을 돕는 것이 되고 말았다. 그래서 노론의 서얼들은 맑고 높은 벼슬아치들이 많아졌지만, 소론, 남인, 북인의 세 당파에서는 아직 한 사람도 볼 수가 없으니, 차별 없이 뽑

조선 천재 열전

자던 생각이 빗나갔단 말인가.

서얼 출신으로 갑자기 귀하게 된 사람은 모두 속이 막히고 잘나지도 못했는데, 하루아침에 뛰어올랐다. 그들은 돈 버는 재미에 빠져 재물을 불리는 솜씨만 뛰어났으며, 사대부의 낡은 습관만 물려받았다. 곧고 결백한 마음을 지켜 벼슬에 보답하려는 자는 하나도 없다.

그러므로 정치는 위에서 더욱 어지러워졌고, 풍속은 아래에서 더욱 나빠져 종묘사직이 차츰 망하게 되었으니, 일구지맥(一丘之貉)을 면치 못하게 되었다. 그래서 사람들에게 '정치는 가볍게 바꿀 수 없다'는 구실만 주게 되었으니, 아아, 이렇기 때문에 '목이 메니 밥을 먹지 말자'는 의논이 생기게 되었다.

서얼에 관한 매천의 말은 오늘의 시대에도 유효하다. 『매천야록』 권3에 실린 1896년의 의병 봉기에 대한 기록을 보면 한말 의병사의 일면을 엿볼 수 있다.

강제로 삭발할 때 전국이 흥분하여 의병이 일어났으나, 세월이 조금 지나자 의병들의 사기가 떨어져 경군(京軍)만 만나면 패배하였으므로 무수한 사망자가 발생하였다. 그리고 충적을 가지고 의병이 된 사람들은 몇 명에 불과하고, 명예를 좋아하는 사람들이 그들에게 따라붙는 일들이 많았다. 그렇지 않으면 불량배 몇천 명 혹은 몇백 명이 성군작당(成軍作黨)하여 의병이라 칭하고, 심지어는 동비(東匪)로 활약하던 사람들 중에 안면을 바꾸어 의병을 따르는 사람들이 절반은 되었다. 그러므로 그들은 잔인 포악하여 온갖 음행과 약탈을 저질렀고, 마치 미친 절도범들과 다름없는 사람들도 있었다.

이렇듯 초기의 의병 항쟁을 부정적으로 평가했던 매천은 을사조약(乙巳條約)이 체결된 1905년 이후 일어난 의병 항쟁에 대해서는 긍정적이었다. 그렇지만 의병들의 활동은 미미하기만 했다.

한편 매천은 특히 다산 정약용의 실용성과 현실성에 크게 영향을 받은 것으로 보이는데, 아래의 글은 다산이 남인들로부터 미움을 받게 된 연유를 매천이 설명한 글이다.

사대부들이 분당한 이후 비록 대유(大儒)라도 문호에 구속되어 언론이 편파적이었지만, 정다산의 심기는 고상하여 오직 좋은 점만 있으면 그를 스승으로 여겨 선배들 사이에 애증의 차별을 두지 않았다. 이때부터 그는 남인들의 미움을 샀다.

또한 매천은 김옥균을 두고 '왜를 좋아함이 미친 것 같으며 재예(才藝)가 부족하여 등제(登第)한 지 10여 년에 벼슬이 열리지 않았다'라고 표현했으며, 박영효에 대해서는 '양제(洋制)를 좋아함이 미친 것 같다'라고 하면서 갑신정변의 주모자인 그들이 도망을 쳐서 국법을 펴지 못한 것을 사람들이 분개하고 있다고 하며, 개화파들을 나라에 반역을 꾀한 역모자로 보았다.

『매천야록』은 정사가 아닌 야사이기는 하지만, 당대를 살았던 사람이 당대를 공정한 입장에서 비판한 드물게 보이는 희귀한 기록으로 정사 못지않은 가치를 지닌다고 볼 수 있다.

조선 천재 열전

4. 풍전등화의 국운에 목숨을 걸다

1905년 11월 17일, 일본은 한국의 외교권을 박탈하기 위해 강제로 조약을 체결했다. 그 조약을 을사보호조약(乙巳保護條約)이라고 부른다.

을사보호조약은 일본의 추밀원장인 이토 히로부미와 조선의 대신들이 맺었는데, 그때 참가했던 조선의 대신들은 참정대신 한규설, 탁지부대신 민영기, 법부대신 이하영, 학부대신 이완용, 군부대신 이근택, 내부대신 이지용, 외부대신 박제순, 농상공부대신 권중현 등이다. 그중에서 조약 체결을 가장 적극적으로 반대한 사람은 한규설과 민영기였고, 이하영과 권중현은 대체로 반대 의견을 말했다.

다른 대신들은 이토 히로부미의 강압적인 분위기에 못 이겨 찬성했다. 격분을 못 이긴 한규설은 고종에게 달려가 이 회의의 결정을 거부하도록 하려다 도중에 쓰러졌다. 이 을사보호조약에 찬성한 박제순, 이지용, 이근택, 이완용, 권중현 등을 일컬어 '을사오적(乙巳五賊)'이라고 한다.

황현은 비록 세상을 등지고 글을 읽는 데 온 힘을 쏟았지만 나라가 망해가는 현실을 그대로 보고만 있을 수가 없었다. 그는 식음을 전폐하고 여러 날 통곡했다. 아래의 글에서 그 당시 매천의 마음을 엿볼 수 있다.

한강수가 한숨 짓고 북악산이 시름하거늘

세도 집 양반네들 아직도 티끌 속에 묻혔구나

읽어보소, 역대 간신들의 전기를

나라나 팔아먹지 어느 뉘 나라 위해 죽었던가

매천은 「오애시(五哀詩)」를 지어 나라가 위급한 때 순절한 민영환, 홍만식, 조병세, 최익현, 이건창을 추모하는 글을 지었다. 1910년 경술년 음력 8월 한일합병(韓日合倂)이 맺어지면서, 조선은 국권을 상실하고 말았다. 그 소식을 접한 매천은 중대한 결단을 내린다. 그 당시 매천의 근황을 동생이었던 황원은 이렇게 기록했다.

경술년 음 7월 25일 대한제국은 망했다. 시골에는 음 8월 3일에 황제의 양국조서(讓國詔書)가 도착했다. 매천은 이 글을 반도 채 읽지 않아 기가 막혀 더 이상 읽지 못하고 기둥에 끼워놓았다. 내가 밖에서 돌아와서 이를 읽자, 매천은 듣기 싫으니 밖에 나가서 읽으라고 쫓았다. 이때 나도 읽기를 중지하고 "오늘, 이런 일을 당했으니, 아모는 죽어야 마땅합니다"라 했더니 매천은 말하기를 "자신은 죽지 않으면서 남이 죽지 않는 것을 책하는 것이 옳겠느냐? 종묘사직이 망하는 날에 사람마다 다 죽어야 할 것인데, 어찌 몇몇 사람뿐이겠느냐" 하셨다.

황원의 글은 다음으로 이어진다.

8월 5일에 손님과 바둑 다섯 판을 두었다. 밤에 「황성신문(皇城新聞)」을 읽고 있는데, 이웃 노인이 와서 매천과 한방에서 자기를 청했다. 그러나 매천은 술을 내다가 대접하고, 밤에 할 일이 있으니 내 아들 방에서 자라고 하고 문을 닫고 절명시(絕命詩) 4수와 유자제서(遺子弟書)를 썼다.
"내가 꼭 죽어야할 의리(義理)는 없지만, 국가가 선비를 기른 지 500년에

대마도에 세워진 면암 최익현의 비. 김개남을 고발한 의병장 임병찬과 함께 최익현은 전라도 태산의 무성서원에서 의병을 일으켰다가 대마도로 유배를 갔다.

나라가 망하는 날을 당하여 한 사람도 죽는 사람이 없다면 어찌 통탄스러운 일이 아니겠는가? 나는 위로 하늘로부터 받은 떳떳한 양심을 져버리지아니하고 아래로는 평소에 읽어온 책을 져버리지 않았다. 이제 길이 잠들려 하니 참으로 통쾌하다” 하고서 세세한 가사 처리에 대한 것까지 썼다.
그런 뒤 드디어 아편을 마시고 혼절했다. 새벽에 집안사람들이 그가 아편을 마신 것을 알고서 해독을 서둘렀으나 선생은 이를 물리치고 “세상일이이와 같으니 선비는 마땅히 죽어야 한다”라고 했다. 오시(午時)에 이르자정신이 점점 혼미해지기 시작하여, 초 7일 닭이 두 번 울 때 절명했다. 이때 그의 나이 56세였다.
그의 유서와 같이 위로는 황천에 떳떳한 아름다움과 아래로는 평일에 읽

옛 고성에서 바라본 대마도. 면암 최익현은 대마도에서 순국했다.

은 글에 어긋남이 없이 눈을 감고 길이 잠에 드니 자못 통쾌함을 느꼈을 것이다. 선생은 이것만이 사대부로서 의당 갈 길이라고 여겼던 것이다.

황원은 그가 쓴 「고형매천공사행영록(故兄梅泉公事行零錄)」이라는 글에서 그 당시의 상황을 다음과 같이 기록했다.

선생이 약을 마신 사실을 알고 큰아들 암현(岩顯)이 내게 달려와서 이 사실을 알렸다. 내가 그곳에 가서 보니 선생은 북쪽 벽 밑에 누웠다가 나를 물끄러미 쳐다보았다. 내가 큰 소리로 두세 번 불렀으나 대답이 없었다. 나는 선생이 이미 혼침해서 의식이 없는가 의심하여 부축해 일으키려 하자, 선생은 손을 뿌리치면서 "네가 왜 이러느냐, 나는 정신이 평상시와 같고 조금도 아픈 데가 없으니, 만약 약이 효과가 없으면 어쩐단 말이냐?" 하고 걱정하였다. 나는 급히 동뇨(童尿)와 생강즙을 준비시켜 올렸으나 선생은 이를 밀어서 엎질러버렸다. 내가 울면서 "원컨대 하고 싶은 말이 있습니다" 하였더니, 선생은 말하기를 "네 나이가 40이 넘었으니 조금은 지각이 있을 것인데, 어찌 내 마음을 이렇게 괴롭히느냐? 세상일이 이와 같으니 선비로서 마땅히 죽어야 한다. 또 만일 오늘 죽지 않으면, 장래에 반드시 날마다 듣고 보는 것이 마음에 거슬리는 것을 보지 못하여 마르고 시들어서 죽을 것이니, 어찌 속히 죽는 것의 편안함만 하겠느냐?"고 하였다. 또 내가 집안일에 대해서 묻자 선생은 말하기를 "내가 집안일을 잊은 지가 오래다. 약간의 사소한 일은 내 이미 써둔 것이 있으니 그것을 보도록 하라"고 한 뒤 웃으며 말하기를 "내가 약을 마시려다가 입에서 떼기를 세 번이나 하였구나. 내가 참으로 어리석은 사람이로구나" 하였다.

이때 형수가 옆에 있는 것을 보고, 선생은 손을 저어 나가라 하면서 말하기를 "남자는 부인의 손에 절명하지 않는 것이다" 하였다. 내가 다시 물었다. "형님의 시문을 정리하는 일은 누구에게 부탁드리면 좋겠습니까?" 선생은 한참동안 생각하다가 "김창강의 말을 들으면 틀림없겠지만 멀리 있어서 만날 수가 없겠구나" 하고 오시에 이르자 정신이 점점 혼미해지더니, 7일 닭이 두 번 울자 절명하였다.

기울어가는 나라 조선에서 태어나 한평생을 오로지 한길로만 매진했던 매천 역시 사람인지라 죽음 앞에서 어찌 망설임이 없었겠는가? 입에다 대었다 떼었다 했을 매천의 모습을 떠올리면 가슴이 미어지는 듯하다.

그때 매천이 썼던 절명시(絶命詩) 4수는 다음과 같다.

난리 속에 어느덧 백두가 되니(亂離滾到白頭年)

몇 번이나 삶을 버리려 해도 하지 못했네(機合捐生却未然)

오늘이야말로 참으로 어찌할 수 없으니(今日眞成無可奈)

바람에 날리는 촛불이 하늘에 비치고 있네(輝輝風燭照蒼天)

요망한 기운이 가려서 제성이 옮겨지니(妖氣掩翳帝星移)

대궐이 어두워서 시간도 더디구나(九關沉沉晝漏遲)

이제부터는 조칙을 받을 길이 없으니(詔勅從今無復有)

구슬 같은 눈물이 흘러 흘러 종이를 적시네(琳浪一紙淚千絲)

새와 짐승도 슬피 울고 바다와 산도 찡그리니(鳥獸哀鳴海岳嚬)

무궁화 삼천리는 이미 망해버렸네(槿花世界己沉淪)

가을 등잔에 책을 덮고 천고의 일 생각하니(秋燈俺卷懷千古)

인간의 글자 아는 사람 되기 어렵구나(難作人間識字人)

일찍이 나라 지탱할 조그만 공도 없었으니(曾無支廈半緣功)

다만 인을 이룰 뿐이요 충성은 아니었네(只是成仁不是忠)

끝맺음이 겨우 능히 윤곡을 따를 뿐이니(止竟僅能追尹穀)

당시의 진동을 좇지 못하는 것이 부끄럽구나(當時愧不躡陳東)

그가 죽었다는 소식을 전해들은 김택영은 다음과 같은 애절한 시를
지었다.

우리 시단에 그대 같은 재주 또 있을까

달님도 빛을 잃고 북두자루 부러졌네.

그대 마음 알아주던 나 홀로 남아 청풍강

호반에서 초혼가를 부르는 걸 아는지 모르는지

그대 편지로 자주 묻기에

조만간 중국으로 오는 줄 알았네.

가련타 나를 좇아올 회남의 뜻

이제 서산 향해 두 아들만 좇누나.

5. 황현에 대한 평가

　매천의 시문집인 『매천집(梅泉集)』이 출간된 것은 그가 죽은 지 두 해 뒤인 1912년 중국 화이난에서였다. 그의 문집이 나오자 많은 유림들이 그 책을 읽었고, 그다음 해에 김택영이 속집(續集) 2권을 상재하면서 매천의 문장과 시는 중국 문단에까지 널리 회자되었다.

　김택영은 「황매천선생상찬」에서 "그 모양은 조용하면서도 그 기개는 높으며, 그 보이는 것은 어두우면서도 그 마음은 명랑하다" 하였고, 매천의 아우 황원은 "형상과 모양이 정하고도 사나워서 마치 가을 매가 우뚝 서 있는 것과 같고, 이마가 넓어서 빛나는 기운이 있고, 눈썹은 성글고 목소리는 맑았다. 눈은 잘록한데 오른쪽이 비뚤어졌다. 코는 곧고 귀는 늘어졌으며, 이는 가늘고 입술은 검으며 수염의 길이는 두어 치나 되었다" 하였다.

　매천이 살았던 시대는 혼돈의 시대였고 비극의 시대였다. 그러나 그는 하늘이 백 번 무너져도 살아야 했고, 자신만의 방식으로 그 시기를 살아냈다. 결국 매천의 죽음은 후세의 우리에게 어려운 시기에 '어떻게 사는 것이 옳은가'에 대한 질문을 던지고 있는 셈이다.

　매천은 살아 있는 동안 한 번도 국가의 녹을 먹지 않았지만 500년 사직에 누구 한 사람 책임을 지지 않으면 나라가 어떻게 되겠는가 하고서 자결을 택했다. 중국의 루쉰은 '사실상 나라가 망할 때마다 순국하는 충

운현궁. 매천 황현의 『오하기문』과 『매천야록』에 많이 등장하는 흥선대원군의 집이다.

신이 몇 명씩 늘어나지만, 그 뒤에는 아무도 옛것을 되찾을 생각을 하지 않고 오직 그 몇 명의 충신들을 찬미할 뿐이다"라고 했는데, 그 말처럼 나라가 어지러운 시절에는 누구도 책임을 지지 않고 앞서간 사람만 회상할 뿐이다.

을사조약이 맺어지자 당시 황성신문사 사장이던 장지연은 11월 20일자 신문에 '이날을 목 놓아 통곡한다'라는 논설을 발표하여 일제의 침략상을 규탄하고 조약에 조인한 매국 대신들을 통렬하게 비난해 전 국민의 공감대를 얻었다. 하지만 결국 경무청에 수감되면서 「황성신문」은 무기 정간을 당했다.

그러나 해방이 된 지 60년이 지난 2005년, 장지연은 친일파라고 만천하에 공개되는 수모를 겪었다. 충신이 없던 시대에 한 사람의 충신이

채용신, 「황현 초상」, 1911년. 구례군 강의면 월곡리에 머물며 1860년부터 1910년까지
『매천야록』과 『오하기문』을 지은 조선의 마지막 선비 황현의 초상화. 보물 1494호

되었던 황현은 누구이고, 그 당시를 절박하게 살다가 나중에 변절했다는 소식을 듣고 있는 그들은 누구이며, 그들을 단죄하는 사람들은 또 누구이며, 시대와 역사의 진실은 과연 무엇이며, 그 당시 매천의 죽음은 어떤 의미가 있는가.

그때 매천의 상황을 지식인의 한계라고 단정 짓는다면, 매천의 죽음에 누가 되는 말일까? 그러나 그의 죽음은 어떠한 의미에서 온 나라 민중들에게 용기를 불러일으켰던 것은 주지의 사실이다.

외세가 물밀듯 밀려오는 한말의 격동기를 살면서 그 시대를 온몸으로 맞서고자 했던 매천 황현. 하지만 결국은 그 시대를 끝까지 끌어안지 못하고 그렇게 한 생애를 마감했다. 매천은 전통 유학을 공부한 마지막 선비로서 물밀듯 밀려오는 외세에 대해 위정척사파(衛正斥邪派)와 같이 부정적인 생각을 가지고 있었다. 하지만 갑오개혁(甲午改革) 이후 매천의 생각은 바뀌게 된다. 그는 서구 문물의 필요성을 인식하고, 서구 문물을 적극적으로 받아들여 국권 회복의 발판을 마련해야 한다고 보았다.

그는 시대와의 불화로 아웃사이더의 삶을 살았지만 진정한 지식인은 세상에서 어떠한 역할을 해야 하는가를 온몸으로 보여준 조선의 마지막 선비였다.